ドイツ語のことわざ

聖書の名句・格言の世界

河崎靖
Yasushi KAWASAKI

松籟社

目　次

凡例

・引用文中の ［　］ は筆者による補足を表す。

・★1、★2……は註を表し、註記は巻末にまとめて記載した。

はじめに

ことわざとは

　ことわざには、民族の精神・言語文化が反映されており★¹、その中には人類の知恵がつまっている★²。ことばのあやによりイメージをふくらませ、言いたい内容を強く印象づける表現ができ、併せてその表現力が豊かになる★³。このイメージは、言語が異なれば言語ごとに違うはずであるけれども、こうした相異を超えて、どの母語話者にも共通の感覚というものがありそうな印象も一方でもち合わせている★⁴。どの言語にも各々よく用いられる言い回しがあるが、着想の根本が意外に類似している場合が少なからずあり、驚きさえ覚える（「猫に小判」★⁵・「豚に真珠」★⁶）。

　今日、私たちが日常的に使っていることわざには、西欧文化のバックボーンである『聖書』由来のものが実に多い。キリスト教のバックグラウンドが背景にあるとしても、言語文化の粋とも言えることわざが人々の間で浸透し、民衆の口をついて出てくるまでに深化している何よりの証しである。先人の知恵を育むことわざを今日の人々が受け継ぎ、さらに育て上げていっているわけである。本書には、『聖書』の名句・格言の中でも、特にことわざを軸に、言語文化の影響・作用が民衆レベルで息づいていることを示すという狙いがある。人類に共通する言語事象であることわざに関し、その定義を行い、なるべく広い範囲で文化圏相互の関連を見出し、ことわざの発生・由来を起源に遡り解明していくのを主たる目標としている。

　中には見慣れない文字で綴られているテクストもある。ギリシア文字であ

る。古代のローマ帝国に広まるキリスト教のことばがギリシア文字で綴られている関係で、必要に応じて言及している。読者対象としては、西洋文化に関心があり、関連の言語に一つ二つ触れた経験のある大学生レベルを想定している。知的刺激を求めて本書をどんどん読み進めていってもらいたい。言語文化の中でもことばの粋とも言えることわざ・名句・格言の世界を味わい、その芸術性を堪能していただきたい。折に触れて、対訳形式で、ことわざを紹介しているのも、ことわざの詩的作用・リズム・音感、そういった芸術的側面を体感してもらうことを目指しているからである。

本書の構成

　さて、上のような構想の本書の第 1 章「ドイツ語『聖書』の名句・ことわざ」では、まず今日、キリスト教圏で定着していることわざ・名句を取り扱う。これまでも異なる文化圏のいくつかのことわざを比べ合わせ、これらの類似点・相違点を明らかにしようとする先行研究は少なからずあった。古くから言い伝えられてきた、教訓・風刺を含んだことわざには、人々の生活体験、社会規範などが織り込まれており、言い得ぬことばの含蓄が感じられる。ヨーロッパにおいてキリスト教化の影響下にあったゲルマン人（例：ドイツ人）が、自らの文化の伝統の上にいかにキリスト教を受け入れてきたのか、ことばを発する際の着想までをも変換することになったのか、こうした諸問題の解決に向けての素材を提供するのがこの第 1 章である。言うまでもなく、言語文化と宗教の間の関係は切っても切れないものである。ことわざは文化依存度の高い民間伝承として、文化の特質・民族性などを論じる場合の有効な手立てともなる。ことわざ学（Paremiology）のための方法論的アプローチの確立から始めて取り組むべき課題が少なくない★7。

　ゲルマン世界とローマ帝国という 2 大文明が衝突を繰り返しながらも、ラテン側からゲルマン側に深く関与していったのがキリスト教である。有史以

前からケルト・ゲルマン・ラテン 3 文明の交流からはじまり、ゲルマン人の大移動を経て綿々と続き絶えない言語文化の接触の中でも、西欧文化の根幹をなすキリスト教に焦点を絞り、文明の十字路で起こった歴史プロセスを再現する（第 2 章）。キリスト教の布教という史実を通して、宗教を核として言語文化がいかに拡張・浸透していくものなのか、その経緯に注目したい。かつてゲルマンとラテンというヨーロッパ 2 大文明の、まさにその接点で起こった西欧世界の形成を、キリスト教の正典＝『聖書』の成り立ちという観点から稿を起こした（第 3 章）。

　なお、別章とはしたものの、ボンヘッファーのことばは今日の私たちにとって、言わば生きる縁（よすが）として、つまり、今をどう生きるかを知る心の拠り所として機能しているふしがある。それほど、現代のドイツの教会では、カトリックも含めボンヘッファーは聖職者はじめ信者から頼りにされ期待されている印象を受ける。彼の生き方はキリスト教の知識と深い教養に裏打ちされながらも、現代的課題に真剣に向き合う、緊張感あふれるもので、彼が書いたものは切実なまでの完成度を誇る至上のテクストでもある。時代や状況の差異を超えて今日もなお、私たちに迫ってくる文章と言えよう。ボンヘッファーのことばのいくつかは、名句として引き継がれていく可能性もある。補章的な扱いではあるけれども、彼のことばを敢えて名言としてまとめておいた。

　なぜドイツ語なりギリシア語なりの原文を添えたのかという点については、翻訳で十分であり、日本語による解説だけでこと足りるという意見もあり得るであろうが、オリジナル原典に触れることによる理解度の深化は計り知れないものがあることを述べ伝えたい。原文で味わうことの意義、とりわけ言語文化の現象であることわざを対象とする場合、西洋のバックボーンとなるキリスト教の知識と教養に支えられた完成度の高い原文テクストと対峙することは必要不可欠な作業である。

序
『聖書』の歴史的背景を探って

中世の『聖書』

　古くカール大帝は、フランク王国をキリスト教帝国と考え、教会を国家の精神的支柱とみなしていた。彼は自らをキリスト教徒たちの唯一の統治者と考えていた。カール以前にあっても、キリスト教は言語文化の面で指導的役割を果たしてきた。実に 496 年にクローヴィスがキリスト教に改宗して以降、ゲルマン世界へのキリスト教の影響力は絶大である[8]。今日、西欧全体における『聖書』の普及ぐあいを見れば一目瞭然である。宗教改革ならびに印刷術を経て[9]、近代各国語による『聖書』の完訳が本格化するようになった[10]。例えば、ドイツでは最初のドイツ語完訳聖書『メンテル聖書』が 1466 年に出版され[11]、また、イギリスにおいても 14 世紀末ウィクリフ[12]の提唱のもと完訳聖書が完成した(全訳『ウィクリフ派英訳聖書』(新約 1380 年、全訳 1382 年))[13]。その完成後、確かに直ちに教会当局の厳しい弾圧を受ける運命にはあった。さて、時機を得て、ヘブライ語の『聖書』・ギリシア語の『新約聖書』の原典から訳出することによって[14]、近代における本格的な『聖書』翻訳への道を拓いたのは周知の通りマルティン・ルター(Martin Luther)であるが、ただし、このルター訳には、ドイツ語の性格に合わせるために、いわゆる逐語訳とは異なる意訳(あるいは個性的な自由訳)がしばしば見受けられる[15]。主にこの点に対する問題意識から、種々

の新訳が試みられたことも事実である。例えば、『ヘルボルン聖書』(Herborner Bibel, 1602-1604 年)・『エルバーフェルト聖書』(Elberfelder Bibel, 1855-1871 年)などである[16]。もっとも、ルターは存命の間、全面的な改定を重ね、一般には彼の死の前年に出版された 1545 年版が今日の『ルター聖書』の標準版として普及している。1892 年には教会によるルター訳の標準改訂版が出され、以降、1913 年に再改訂版(さらに、「新約」は 1938 年・1956 年に、『聖書』は 1967 年に新改訂版)が出版されている。また、現代まで、ルター訳に次いで流布してきたのが、『チューリヒ聖書』(Zürcher Bibel)の改訂版(1954 年)である。チューリッヒを中心に活動していたスイスのツヴィングリ(Zwingli)[17]に始まる改革派の『聖書』である[18]。これら『ルター聖書』にしても『チューリヒ聖書』にしても、今日の語法に合うように、正書法・文体面などの改訂が続けられている。併せて、学術的正確さを意図した私訳として[19]、メンゲの翻訳(1926 年)が挙げられる。これは、古典文献学者メンゲ(Hermann Menge)の訳出で、ヘブライ語の『聖書』・ギリシア語の『新約聖書』の原典に忠実な翻訳である。原典の意味が不明な場合には脚注に複数の訳出の可能性を示唆している[20]。

『メンゲ訳聖書』

　このように、ドイツ語圏では、プロテスタント側の「ルター訳」の現代改訂版(1984 年)、もしくは、スイス改革派の『チューリヒ聖書』(1954 年)の他、カトリック系の『グリューネワルト聖書』(1924-1926 年)や『ヘルダー聖書』(1965 年)などが注目を引く。

ゲルマン語圏の『聖書』

　ドイツ語圏以外に目を向けると、イギリスでは、16 世紀の間に約 10 種に

及ぶ『英訳聖書』が相次いで出版された[21]。主なものは、プロテスタント系の『カバデル訳聖書』（1535年）・『大聖書』（1539年）・『ジュネーブ聖書』（1560年）・『主教聖書』（1568年）である。この時期のカトリック系の『聖書』訳としては、唯一『リームズ・ドゥエー聖書』（1610年）が挙げられる。従来、中世における『聖書』翻訳がいずれもラテン語訳『聖書』からの重訳であり（また、写本の形で限られた範囲内の流布にとどまったのに対して）原典であるヘブライ語『聖書』・ギリシア語『新約聖書』からの直接の翻訳を試み、印刷本として広く流布される近代語による『聖書』の翻訳は[22]、イギリスをはじめ[23]、オランダ[24]・デンマーク・スウェーデン・フィンランドなどで気運が高まった[25]。

英訳『聖書』の頂点に立つのは1611年に刊行された『欽定訳聖書』（米：King James Version, 英：Authorized Version）である[26]。これはジェームズ1世の命を受けて、当代を代表する50数名の聖職者・学者が周到な計画のもと、『ティンダル（Tyndale）訳新約聖書』（1526年）以降のあらゆる英訳『聖書』を踏まえて訳出したものである[27]。ただし、英語そのものの変化、また『聖書』本文批評の進歩により、19世紀末「欽定訳」の改訳が公刊されて後は、新訳・改訂訳が相次いで試みられ、20世紀の間に50種類に及ぶ英訳『聖書』が英米で刊行されている。一方、『欽定訳聖書』の伝統を敢えて絶ち、現代イギリス英語で訳出した格調ある『新英語聖書』（新約1961年、完訳1970年）、および、アメリカ聖書協会版のアメリカ口語訳『現代英訳聖書』（新約1966年、完訳1976年）も注目に値する。この『現代英訳聖書』に範をとって出版されたのが、ドイツ語版（新約1967年、完訳1982年）・フランス語版（新約1971年）・オランダ語版（新約1972年）である。

イギリスでの『聖書』史の中で1人だけ取り上げるとすれば、ジョン・ミル（John Mill）であろうか。彼の業績は次のようである。

John Mill（1645-1707）, ein Fellow am Queen's College in Oxford, begann mit seinen Arbeiten an der Textkritik des Neuen Testaments, die dreißig Jahre später in der epochemachenden Ausgabe des griechischen Textes ihre Erfüllung fanden – sie erschien auf den Tag genau zwei Wochen vor seinem Tode im Alter von 62 Jahren（am 23. 6. 1707）. Abgesehen davon, daß er alle Belege aus griechischen Handschriften, frühen Übersetzungen und Kirchenvätern sammelte, deren er habhaft werden konnte, stellte Mill seiner Ausgabe wertvolle Prolegomena voran. In ihnen behandelte er den Kanon des Neuen Testaments und die Überlieferung des neutestamentlichen Textes, beschrieb 32 gedruckte Ausgaben des griechischen Neuen Testaments und fast 100 Handschriften, ferner untersuchte er patristische Zitate aus fast allen Vätern von einigem Werte.（Metzger 1966:108）

オックスフォードのクイーンズ・カレッジの教官であったジョン・ミル（1645-1707）は、新約聖書の本文批評の研究を始め、30年後にその成果を出版した。この画期的なギリシア語本文は、彼が63歳で死ぬ2週間前に出版された。この版においてミルは、手に入る限りで、ギリシア語写本・初期の翻訳・教父から得られるすべての証言を収集し、これにりっぱな序論を付した。序論において、彼は新約聖書の正典と本文の伝達を取り扱い、印刷出版された32のギリシア語聖書と100近くの写本を論じ、少しでも重要と思われるような教父の引用をすべて取り上げた。

　近代初期に新・旧両派の対立が特に激しかったフランスでは、『聖書』の翻訳が当局の強い圧迫を受けたために、ドイツにおける「ルター訳」や、イギリスにおける「欽定訳」のような古典的標準訳は育たなかった★28。しかしながら、現代フランス語訳として『スゴン訳聖書』（1880年）などの他、

正確で名訳と評される『エルサレム聖書』が出色であり、これを範として、英語版とドイツ語版が刊行されたほどである（1966 年）。フランス語訳では、新・旧両派の協力になる「共同訳」（新約 1972 年）も注目される。

　以下、参考までに、主要な各言語ごとに「ヨハネによる福音書」3:16 の個所が、どのように表現されているかを示しておこう★29。

　　神は、その独り子をお与えになったほどに、世を愛された。独り子を信
　　じる者が一人も滅びないで、永遠の命を得るためである（「ヨハネ」3:16）

独語

Also hat Gott die Welt geliebet, dass er seinen eingebornen Sohn gab, auf dass alle, die an ihn glauben, nicht verloren werden, sondern das ewige Leben haben.

英語

For God so loved the world, that he gave his only begotten Son, that whosoever in him should not perish, but have everlasting life.

仏語

Car Dieu a tellement aimé le monde, qu'il a donné son Fils unique, afin que quiconque croit en lui ne périsse point, mais qu'il ait la vie éternelle.

伊語

Poichè Iddio ha tanto amato il mondo, che ha dato il suo unigenito Figliuolo, affinchè chiunque crede in lui non perisca, ma abbia vita eterna.

蘭語

Want alzoo lief heeft God de wereld gehad, dat Hij zijnen eeniggeboren Zoon gegeven heeft, opdat een ieder, die in Hem gelooft, niet verloren ga, doch eeuwig leven hebbe.

デンマーク語

Thi saaledes elskede Gud Verden, at han gav sin Søn den enbaarne, for at hver den, som tror paa ham, ikke skal fortabes, men have et evigt Liv.

スウェーデン語

Ty så älskade Gud världen, att han utgav sin enfödde Son, på det att var och en som tror på honom skall icke förgås, utan hava evigt liv.

フィンランド語

Sillä niin Jumala on rakastanut maailmaa, että hän antoi ainokaisen Poikansa,jotta Kuka ikinä häneen, se ei hukkuisi, vaan saisi iankaikkisen elämän.

第1章
ドイツ語『聖書』の名句・ことわざ

第1節　『聖書』とことわざ

　西洋でことわざ・名句・格言などの出典を調べると、最も多いのが『聖書』である。今日、広まっている言い回しに関して、その起源が『聖書』にあるという場合が実に多い。

　古くパウロをはじめとする使徒たちが用いていたのはギリシア語訳の『旧約聖書』であった[★30]。紀元前3世紀中葉から紀元前1世紀の間に、ヘブライ語のユダヤ教聖典（つまり『旧約聖書』）がギリシア語へ翻訳されたものである[★31]。この翻訳はキリスト教史にとって重要な文化的意味合いがある。

　『新約聖書』の中には『旧約聖書』から引用する際、この訳を用いている場合が多い。『聖書』（新・旧）のラテン語訳で名高いヒエロニムス（紀元後5世紀）も旧約の翻訳の際に、この『七十人訳聖書』を基本としている。

『聖書』に由来することわざ

　一般にことわざ[★32]と呼ばれているもののうち、最古のものは『聖書』の「箴言」（別名「格言の書」、紀元前10世紀）に始まるとされる。この「箴言」とは、ソロモンをはじめとする賢人が残した3000にも及ぶ格言集である。これに続くのは、時代がかなり下って、エラスムスが出版した「こと

Siebenhundertundfünfzig
Sprichwöter のリプリン
ト（1971年）

わざ集」（Adagiorum Collectanea, 1500 年）である。
例えば、ラテン語の Festīnā lentē「ゆっくり急げ」
（Eile mit Weile「急がば回れ」）などである。1534
年 の Johannes Agricola の „Siebenhundertundfünfzig
Sprichwörter"（リプリントが左の画像、1971 年）の
中には、Rom ward in eynem jar nicht erbawet.「ロー
マは 1 年で建てられたのではなかった」などが収め
られている。

　このように、西洋でことわざ（ないし名句）の
出典の冠たるものは『聖書』であると言わざるを
得ない。今日、広まっている言い回しに関して、
その起源が『聖書』にあるという場合が実際、実に多い。例えば、

「人はパンのみにて生きるにあらず」（「マタイ」4:4)[33]

Οὐκ ἐπ᾽ ἄρτῳ μόνῳ ζήσεται ὁ ἄνθρωπος, ἀλλ᾽ παντὶ
not by bread alone shall live the man but by

ἐπὶ ῥήματι ἐκπορευομένῳ διὰ στόματος Θεοῦ.[34]
every word coming out of mouth God

このことわざの他にも、『聖書』の中には、ことわざ（的な言い回し）が数
多く見出される。私たちの口をついてくる名句の数々も『聖書』に由来する
ものが少なくない。例えば、「貴重なものも価値のわからない者には無意味
である」という意味の「豚に真珠」も『新約聖書』の「マタイ」7:6 がオリ
ジナルである。

「マタイ」7:6：「聖なるもの（神に捧げられた聖なる供え物）[35] を犬に
与えてはいけません。また豚の前に真珠を投げてはなりません。それを
足で踏みにじり、向き直ってあなたがたを引き裂くでしょうから」[36]。

Μὴ δῶτε τὸ ἅγιον τοῖς κυσίν, μηδὲ βάλητε τοὺς μαργαρίτας ὑμῶν ἔμπροσθεν
τῶν χοίρων, μήποτε καταπατήσουσιν αὐτοὺς ἐν τοῖς ποσὶν αὐτῶν καὶ
στραφέντες ῥήξωσιν ὑμᾶς. [37]

　もっとも、この言い回しの背景にあるのは、アラム語の言い回し「犬に何一
つつけてやるな、君たちの真珠を豚の鼻先につけてやるな」であり、『聖書』
（「箴言」11:22）の「きれいだが身持ちの悪い婦人を、雌豚の鼻の金の環とす
る」（美しいが、たしなみのない女は、金の環が豚の鼻にあるようだ[38]）と
いうことばである[39]。
　一般に、異邦人は「犬」に喩えられることが多く、犬は概してユダヤ人に
とって不浄の動物である[40]。「マタイ」7:6 は、厳格に律法的に生きている
ユダヤ人キリスト教の教会に由来する一節である。端的に言うならば、異邦
人伝道を抑圧しようとする動きであると見ることもできるのである。つま
り、聖なるもの、すなわち、神に捧げられた供え物は、ラビの規則に定めら
れているように、犬の前に投げることはしない[41]。また、豚に向かって真
珠を投げれば、豚はそれを食べることができず[42]、怒り狂って、真珠を餌
としてやろうとした人を攻撃する[43]。このように異邦人たちは、人が彼ら
に福音をもたらした時、伝道者たちに反対し、彼らの律法主義を攻撃し、割
礼・食物規制・清浄に関する規則を破棄し、ついにはイスラエルを食いちぎ
るかもしれない[44]。
　このように、「マタイ」7:6「真珠を豚に投げてはならない」に関するごく

普通の理解は次のようである★45。福音に相当する「真珠」★46 を、「犬」・「豚」、つまり福音の価値を十分に把握しない者に伝えるのはもったいない。福音を伝える時は、相手が誰であるかを十分に吟味せねばならない★47。福音に反感を抱く者、背教者らには伝えるには及ばない。彼らは福音を聞いても、時にそれを「足で踏みにじり」、場合によっては「かみついて」来たりする。

「マタイによる福音書」をめぐって

　さて、この個所に先立つ「マタイ」7:1-5 のテーマは「裁くな」である。すなわち、人は一般に他者に対する偏見や先入観で凝り固まっている。それにも拘わらず、この点に気づいていない。だから他人に対して上の立場から徹底的に裁きがちである。あなたたちは「兄弟の目にあるおが屑は見えるのに」「自分の目の中の丸太に気付かない」。それほど傲慢なのだ。まずは「自分の目から丸太を取り除け」、これが「マタイ」7:1-5 で語られている内容である★48。この「マタイ」7:1-5 の個所で、問題は私たち自身である。私たちの傲慢こそが問題なのである。これに対し、「マタイ」7:6 で問題とされているのは相手方である。福音を伝える相手こそが問題であり、だからこそ私たちはよく相手を見分けねばならないという。

　こう解釈すると、「マタイ」7:1-5 と「マタイ」7:6 の続き具合がよくなく、ぎくしゃくした感じになっているように思われてならない。テクストの接続がパッチワーク的な継ぎはぎであるかのような印象である★49。つまり、内容的に、私たちの傲慢の問題性は全くスルーされ、問題は専ら相手にあるとされているおり、「自分に厳しくあれ」が「相手に厳しくあれ」に変わっているかのようである★50。形式面について見れば、例えば「マタイ」7:1-5, 12 は、「ルカ」6:37-42 と平行的な記事である。つまり、共通の伝承の枠組みが継承されていると考えられる。

「マタイ」7:1-5, 12 ★51

¹ Μὴ κρίνετε, ἵνα μὴ κριθῆτε· ² ἐν ᾧ γὰρ κρίματι κρίνετε κριθήσεσθε, καὶ ἐν ᾧ μέτρῳ μετρεῖτε μετρηθήσεται ὑμῖν. ³ τί δὲ βλέπεις τὸ κάρφος τὸ ἐν τῷ ὀφθαλμῷ τοῦ ἀδελφοῦ σου, τὴν δὲ ἐν τῷ σῷ ὀφθαλμῷ δοκὸν οὐ κατανοεῖς; ⁴ ἢ πῶς ἐρεῖς τῷ ἀδελφῷ σου· Ἄφες ἐκβάλω τὸ κάρφος ἐκ τοῦ ὀφθαλμοῦ σου, καὶ ἰδοὺ ἡ δοκὸς ἐν τῷ ὀφθαλμῷ σοῦ; 5 ὑποκριτά, ἔκβαλε πρῶτον ἐκ τοῦ ὀφθαλμοῦ σοῦ τὴν δοκόν, καὶ τότε διαβλέψεις ἐκβαλεῖν τὸ κάρφος ἐκ τοῦ ὀφθαλμοῦ τοῦ ἀδελφοῦ σου. [...] 12 Πάντα οὖν ὅσα ἐὰν θέλητε ἵνα ποιῶσιν ὑμῖν οἱ ἄνθρωποι, οὕτως καὶ ὑμεῖς ποιεῖτε αὐτοῖς· οὗτος γάρ ἐστιν ὁ νόμος καὶ οἱ προφῆται.

7:1 人を裁くな。あなたがたも裁かれないようにするためである。7:2 あなたがたは、自分の裁く裁きで裁かれ、自分の量る秤で量り与えられる。7:3 あなたは、兄弟の目にあるおが屑は見えるのに、なぜ自分の目の中の丸太に気づかないのか。7:4 兄弟に向かって、「あなたの目からおが屑を取らせてください」と、どうして言えようか。自分の目に丸太があるではないか。7:5 偽善者よ、まず自分の目から丸太を取り除け。そうすれば、はっきり見えるようになって、兄弟の目からおが屑を取り除くことができる。[…]7:12 だから、人にしてもらいたいと思うことは何でも、あなたがたも人にしなさい。これこそ律法と預言者である。

「ルカ」6:37-42 ★52

³⁷ Καὶ μὴ κρίνετε, καὶ οὐ μὴ κριθῆτε· καὶ μὴ καταδικάζετε, καὶ οὐ μὴ καταδικασθῆτε. ἀπολύετε, καὶ ἀπολυθήσεσθε· ³⁸ δίδοτε, καὶ δοθήσεται ὑμῖν· μέτρον καλὸν πεπιεσμένον σεσαλευμένον ὑπερεκχυννόμενον δώσουσιν εἰς τὸν κόλπον ὑμῶν· ᾧ γὰρ μέτρῳ μετρεῖτε ἀντιμετρηθήσεται ὑμῖν. ³⁹ Εἶπεν δὲ

καὶ παραβολὴν αὐτοῖς· Μήτι δύναται τυφλὸς τυφλὸν ὁδηγεῖν; οὐχὶ ἀμφότεροι εἰς βόθυνον ἐμπεσοῦνται; ⁴⁰ οὐκ ἔστιν μαθητὴς ὑπὲρ τὸν διδάσκαλον, κατηρτισμένος δὲ πᾶς ἔσται ὡς ὁ διδάσκαλος αὐτοῦ. ⁴¹ τί δὲ βλέπεις τὸ κάρφος τὸ ἐν τῷ ὀφθαλμῷ τοῦ ἀδελφοῦ σου, τὴν δὲ δοκὸν τὴν ἐν τῷ ἰδίῳ ὀφθαλμῷ οὐ κατανοεῖς; ⁴² πῶς δύνασαι λέγειν τῷ ἀδελφῷ σου· Ἀδελφέ, ἄφες ἐκβάλω τὸ κάρφος τὸ ἐν τῷ ὀφθαλμῷ σου, αὐτὸς τὴν ἐν τῷ ὀφθαλμῷ σοῦ δοκὸν οὐ βλέπων; ὑποκριτά, ἔκβαλε πρῶτον τὴν δοκὸν ἐκ τοῦ ὀφθαλμοῦ σοῦ, καὶ τότε διαβλέψεις τὸ κάρφος τὸ ἐν τῷ ὀφθαλμῷ τοῦ ἀδελφοῦ σου ἐκβαλεῖν.

6:37 人を裁くな。そうすれば、あなたがたも裁かれることがない。人を罪人だと決めるな。そうすれば、あなたがたも罪人だと決められることがない。赦しなさい。そうすれば、あなたがたも赦される。6:38 与えなさい。そうすれば、あなたがたにも与えられる。押し入れ、揺すり入れ、あふれるほどに量りをよくして、ふところに入れてもらえる。あなたがたは自分の量る秤で量り返されるからである。6:39 イエスはまた、たとえを話された。「盲人が盲人の道案内をすることができようか。二人とも穴に落ち込みはしないか」。6:40 弟子は師にまさるものではない。しかし、だれでも、十分に修行を積めば、その師のようになれる。6:41 あなたは、兄弟の目にあるおが屑は見えるのに、なぜ自分の目の中の丸太に気づかないのか。6:42 自分の目にある丸太を見ないで、兄弟に向かって、「さあ、あなたの目にあるおが屑を取らせてください」と、どうして言えるだろうか。偽善者よ、まず自分の目から丸太を取り除け。そうすれば、はっきり見えるようになって、兄弟の目にあるおが屑を取り除くことができる。

マタイは、この 7:12 の黄金律「人にしてもらいたいと思うことは何でもあ

なたがたも人にしなさい」を強調したいために、わざとこの最後の位置に置いたのであろう。いずれにしても、先の「マタイ」7:6 の「豚に真珠」という文言は、前後の文脈から浮いた、完全に独立したマタイ独自の特殊資料である。

　関連記事は「マルコ」7:26-27 にもある。ここでは、女はギリシア人でシリア・フェニキアの生まれであったが、「娘から悪霊を追い出してください」と頼んだ。イエスは言われた。ἡ δὲ γυνὴ ἦν Ἑλληνίς, Συροφοινίκισσα τῷ γένει· καὶ ἠρώτα αὐτὸν ἵνα τὸ δαιμόνιον ἐκβάλῃ ἐκ τῆς θυγατρὸς αὐτῆς. καὶ ἔλεγεν αὐτῇ· Ἄφες πρῶτον χορτασθῆναι τὰ τέκνα, οὐ γάρ καλόν ἐστιν λαβεῖν τὸν ἄρτον τῶν τέκνων καὶ τοῖς κυναρίοις βαλεῖν. 「まず、子供たちに十分食べさせなければならない。子供たちのパンを取って、小犬にやってはいけない」とある。「子供たち［＝ユダヤ人同胞］のパン［＝救い］を取って子犬［異邦人］[53]にやってはいけない」という比喩は、異邦人伝道に消極的なユダヤ人キリスト教徒の立場を端的に表わしている[54]。また、「犬」や「豚」の喩えが、信仰から脱落した人たちに対して用いられている個所がある（「ペテロの第二の手紙」2:22）：「犬は自分の吐いた物に戻る。豚は身を洗ってまた泥の中にころがる」。つまり、信仰という義の道を知っていながら、自分に伝えられたその聖なる命令に背くよりは、むしろそれを知らなかった方が彼らにとってよかったというわけである。

『聖書』の歴史

　『聖書』の歴史を遡り注目すべきことの一つに、民族を超えた異邦人へのイエスの宣教が初めて行われたのは（エルサレムやガリラヤではなく）[55]彼の旅先の土地であるティルス（フェニキア）であったという事実がある[56]。古代フェニキアの諸都市（ティルス・シドン・ビュブロス）の繁栄（前 2000 年後半 -1000 年前半）は、実は、イスラエルの預言者の徹底的な非難

の対象であった。彼ら預言者たちは、片やイスラエルで窮乏にあえぐ民がいるのに強欲の留まるところを知らないフェニキア民族を戒めたのである[57]。とりわけ、ティルスとシドンの破滅（国力が隆盛して経済が過剰に繁栄したのち滅亡）は、貧者に思いやりをかけず神の声に耳を傾けない者に対する神ヤハウェの御業として理解され、ヘブライ人の多くの預言者や、後世のユダヤ人の記憶に残る事例となっていた[58]。こうした背景を踏まえないと、『旧約聖書』の「エゼキエル書」（第28章）[59]におけるフェニキアに対する非難は理解できない[60]。こうしたイスラエルの伝統（フェニキアへの非難）は、実際イエスの時代になっても忘れ去られずにしっかりとユダヤ民族の記憶に残っていたのである。最初、イエスは宣教の対象を同胞のユダヤ人に向けていて、後に次第に異邦人へと拡大していった。

　イエスは、ガリラヤ湖周辺の都市に向かって、ティルスやシドンよりも重い罰が下るであろうと鋭く説くことになる。フェニキアの街であるティルスやシドンを比較の対象として、イエスは『新約聖書』の「マタイによる福音書」の中（第11章）[61]、激しい口調でこう述べている[62]。

「マタイ」11:22-23[63]

Am Tag des Gerichts wird es Tyrus und Sidon besser ergehen als euch. Und du, Kapernaum, meinst du etwa, du wirst zum Himmel erhoben? Nein, ins Reich der Toten wirst du hinabfahren![64]

裁きの日にはティルスやシドンの方がお前たちよりまだ軽い罰で済む。また、カペナウム、お前は天にまで上げられるとでも思っているのか。いや、死者の国［ハデス］に落とされるのだ。

イエスは、すなわちガリラヤ湖北岸に近い都市の不信心な人々に向けてこの

ように厳しく説教したのである★65。イエスがティルスやシドン★66 に出向き、初めて異邦人に施しをした様子が、先に挙げた「マルコによる福音書」（第 7 章）に記されている。

「マルコ」7: 24-26 ★67

Jesus brach von dort auf und ging mit seinen Jüngern in die Gegend von Tyrus. Dort zog er sich in ein Haus zurück, denn er wollte unerkannt bleiben. Aber es sprach sich schnell herum, dass er gekommen war. Davon hatte auch eine Frau gehört, deren Tochter von einem bösen Geist beherrscht wurde. Sie kam zu Jesus, warf sich ihm zu Füßen und bat ihn, den Dämon aus ihrer Tochter auszutreiben. Die Frau war keine Jüdin, sondern eine Syrophönizierin. ★68

イエスは［…］弟子たちと共にティルスの地方に行かれた。ある家に入り、誰にも知られたくないと思っておられたが、人々に気づかれてしまった。汚れた霊に取りつかれた幼い娘をもつ女が、すぐにイエスのことを聞きつけ、来てその足もとにひれ伏した。この女はユダヤ人ではなくギリシア人［シリア・フェニキアの生まれ］であったが、娘から悪霊を追い出してくださいと頼んだ。

この「マルコによる福音書」の第 7 章 24-26 に続く個所が、イエスの奇跡の場面である。

「マルコ」7: 27-30 ★69

Jesus antwortete ihr: »Zuerst müssen die Kinder versorgt werden. Es ist nicht richtig, den Kindern das Brot wegzunehmen und es den Hunden hinzuwerfen.« »Ja, Herr«, erwiderte die Frau, »und doch bekommen die Hunde die Krümel,

die den Kindern vom Tisch fallen.« »Damit hast du recht«, antwortete Jesus,
»du kannst nach Hause gehen! Ich will deiner Tochter helfen. Der Dämon hat
sie bereits verlassen.« Als die Frau nach Hause kam, lag ihre Tochter friedlich
im Bett. Der Dämon hatte keine Macht mehr über sie. ★[70]

イエスは言われた、「まず子どもたちに十分食べさせなければならない。
子どもたちのパンを取って、子犬にやってはいけない」。ところが、女
は答えて言った、「主よ、しかし、食卓の下の子犬も、子どものパン屑
はいただきます」。そこで、イエスは言われた、「それほど言うなら、よ
ろしい、家に帰りなさい。あなたの娘を助けましょう。悪霊は彼女から
もう出てしまった」。女は家に帰ってみると、その子は床の上に寝ており、
悪霊はもはや力を及ぼさないでいた。

　異邦人であれ、イエスは社会的弱者を助けている。本来、非ユダヤ人に対
して行われない癒しを実践している。これは、「マタイ」15:24 の「私は、イ
スラエルの家の失われた羊のところにしか遣わされていない」という趣旨に
は反していることにはなる。初めは同胞のユダヤ人（イスラエルの家の失わ
れた羊）に対してしか宣教していなかったイエスが、民族・国籍を超えてす
べての人に向かって教えを説き始める端緒になったのが、この異邦人への奇
跡であると言える。このように彼はフェニキアの都市で、宣教の範囲を異邦
人へと拡大し、いよいよガリラヤ湖周辺の街（カペナウムなど）の人々に対
し説教を始めるのであった。
　このような、自民族（ユダヤ人の同胞）中心主義★[71] ではなく、自らの民
族以外の人（異教徒・外国人・寄留者など）を分け隔てをせず、共同体内で
共に生きていこうというイエスの精神は「愛敵」の思想に端的に見られる。
本来は自分の文化に属さない人に対して（特に敵対する人に対して）、自ら

は抑え切れない気持ちになって、その相手のためになるような行為をする。相手を放っておけない、自分でも説明のつかない曰く言い難い、深い憐みの感情が起こる。このような相手との距離を隔てる文化的垣根などを乗り越える心情のことを愛と言い換えてもよいであろう[72]。

　こうした愛敵の思想は、キリスト教の宗教的特徴の一つであり、この博愛主義的な教えは、例えばドイツの神学者・牧師であるボンヘッファーにも強い影響を及ぼしている[73]。彼はイエスの愛敵の戒めが「政治上の敵であれ、宗教上の敵であれ」及ぶものであることを示唆し、また「異なる種類の敵の間に何らの相違も認めるものではない」ことを指摘している。悪に対抗して相手に悪を行うのではなく、忍耐して付き合い、真理をもって説きなさい、すなわち、愛に暴力はないので、相手に合わせ、過ちから出て来るようにしてあげなさい、という教えである[74]。「左の頬をも向けよ」という一見消極的な無抵抗の姿勢の背後に、誰に対しても溢れるように与えてやまない積極的な恩恵の世界の生き方がある[75]。

　さて、以下で、共観福音書（マタイ・マルコ・ルカ）の間での類似個所を見ておこう。

「裁くな」の個所では、以下の下線部（マタイ・ルカ）、

「マタイ」7:1 : Μὴ　κρίνετε,　ἵνα　μὴ　κριθῆτε·
　　　　　　　not　judge　　that　not　you should be judged

「ルカ」6:37 : καὶ μὴ κρίνετε,　καὶ　οὐ μὴ κριθῆτε·　　　　　καὶ μὴ
　　　　　　　and not judge　　that　no not　you should be judged　and not

καταδικάζετε, μὴ καὶ οὐ καταδικασθῆτε.　ἀπολύετε,
condemn　　not that no you should be condemned　forgive

καὶ　ἀπολυθήσεσθε·
and　you will be forgiven

および、次の下線部（マタイ・マルコ・ルカ）の個所で類似の表現が見られる。

「マタイ」: ἐν　ᾧ　　　γὰρ κρίματι κρίνετε　κριθήσεσθε,　　καὶ
with　whatever for verdict you judge　you will be judged and

ἐν　ᾧ　　μέτρῳ μετρεῖτε　μετρηθήσεται
with whatever measure you measure it will be measured again

ὑμῖν.
to you

「マルコ」: ἐν　ᾧ　　μέτρῳ μετρεῖτε　μετρηθήσεται
with whatever measure you measure it will be measured

ὑμῖν καὶ προστεθήσεται　ὑμῖν.
to you and more will be added to you

「ルカ」: 6:38 : δίδοτε,　καὶ　δοθήσεται　ὑμῖν· μέτρον καλὸν
give　and　it will be given to you measure good

26

πεπιεσμένον　σεσαλευμένον　ὑπερεκχυννόμενον
pressed down　shaken together　running over

δώσουσιν　εἰς　τὸν　κόλπον　ὑμῶν·　ᾧ　γὰρ
will they put　into　the　lap　of you　with that　for

μέτρῳ　μετρεῖτε　ἀντιμετρηθήσεται　ὑμῖν.
measure　you measure　it will be measured again　to you

なお、先の「マタイ」7:1-5 に続く個所（「マタイ」7:7-11）には次のような
重要な戒めが述べられている。

「マタイ」7:7-11 ★76

⁷ Αἰτεῖτε, καὶ δοθήσεται ὑμῖν· ζητεῖτε, καὶ εὑρήσετε· κρούετε, καὶ ἀνοιγήσεται
ὑμῖν. ⁸ πᾶς γὰρ ὁ αἰτῶν λαμβάνει καὶ ὁ ζητῶν εὑρίσκει καὶ τῷ κρούοντι
ἀνοιγήσεται. ⁹ ἢ τίς ἐστιν ἐξ ὑμῶν ἄνθρωπος, ὃν αἰτήσει ὁ υἱὸς αὐτοῦ ἄρτον—
μὴ λίθον ἐπιδώσει αὐτῷ; ¹⁰ ἢ καὶ ἰχθὺν αἰτήσει— μὴ ὄφιν ἐπιδώσει αὐτῷ; ¹¹ εἰ
οὖν ὑμεῖς πονηροὶ ὄντες οἴδατε
δόματα ἀγαθὰ διδόναι τοῖς τέκνοις ὑμῶν, πόσῳ μᾶλλον ὁ πατὴρ ὑμῶν ὁ ἐν τοῖς
οὐρανοῖς δώσει ἀγαθὰ τοῖς αἰτοῦσιν αὐτόν.

7:7「求めなさい。そうすれば、与えられる。探しなさい。そうすれば、
見つかる。門をたたきなさい。そうすれば、開かれる。7:8 だれでも、
求める者は受け、探す者は見つけ、門をたたく者には開かれる。7:9 あ
なたがたのだれが、パンを欲しがる自分の子供に、石を与えるだろうか。
7:10 魚を欲しがるのに、蛇を与えるだろうか。7:11 このように、あな

たがたは悪い者でありながらも、自分の子供には良い物を与えることを知っている。まして、あなたがたの天の父は、求める者に良い物をくださるにちがいない。

『聖書』からの引用

　一般に『聖書』からよく引用されるものの中には、例えば「モーゼの十戒」のように西欧の日常でいわば常套句となっているような文言まである。ここではまず、『聖書』における天地創造の始まりを見てみよう。世界の神話・民間伝承などで語られる、この世の始まりには、いくつものパターンがあるが、『聖書』の場合は以下のようである。

　　Am Anfang schuf Gott Himmel und Erde.
　　［語釈］schuf < schaffen「創造する」

　　初めに神は天と地を造られた。「創世記」1:1

地表は形がなく、闇が淵の表にあり、神の霊が水面を覆っていたが、神が「光あれ」と言うと、光が生まれたという。

　　Gott sprach: Es werde Licht! Und es ward Licht.
　　［語釈］werde < werden「生じる」（接続法 I 式), ward < werden「生じる」
　　ここでは過去形に雅語 ward（ich/er ward, du wardest）が用いられている。

　　神が「光よあれ」とおおせられた。すると光ができた。「創世記」1:3

神はその光を見、光と闇を分けた。

Und Gott sah, daß das Licht gut war. Da schied Gott das Licht von der Finsternis

［語釈］schied < scheiden「分ける」

神はその光を見て、良しとされた。神はその光とやみとを分けられた。「創世記」1:4

その後、神は自分に似姿の人間を創造する。

Und Gott schuf den Menschen zu seinem Bilde, zum Bilde Gottes schuf er ihn.

神は自分のかたちに人を創造された。すなわち、神のかたちに人を創造された。「創世記」1:27★77

こうして、この世に人間が住まうようになり、共同生活での規範・モラルといったようなものが必要とされるようになってくる。この意味で代表的なものが、イスラエル民族の指導者モーゼ（紀元前13世紀頃）が神より授けられた「モーゼの十戒」★78である。この「十戒」の話は『聖書』の「出エジプト記」★79の中に出てくるものである。これら十の戒めの中でも最も重要な戒めとされるのが次のものである★80。

Du sollst keine anderen Götter neben mir haben. Du sollst dir kein Bildnis noch irgend ein Gleichnis machen.

［語釈］kein ~ noch -「～でも―でもない」, Bildnis「肖像」, Gleichnis「比喩」

あなたには、私のほかに他の神々があってはならない。あなたは自分の
ために偶像を造ってはならない。「出エジプト記」20:3-4

　以下、ここで見た「モーゼの十戒」の中に見られる、同様に重要で有名な
戒めをいくつか挙げておく★81。

　Du sollst nicht töten.
　人を殺してはいけない。「出エジプト記」20:13

　Du sollst nicht ehebrechen.
　［語釈］ehebrechen「不義をはたらく」< Ehe「婚姻」+ brechen「破る」
　あなたは姦淫してはならない。「出エジプト記」20:14

　Du sollst nicht stehlen.
　盗みをしてはいけない。「出エジプト記」20:15

　広くヘレニズム世界に多くのユダヤ人が居住することになると、もはや母
語であるヘブライ語が十分に理解できないユダヤ人が増えてくる。ヘレニズ
ム時代・ローマ時代にユダヤ人は各地のギリシア風都市に進出し、その新し
い土地に定着して二代目・三代目と代を重ねるごとに、むしろギリシア語
を日常語とするユダヤ人がますます多くなってきた。こうした人々のために
『旧約聖書』がギリシア語に翻訳されるに至ったのである★82。パウロはヘブ
ライ語も読めたようであるが、「書簡」では引用に際してこのギリシア語訳
『聖書』を使っている。ギリシア語は当時のヘレニズム文化圏における国際
共通語であったのである。
　キリスト教はパレスチナの枠を越えて広範に拡大していた。ギリシア語で

執筆され、その書かれた文書を読むことによって知識を得るというシステムができあがっていたわけである[83]。

第 2 節　ことわざとは？

　ことわざは、従来、名句・慣用句・格言・故事・成句などと明確に区別されることなく用いられることが多かった。ことわざを巡る歴史を辿ってみることによって、名句・故事などと相対化をはかり、文化誌としてのことわざの位置付けを明らかにしたい。西洋全土を版図に、ことわざの定義を試み、ローマ帝国の勃興に伴うキリスト教圏の拡大の中にあって、いわばヨーロッパの言語文化の発達の様子を描く。『聖書』全体を見渡し、ことわざに関連性の深い「箴言」・「伝道の書」・「ヨブ記」を取り上げ、特に代表的な格言・名句などに注目してみたい。

　ローマの文化とは深い森を隔てて、北方の地に住んでいたゲルマン人——一般的にはこのようなイメージである。北欧へのキリスト教の伝播は 11-12 世紀に進んだ[84]。ゲルマン民族のうち、いくつかの部族はヨーロッパ北方から黒海沿岸に移り住んでおり、大西洋から黒海までの広い範囲でローマ帝国と国境を接してはいた。ゲルマン人はかなり古くからすでにローマ文化圏に隣接しており、恒常的にローマ人と盛んな交易があったのである。

さまざまなことわざ

　ことわざによって引き起こされるイメージは言語ごとに異なるわけであるから、この相異を比較対照するというアプローチも俟たれる[85]。この意味で、ことわざを通して多彩な文化に触れ、複数の言語の間に見られることわざの共通点・相違点を描出することで、比較ことわざ学（vergleichende Sprichwörterkunde）[86]もまた可能になってくるであろう[87]。

確かに、比較言語学など、既に学問領域として確立し、その方法論も不動のものとなっている学術分野もあれば、比較言語学を模した比較神話学なり、比較言語学ほどは、そのアプローチ法が整っていない学問分野があるなど「比較○△学」には、学問としての成熟度に程度の差が割と大きく反映されるのが現状である。この意味で、比較ことわざ学という領域は、その意義、また人々を惹き付けてきたその魅力に関し、まだまだ発展途上の学問分野と言わなければならない。それでも、古くから言い伝えられてきた、教訓・風刺を含んだことわざには、人々の生活体験、社会規範などが織り込まれており、ことわざの含蓄には、文化をこえて人類一般に共通するような知的体系を導き出せる可能性を感じさせる。例えば、「情は人のためならず」・「蒔かぬ種は生えぬ」・「猫に小判」・「馬の耳に念仏」など、どの文化にもありそうな発想が込められているし、聞く人の共感を得て次第に常套句として定着していくプロセスにも、文化の差異をこえた共通性を捉えることができそうに思われる[88]。

　これまでも、異なる文化圏の多くのことわざを比べ合わせ、それらの類似点・相違点を明らかにしようとする先行研究は少なからずあったが、非常に多面的な顔をもつ、ことわざを総合的に扱った本格的な研究成果は従来あまり生み出されてこなかった[89]。文化依存の高い民間伝承としてのことわざをさまざまな観点から考察する、ことわざ学（Paremiology）には一定の存在価値が認められるが、単なる意味・用法の記述・分類に基づき、その上にさらに、文化の特質、民族性などを論じる比較ことわざ学を確立するには、方法論的アプローチの検討から始めて、取り組むべき課題が少なくない[90]。そもそも、ことわざの定義そのものが難しいという点[91]に関してよく引用されるのが次の一節である。

The definition of a proverb is too difficult to repay the undertaking.（Taylor

1931:3）

　ことわざの定義を行うのは極めて困難である。

確かに、同じように定型表現ではある慣用句とことわざの違いは何か[92]、あるいは、ことわざを特徴付けるとされる韻律・口調（リズム）・比喩性をどう位置づけるかなど、ことわざ学に残されている問題点は多い。いずれにせよ、（比較）ことわざ学の目標は、文化を超えて、ことわざの特質を解明することにあり[93]、逆説的かもしれないけれども、ことわざの定義に関する文化依存性の問題[94]も比較ことわざ学の重要な課題になってくる。世界各地から収集したデータを整理・分類し、ここから普遍的なことわざタイプを想定し、いわば人間の思考の元型を導き出せるか否かという問題である。異なる地域から集められた類似のことわざを包み込むような共通のグローバルタイプにアプローチするという枠組みである[95]。

ことわざの定義

　何よりまず、ことわざを、名句・慣用句・格言・故事・成句などと明確に区別して定義する必要がある[96]。この点に関しては、これらの術語全体をカバーする包括的な観点から次のような図式の分類で捉えておきたい[97]。

成句[98]の下位区分として

（1）格言・ことわざ[99]

　　歴史的・社会的に安定した価値観をもつ。

　　例（格言）：「勝って兜の緒をしめよ」・「損して得とれ」など。

　　例（ことわざ）：「寝耳に水」・「売り言葉に買い言葉」など。

（2）比喩的慣用句[100]

　　①直喩的慣用句

　　　例：「夢のよう」・「わらにもすがる思い」など。

　　②隠喩的慣用句

　　　例：「肩をもつ」・「頭に来る」など。

（3）連語成句[101]

　　例：「息を殺す」・「恥をかく」など。

　ことわざは民衆の間で自然発生的に生まれたものであるのに対し[102]、一般に名句と言われているものは、その作者が知られているという点で区分することができる[103]。このことわざ（Sprichwort）と名句（geflügelte Worte,「翼の生えた言葉」[104]）を併せて引用句（Zitat）と呼ぶことができよう[105]。

　例えば文学作品には、『聖書』のことわざを巧みに取り込んだ表現が随所に見られる[106]。『聖書』の「箴言」31:10 にある Wem ein tugendsam Weib beschert ist, die ist viel edler denn die köstlichsten Perlen.「誰か賢い女性を見出すことができればその価値は真珠よりも尊い」を用いて、ゲーテは『ファウスト』第一部（3155-56）で、

　　Das Sprichwort sagt: Ein eigener Herd, Ein braves Weib sind Gold und Perlen wert.

　　ことわざによると、自分のかまどとよい女房は金と真珠の価値がある。

と述べている。ここには（『聖書』とは関係のない）別のことわざ（Eigener Herd ist Goldes wert.「我が家にまさるところなし」）も盛り込まれている。

つまり、二つのことわざが組み込まれていながらも、Das Sprichwort sagt「ことわざによると」と断ってもあり一読して気がつく★107。概して（『聖書』に関わらないものであっても）文学作品の中で、ことわざが使われることは少なくない。例えば、リール（W.H.Riehl）の『漂泊の乙女』（Das Spielmannskind）の中で、

> Sie hatte aber gehört, daß Straßburg die reichste und schönste Stadt im ganzen Elsaß sei, wo *man für Geld und gute Worte alles haben könne*, was das Herz begehrt, und darum eigentlich Silberstadt heiße, [...].

> 彼女はシュトラースブルクがアルザス地方全体で最も豊かで美しい街であり、ここでは金と弁舌があれば、ほしいものが何でも手に入るところなのだ、だから元来、銀の都と呼ばれているのだと聞いていた。

という具合に、広く流布していることわざがそのまま用いられているケースもあれば、また、次のゴットヘルフ（J.Gotthelf）の『農夫ウーリが幸せになる話』（Wie Uli der Knecht glücklich wird）のように、一般に知れ渡っていることわざを変形して引用する場合もある。

> „Es ist nicht immer alles *Glück*, was glänzt“, sagte sie halblaut und ging zur Türe hinaus.

> 「よく見えてもすべてが幸福とは限りません」と彼女は小声で言って、戸口から出て行った。

これは、Es ist nicht alles *Gold*, was glänzt.「輝くものが必ずしも黄金ではな

い」★108 ということわざが下敷きになっている表現である。

　同様に、『聖書』が出典となっていても、敷衍されたりしていることわざも少なくない。例えば、「マルコ」16:16 の「信仰は（人を）幸福にする」という言い回し

Der Glaube macht selig.

に、さらに und der Wein fröhlich を加えて、

Der Glaube macht selig und der Wein fröhlich.

といったように「そして酒は（人を）愉快にする」という表現を付け加えて、風刺をきかせたりすることがよくある★109。

ドイツのことわざ

　さて、ドイツはことわざの数の多いことで他国に抜きんでている★110。エラスムス（1466 頃 -1536 年）・アグリーコラ（1494 頃 -1566 年）の時代に続いて、ザイラー（J.M.Sailer）の『ちまたの知恵』（Die Weisheit auf der Gasse, 1810 年）・ケールテ（W. Körte）の『ドイツ人のことわざとことわざふうの慣用句』（Die Sprichwörter und sprichwörtlichen Redensarten der Deutschen, 1837 年）・ジムロック（K. Simrock）の『ドイツのことわざ』（Die deutschen Sprichwörter, 1846 年）が出版されている。中でも、デュリングスフェルト（Ida & Otto von Düringsfeld）の『ゲルマン語およびロマンス語ことわざ集』（Sprichwörter der germanischen und romanischen Sprachen, 1872-1875 年、全2巻）およびヴァンダー（K.F.W. Wander）の『ドイツことわざ辞典』（Deutsches Sprichwörterlexikon, 1863-1880 年、全 5 巻）は、ことわざ学（Sprichwörterkunde）

を代表する大著である。近年のものでは、マッケンゼン（L. Mackensen）の『引用句・慣用句・ことわざ』（Zitate, Redensarten, Sprichwörter, 1973 年）やヘルヴィヒ（G. Hellwig）の『引用句とことわざ』（Zitate und Sprichwörter von A-Z, 1974 年）がある。

　ところで、ドイツの民衆レベルで古くから浸透したことわざの中には、外国より借用した後にドイツ語化された転来のことわざが多い。こうしたことわざの源泉としては①ラテン語・②聖書がある★111。ラテン語や『聖書』に基づくことわざは西欧に共通な表現が多い。例えば、Niemand kann zwei［en］Herren dienen.「誰も二人の主に仕えることはできない」は、『新約聖書』の「マタイ」6:24 に由来し、英語では No man can serve two masters. と言い、フランス語では Nul ne peut servir deux maître à la fois.「誰も同時に二主には仕えられない」と言い、イタリア語・スペイン語にも同様のことわざがある。ただし、ドイツ語のことわざと類似のものがラテン語や『聖書』にあるからと言っても注意深い観察が必要な場合もある。例を挙げれば、ドイツ語のことわざ Wer andern eine Grube gräbt, fällt selbst hinein.「人を呪わば穴二つ」は、『聖書』「箴言」26:27 の Wer eine Grube macht, der wird hineinfallen.「穴を掘る者は自らこれに陥る」に非常に似ているが、これはドイツで独自に発生したもので、形式上、偶然に類似の形をとったものである。

　ところで、『聖書』の背景とも言える古代オリエントでは、もともと古くから、寓話や教訓詩あるいは、ことわざ・謎かけなど、さまざまな形式を用いて人生や社会の諸問題に解答を与えようとする文学が数多く伝えられていた（こうしたジャンルは一般に知恵文学と呼ばれる）。古代イスラエル人が残した『聖書』にも随所に知恵文学的な要素が認められ、例えば「箴言」・「伝道の書」・「ヨブ記」には格言・名句めいたものがたくさん見出される。『聖書』の知恵文学はそれぞれ個性的ではあるが、神によって創造された世界の秩序への人間の関わりという問題が主題化されているという点では共通している

と言える。

『聖書』のことわざ

　以下、『聖書』[112] の中から、「箴言」・「伝道の書」・「ヨブ記」を順に取り上げ、特に代表的な格言・名句に注目してみたい。

「箴言」

　「箴言」[113] は、いわば「格言の書」という名称もふさわしく、教訓を含む短い句、戒めとなることば、警句などが中心的内容である[114]。この意味で、「箴言」は、日常生活の指針であり律法の実践である[115]。その内容は一般に人々に大いに参考になるが、特に若者を意識して書かれていると思われる[116]。英語のアフォリズム aphorism（鋭く簡潔に人生・社会などの機微を表現したことば）に近い[117]。

　　Ein weiser Sohn ist seines Vaters Freude; aber ein törichter Sohn ist seiner
　　Mutter Grämen.
　　［語釈］seines Vaters, seiner Mutter：属格が修飾される名詞の前に置かれている。

　　　知恵ある子は父を欣ばす。愚なる子は母の憂いなり。「箴言」10:1

例えば、正しき者・悪しき者、賢き者・愚かな者のように、対立的平行法の組み合わせで語られているために、ここでは父・母が前半句・後半句に分けられて言及されている。神は正しき者には祝福（繁栄・成功）を与え、一方、悪しき者は決して成功することはなく呪いがもたらされる。

Auch beim Lachen kann das Herz trauern, und nach der Freude kommt Leid.

［語釈］bei「〜の際に」

笑う時にも心に悲しみあり、歓楽の終<ruby>終<rt>はて</rt></ruby>に憂いあり。「箴言」14:13

人の心の内は他人に知られるものではない。挫折ぎりぎりまで追い込まれているような苦しみ・悲しみが心の内にあっても、外に対しては快活な態度をとる場合がある（人の心の内を知っているのはただ神のみである）。

Ein Geduldiger ist besser denn ein Starker, und der seines Mutes Herr ist, denn der Städte gewinnt.

［語釈］denn「〜より」（比較の対象を表わすのに使われ、英語の than に相当する), seines Mutes：属格が修飾される名詞の前に置かれている。

怒りを遅くする者は勇者に愈<ruby>愈<rt>まさ</rt></ruby>り、己れの心を治<ruby>治<rt>おさ</rt></ruby>むる者は城を攻め取る者に愈<ruby>愈<rt>まさ</rt></ruby>る。「箴言」16:32

自己を管理できることをすぐれた美徳として語っている。自己を治めるということは、戦いにおける勇敢さに勝る価値あるものとしている。

Wenn du einen siehst, der sich weise dünkt, da ist an einem Narren mehr Hoffnung denn an ihm.

［語釈］sich 〜 dünken「自分を〜と思い込み自惚れる」, denn「〜より」

汝<ruby>汝<rt>なんじ</rt></ruby>おのれの目に自らを知恵ある者とする人を見るか、彼よりもかえって愚なる人に望みあり。「箴言」26:12

愚か者について語っている（「箴言」26章全体について言えること）。愚か者は聞き分けがなく、また、そもそも人の言うことを聞こうとしない。それにもかかわらず、愚か者は自分自身を賢い者と信じており、何度も愚かなことを繰り返す。こうして愚か者は災いを引き起こす。ここまで愚か者のことを否定的に言っておきながら、自分の賢さに自惚れている者は愚か者以下だとする。自惚れの強い人よりも、まだ愚か者の方がましだと言う。

「伝道の書」

　「伝道の書」は、紀元前3世紀中葉、パレスチナで成立したとされている。人間の生き方を語る書物として「箴言」の後に置かれている。この書は、広く知れ渡ったイスラエルの知恵を母胎とし、知恵の教え独特の表現作法に基づいて人生を回顧している[★118]。「私コヘレトはイスラエルの王であり、エルサレムにいた」（1:12）と独白していることから、ダビデ家の王であり、しかも知恵者であるということになるとソロモンの名が浮かんでくるが、コヘレトを王とするのは文学的虚構であろうと考えられる[★119]。ルターがコヘレトを「伝道者」と訳しているように、おそらく知恵の教師のような存在であった人物がこの文書の著者であろう。先の「箴言」に収集された知恵の構成要素が至るところに見出されるが、コヘレト固有の形式で語られている。

　「伝道の書」は、正典の中に数えられていながらも、その評価をめぐっては古代以来、激しく論争されている。なぜなら、伝統的な知恵の立場に対して極めて批判的であり、その悲観的・厭世的傾向はむしろ異端的であるからである[★120]。ただし、ルター的な視点からすれば、著者コヘレトは、隠された神のもとで人生の大いなる謎の前に無力に立ちつくす人間である。このような人間の絶望は、福音の光に照らされることで克服されることが可能である。したがって、キリストへの道を備える書として評価されているわけであ

る★121。

Nichts Neues geschieht unter der Sonne. Siehe, das ist neu? Es ist zuvor auch geschehen in den langen Zeiten, die vor uns gewesen sind.
［語釈］geschieht < geschehen「行われる」, zuvor「以前に」, vor「（時間的に）～の前に」

日の下には新しき者あらざるなり。見よ、これは新しき者なりと指で言うべき物あるや、其は我らの前にありし世々にすでに久しくありたる者なり。「伝道の書」1:9-10

かつて存在したものが再び存在し、かつて行なわれたことが再び行なわれるという趣旨である。この前節（1:8）の「人は語り尽くせない。目は見ることに飽きず、耳は聞いて溢れることはない」に続く個所である。すわなち、口も目も耳も全体を把握できないのであるから、人間の欲望は絶えず新しいものに向かうということである。ただ、この世界で起こることは常に古いことなのであるという（例：平和、戦争、友情、憎悪など）。

Wo viel Weisheit ist, da ist viel Grämens.

　知恵多ければ憤激_{いきどおり}多し。「伝道の書」1:18

人々のさまざまな営為を観察し、その労苦を見てみる。知恵や知識が何であるか、あるいは、狂気・愚かさが何であるかを知る。こうしてわかるのは、知恵が多ければ不愉快も多く、知識が増せば悲しみも増すということである。すなわち、人生を操縦し賢く生きることができると考え、知恵・知識を

得る努力をしても、人生を真につかむことの限界にぶつかるものだという困惑について語っている。

Einer mag überwältigt werden, aber zwei mögen widerstehen, und eine dreifache Schnur reißt nicht leicht entzwei.
[語釈] überwältigen「打ち負かす（過去分詞）」, entzwei「（裂けて）二つに」

人もしその一人を攻め撃たば、二人して之に当たるべし。三つ撚りの糸はたやすく切れはしない。「伝道の書」4:12

一人が倒れる時、または、一人で夜の冷気をしのがねばならない時、あるいは、一人が追い剥ぎに襲われた時、いずれの場合でも傍にもう一人いてくれるのがよい。「三つ撚りの糸」ということばで締め括られているが、この言い回しは定式化された慣用語法の一つである。

Sei nicht schnellen Gemütes zu zürnen; denn Zorn ruht im Herzen eines Narren.
[語釈] sei < sein「〜であれ（接続法 I 式）」, zürnen「怒る」（Zorn「怒り」）

汝、気を急くして怒るなかれ。怒りは愚かなる者の胸に宿るなり。「伝道の書」7:9

あらゆる事柄の帰結を慎重に十分考えてみることは知恵である。癇癪を引き起こすことは、ただ愚か者の特徴である。

Die Worte aus dem Mund eines Weisen sind holdselig; aber des Narren Lippen verschlingen ihn selbst.

［語釈］verschlingen「（むさぼるように）飲み食いする」

知者の口のことばは恩恵（めぐみ）あり、愚者の唇はその身を呑みほろぼす。「伝道の書」10:12

知者の口から出ることばは好ましいが、愚か者はおしゃべりによって命を奪われる。この後節（10:13）で「愚か者のおしゃべりは始めから終わりまで愚かしい（愚痴で始まり狂気で終わる）」とまで言っている。「伝道の書」5:1の「神は天に、あなたは地にあるのだから、あなたは口数を少なくせよ」に通じる内容である。

「ヨブ記」

「ヨブ記」は、この世での悩み苦しみ、人生の意義などを正面から取り上げている。こうした普遍的な人間の問題を問い続けた古代オリエントの知恵の伝承を収集しながらも、「ヨブ記」は、この課題を唯一神信仰のもとでなお厳しく見直している。「ヨブ記」も「箴言」・「伝道の書」と同じく、はたしてこの世界に秩序[122]があるのか否かをテーマにしている[123]。

この書の主人公ヨブは、何の罪もないのに次々と災いに見舞われる。それでも依然として罪を犯さず、ついには以前にまさる幸いで報われることになる。このように、いかに災いが降りかかってきても、忍耐強くこれを甘んじて受ける恭順な信仰者としての姿が確かにある一方、身の上のできごとを嘆き、自らの潔白を徹底的に主張するヨブの態度もまた同時に描かれている[124]。

Der Mensch wird zu Unglück geboren, wie die Vögel schweben, emporzufliegen.

［語釈］schweben「（漂い）飛ぶ」, empor「上へ・高く」

人の生れて艱難を受くるは火の子の上に飛ぶがごとし。「ヨブ記」5:7

「火の子」の部分の原文（ヘブライ語）を直訳すると、「レシェフ（災い・火の神）★125 の子ら」となる。レシェフは地の下にある死の世界に属するものと考えられ、ここでは具体的に「火花・閃光（ないし鷲(わし)）」がイメージされている。

Gott möge mich wiegen auf rechter Waage, so wird er erkennen meine Unschuld!
［語釈］möge < mögen（接続法Ⅰ式）

正しいはかりをもって私を量れ、そうすれば神は私の潔白を知られるであろう。「ヨブ記」31:6

幸福であった過去と不幸な現在を述べる。自分の良心を顧みて何らやましいことがないという倫理観に基づき潔白を主張している。「ヨブ記」31:5 の「もし私がむなしい★126 ものと共に歩き、この足が欺きの道を急いだことがあるなら」という条件文の主文である。

　先進文化圏であったローマと交流をもっていたゲルマン人の間に、ローマの言語文化の面での影響は絶大であった。ゲルマン人がキリスト教化されて★127、教会が彼らにローマの学問をもたらすまで、彼らは読み書きができない非識字の状態であった。
　一般に、北欧にはゲルマン伝統の神々の神話が保持されている。アイスラ

ンドなどは大陸から遠いため、キリスト教の伝来も遅く、そのためにゲルマンの伝統的精神が保持される傾向にあった。『エッダ』などの中で、キリスト教の影響を受けていないゲルマンの英雄の姿が実際に描かれている。このように北欧神話は、北欧におけるキリスト教化（11-12 世紀）以前の宗教、および、アイスランドを含むスカンディナヴィアの信仰・伝説で構成されている★128。一方、北欧以外のゲルマン人は、比較的早い時期からキリスト教化が進んだため、民族独自の神話・宗教を示すものがほとんど残っていない。

　ヨーロッパの基底に想定されるケルト文化について言えば、古代ケルト人の場合、紀元前 2000 年にはすでに一大勢力を築いていた。ゲルマン人に先立ち現在のヨーロッパに展開し、ゲルマン人に大きな影響を与えたのも事実である。ただし、ギリシア・ローマとの相対的関係で、歴史に記述されるようになるのはようやく紀元前 6-5 世紀頃からである。

第 3 節　『聖書』の格言・名句★129

　『聖書』の中から、「モーセの十戒」をはじめとする『聖書』の名場面を文語訳で味わう。括弧内に現代日本語のテクストも添えてあるので、わかりにくい個所は参照されたい。

　今日のヨーロッパはラテン文字とキリスト教の文化圏と言える。ラテン文字とキリスト教の歴史を踏まえ、ヨーロッパ文化の基層を知ることは、ことわざ理解のための必須の作業である。ドイツ語は『ルター訳聖書』に基づいている。

　よく知られているように、『聖書』を初めてドイツ語に全訳したのはマルティン・ルターである。翻訳に当たり、彼は誰にでも読める『聖書』を作ろうと努めた。さらに、彼はドイツ語を三つの伝統的な聖なる言語（ヘブライ語・ギリシア語・ラテン語）と同等とみなしていた。宗教改革の時代の言語

神学にとって、ルターのドイツ語『聖書』は極めて顕著で言語史的に見ても非常に大きな影響を与えたできごとだった。

　ルターはプロテスタントの立場から『聖書』を総合的に理解しようとする立場に貫かれている。繰り返しルターが強調していたのは、自分が読者に受け入れられ、理解してもらおうということであった。このことにより、よい著作家でもあり、また同時によい説教者でもあり得たのである。

　ルターにとっては、正典化され、これしかないという『ドイツ語聖書』のテキスト形態は存在しなかった。それゆえ、彼は生涯にわたって翻訳の作業を継続している。話したり説いたりする時とは違った書き方をすることもルターの特徴として挙げられるだろう。ルター自身にとって、何かを生きた話し言葉で説明するのと、死せる書き言葉で解説するのとでは大きな違いがあったというわけで、まさにこの点にこそルターの成功の要因があったのである。

『旧約聖書』[★130]

> Am Anfang schuf Gott Himmel und Erde. Und die Erde war wüst und leer, und es war finster auf der Tiefe; und der Geist Gottes schwebte auf dem Wasser.
>
> ［語釈］schuf ＜ schaffen「創造する」

> 天始（はじめ）に神、天地を創造（つくり）たまえり。地は定形（かたち）なく曠空（むなし）く暗闇（やみ）、淵の面（おもて）にあり、神の霊（れい）、水の面（おもて）を覆いたりき。
>
> （初めに、神は天地を創造された。地は混沌であって、闇が深淵の面にあり、神の霊が水の面を動いていた）「創世記」1:1-2

「初め」の定義[★131] としては、神の創造の初め、宇宙・世界のなどの初め、あるいは絶対的な原初が想定されよう[★132]。万物はまだ形も姿もなく混沌と

46

した状態にあり、また、暗い深淵という表現で、古代の神話的世界像に共通
して見られる宇宙生成以前の原始の大洋のイメージを表わしている。なお、
「霊」は「息」・「風」という意味もある語である。

Gott vollendete am siebenten Tage seine Werke, die er machte, und ruhte am

siebenten Tage von allen seinen Werken, die er machte.

第七日に神其造りたる工を竣たまえり。即ち其造りたる工を竣て七日に
安息たまえり。
（第七の日に、神は御自分の仕事を完成され、第七の日に、神は御自分
の仕事を離れ、安息なさった）「創世記」2:2

神は第七日に創造の仕事を完成していた。ここの記述が安息日の起源とされ
る（「出エジプト記」20:8 など）★133。「七」という数は『聖書』では完全数で、
「七」は神の世界における成就・秩序・調和を表わすものである。なお、第
一日から第三日までは静的世界（器）の創造であるのに対して、第四から第
六日までは動的世界（生命のあるもの）が創造されている。

Es ist nicht gut, daß der Mensch allein sei; ich will ihm eine Gehilfin machen,

die um ihn sei.

［語釈］sei ＜ sein（接続法Ⅰ式）

人、独りなるは善らず。我、彼に適う助者を彼のために造らん。
（人が独りでいるのは良くない。彼に合う助ける者を造ろう）「創世記」
2:18

ここで「助け（る）」という語は、『聖書』では「助け主としての神」を指す用法として用いられることが多く、したがって、女性が男性の補助的役割を担う存在として創造されたと解釈するのは文脈に即していない。対等に向き合い、お互いの心を理解し合うことのできる存在としての男女を神は造られたのである。

Du sollst keine anderen Götter neben mir haben. Du sollst dir kein Bildnis noch irgend ein Gleichnis machen.

［語釈］Bildnis「肖像」, Gleichnis「比喩」

汝、わが面<ruby>面<rt>かお</rt></ruby>の前に我の外<ruby>外<rt>ほか</rt></ruby>何物をも神とすべからず。汝、自己のために何の偶像をも彫<ruby>彫<rt>きざ</rt></ruby>むべからず（「モーセの十戒」）。

（あなたには、私をおいてほかに神があってはならない。あなたはいかなる像も造ってはならない）「出エジプト記」20:3-4

他の神々を並べることがないよう強く求められている。というのは人間が、神でないものに隷属化してしまう恐れがあるからである。「いかなる像」というのは、神および他の神々の像を包括している。古代中近東では神像とは、それが模した本体の霊の宿り場であると考えられていた。神像を造り保持して、神を自分の意のままにしようと人間が企てることは許されない★134。

Du sollst den Namen des HERRN, deines Gottes, nicht mißbrauchen. Gedenke des Sabbattags, daß Du ihn heiligest.

［語釈］miß-brauchen「みだりに用いる＞乱用する」, gedenken「思い起こす」（属格支配）

汝の神エホバの名を妄りに口にあぐべからず安息日を憶えてこれを聖潔すべし（「モーセの十戒」）。

（あなたの神、主の名をみだりに唱えてはならない。安息日を心に留め、これを聖別せよ）「出エジプト記」20: 7-8

古代では、名は体そのものである。神の名を知ることは神との交わりの根本であった。キリスト教の場合、神は自己の名を民に啓示し、神との交わりに民を加えようと招いてはいるものの、ただし人間が自己目的のために誤用してはならないと説く。安息日とは七日ごとに規則的に休むべき聖なる日のことで、この日を聖別（日常とは区別して聖なる特別なものとする）し、休息によって神との本来的な関係の回復がはかられるとされる。

Du sollst deinen Vater und deine Mutter ehren. Du sollst nicht töten. Du sollst nicht ehebrechen. Du sollst nicht stehlen. Du sollst kein falsch Zeugnis reden wider deinen Nächsten. Laß dich nicht gelüsten deines Nächsten Hauses.

［語釈］ehebrechen「不義をはたらく」< Ehe「婚姻」+ brechen「破る」, gelüsten「欲しがる」（属格支配）

汝の父母を敬え。汝、殺すなかれ。汝、姦淫するなかれ。汝、盗むなかれ。汝、その隣人に対して虚妄の証拠をたつるなかれ。汝、その隣人の家を貪るなかれ（「モーセの十戒」）。

（あなたの父母を敬え。殺してはならない。姦淫してはならない。盗んではならない。隣人に関して偽証してはならない。隣人の家を欲してはならない）「出エジプト記」20:12-17

「十戒」は『聖書』の民の信仰と生活の根幹を表現している。神が人間を奴

隷的状態から解放し、人間が真に人格的関係を生きるための十の戒めである。まず「私は主、あなたの神」という神の自己顕現が明らかにされ、これを根拠として諸々の戒めが語られる。「十戒」は、人間を真の存在へと解き放つ神の前にあり続けることによって、自己の人間性を真に守ると共に、他者の人間性を擁護することへと招くものである★135。

　Du sollst deinen Nächsten lieben wie dich selbst.

　己れのごとく汝の隣を愛すべし。
　（自分自身を愛するように隣人を愛しなさい）「レビ記」19:18

『新約聖書』の「マタイ」22:39 にある「隣人愛（隣人を自分のように愛しなさい）」の趣旨は、すでにここ『旧約聖書』に守るべき社会的な行為として挙げられている。ここでは、兄弟の悪に対して心の中で憎しみを抱き、密かに復讐の機会をうかがったりするのではなく、隣人を自分のように愛するという人類の倫理をもって悪に打ち勝てという戒めである。

　Der den Harnisch anlegt, soll sich nicht rühmen wie der, der ihn hat abgelegt.
　［語釈］an-legen, ab-legen「身に着ける」・「脱ぐ」, sich rühmen「自慢する」

　帯る者は解く者のごとく誇るべからず。
　（武具を帯びようとする者が、武具を解く者と同じように勝ち誇ることはできない）「列王記」（上）20:11

アラムの王が、アラムは以前からイスラエルの宗主国であるからとして朝貢と人質を要求してきたことからことが始まる。宗主国としての傲慢さ・無礼

な態度でアラム王はサマリアの根こそぎの略奪さえ企てたが、結果は裏目と
なり、イスラエルは逆にアラムに対して優位な立場を築くに至った。こうし
た王国同士の戦争の背景には預言者たちの政治への関わりが指摘される。

Ich bin nackt von meiner Mutter Leibe gekommen, nackt werde ich wieder
dahinfahren.
［語釈］dahin-「母の胎へ」

我、裸にて母の胎を出でたり、また裸ににて彼処<ruby>彼処<rt>かしこ</rt></ruby>に帰らん。
（私は裸で母の胎を出た。裸でそこに帰ろう）「ヨブ記」1:21

ヨブは着衣を裂き（激しい悲しみ）、髭を剃り落とし（装飾を捨てる）、神の
前で裸になる。私たちは何ももたずに生まれ、何ももたずにこの世を去る。
ここでいう裸は無力さ・惨めさを表わすのであるが★136、ヨブは自分が本来、
何ももたない哀れな者であったことを認めている。与えるも奪うもすべて神
の主権に属するという考えであった。ヨブの悲観論というより、幸不幸を超
越した悟りの境地と言っていいものであろう。

Bei den Großvätern ist die Weisheit, und der Verstand bei den Alten.
［語釈］Alten < alten Leuten「年をとった人々」（複数与格）形容詞の名詞化。

老いたる者の中に智慧あり。寿長き<ruby>寿長き<rt>いのちなが</rt></ruby>者の中には頴悟<ruby>頴悟<rt>さとり</rt></ruby>あり。
（知恵は老いた者と共にあり、分別は長く生きた者と共にある）「ヨブ記」
12:12

ヨブは神の知恵と力について語る。一般に老人はその長い人生経験から知恵

ある者と考えられる。このため、老いた者は知恵ある者・賢人と同義になる傾向があった（例えば長老という表現は必ずしも年寄りとは限らない）。そこで、知恵ある神のことを老いた者と呼ぶようにもなった★137。「ダニエル書」7:9でも神のことが「日の老いたる者」と言われている。

Alles Fleisch würde miteinander vergehen, und der Mensch würde wieder zu Staub werden.

［語釈］würde < werden 接続法 II 式

もろもろの血肉ことごとく滅び、人もまた塵にかえるべし。
（生きとし生けるものは直ちに息絶え、人間も塵に返るだろう）「ヨブ記」34:15

この世界の中でも神は特に命を恵みとして創造したとされている。ただ、「詩篇」103, 104などにもあるように、『聖書』においては人間が塵にすぎない存在であることは各所で言及されている★138。上の文言には「もし神が自身にのみ御心を留め、その霊と息吹とを自分にのみ集めるとしたら（あらゆる命は絶える）」という条件文が付く。神が罪を犯すことは決してないし、正義を曲げることはありえない。神には非はなく不正をはたらくようなことは決してないということを言おうとしている★139。

Ihr Mund ist glätter denn Butter, und sie haben Krieg im Sinn.

［語釈］denn「〜よりも」（比較の対象を表わす = als, 英語の than に相当）

その口はなめらかにして乳酥（ちちあぶら）のごとくなれども、その心はたたかいなり。
（口は脂肪よりも滑らかに語るが、心には闘いの思いを抱いている）「詩

篇」55:22

共同体が内部から崩壊しようとする状況を描いた場面である。共同体の盟友
関係に対しては裏切り、その神に対しては背反を示す姿が示されている。こ
の詩の詩人はエルサレムにはびこる不法に悩んでいる。詩人は、ヤーウェが
イスラエルに道を啓示した時期をなつかしみ、そのような時を取り戻したい
と切望する。

　Die Furcht des HERRN ist der Weisheit Anfang.
　［語釈］der Weisheit「知恵の」（属格、前から Anfang を修飾している）

　神を畏るるは知恵の始めなり。
　（主を畏れることは知恵の初め）「詩篇」111:10

契約と律法の語彙が並んだ詩の1節である。幼い子供に暗記させて律法教
育を行うために編まれたと考えられている。詩全体で主の恵みの御業が謳わ
れ、救済として特に約束の地への導き、すなわちエジプトからの解放が契約
の前提とされている。ただ、この契約のためには民の信従が要求される。全
編を通じ、ヤーウェの御業をヤーウェの民が讃美するという主題の詩であ
る。

　Ein Unverständiger glaubt alles; aber ein Kluger merkt auf seinen Gang.

　拙き者はすべての言を信じ、賢き者はその行を慎む。
　（未熟な者は何事も信じこむ。熟慮ある人は行く道を見分けようとする）
　「箴言」14:15

この文言の前後には、対立的並行法が顕著に用いられている（例えば、賢者・愚者を対照的に扱っている格言が目立つ）。ここでは洞察力・思慮深さ・慎み深い行動が高く評価されている。前後の文脈からすると、性急にことを運ぼうとする性格・興奮しやすさ・短気などが未熟な者の特徴とみなされていると言っていいであろう。

Graue Haare sind eine Krone der Ehren.
［語釈］grau「白（髪）の」

白髪は栄の冠弁なり。
（白髪は輝く冠）「箴言」16:31

知恵は冷静であることに価値をおく。知恵は金銀や宝石と比較されることがよくある。富は驕り・高慢な心を生み出すもとになりやすいが、例えば戦利品を分け合う時のような（「イザヤ」9:2）高揚した気分に譬えられよう。なお、上の文言に続くのは「神に従う道に見出される」であり、人間の思い・知恵などは神の御手の中にあるということであろう。

Liebe ist stark wie der Tod, und ihr Eifer ist fest wie die Hölle.

愛は強くして死のごとく、嫉妬は堅くして陰府にひとし。
（愛は死のように強く、熱情は陰府のように酷い）「雅歌」8:6

死が打ち勝ちがたい宿命的・圧倒的な力を振るうように、愛も抵抗しがたいものとして描かれている。嫉妬（熱情）という表現は、肉体的な表象として

54

熱烈な感情一般を指すものと考えられる。ここでは花婿と花嫁の求愛がテーマであり、花婿はイスラエルを愛するヤーウェであり、花嫁はヤーウェを唯一の神とするイスラエルの民であるとする解釈が一般的である。

Der Gerechtigkeit Frucht wird Friede sein, und der Gerechtigkeit Nutzen wird ewige Stille und Sicherheit sein.
［語釈］der Gerechtigkeit「正義の」（属格、前から Frucht, Nutzen を修飾している）

正義のいさおは平和、正義の結ぶ果はとこしえの平穏とやすきなり。
（正義が造り出すものは平和であり、正義が生み出すものは、とこしえに安らかな信頼である）「イザヤ」32:17

神のことばを取り次ぐ預言者たちは、平和とは義と公正によって統治される神の支配だと語る。貧しい者を虐げ弱者を顧みないような社会を潤った豊かな園に変えるのは神の霊のはたらきである。この文言の中、信頼とは平安と同義であると言えよう。なお「安らかな信頼」は先行する「安らかに信頼していること」というイザヤのことばに基づいている（「イザヤ」30:15）。

『新約聖書』[140]

Selig sind, die da geistlich arm sind; denn das Himmelreich ist ihr.
［語釈］die = die Leute, die（「～という人々」、先行詞を含んだ関係代名詞）

心の貧しき人々は幸いなり、天国は彼らのものなり。
（心の貧しい人々は幸いである、天の国はその人たちのものである）「マタイ」5:3

ここにある文言のように「山上の説教」は祝福のことばで始まっている。原文ではぞれぞれ文頭に〈幸いである〉があり、続いて、祝福を受ける人・祝福の内容が語られる（この文型が9回繰り返される）。「ルカ」6:20-26との並行性も指摘され、貧しい者にこそ神の国が与えられること、泣いている者が喜びを与えられること、飢えている者が満足を得るようになること、の三つの幸いは、現実に他者から抑圧され苦しめられている人々について述べられており、イエスに遡る伝承である可能性が大きい★141。

Gibt dir jemand einen Streich auf deinen rechten Backen, dem biete den andern auch dar.
［語釈］dir：所有の与格, dem：jemand を指す（その人に）, dar-bieten「差し出す」（ここでは命令形）

人もし汝の右の頬をうたば、左をも向けよ。
（だれかがあなたの右の頬を打つなら、左の頬をも向けなさい）「マタイ」5:38

古代社会では「目には目を」という同害報復はイスラエルに限らず基本的なルールであった。これに対しイエスは報復を否定する。時に悪人を相手にしなくてはならないが、彼に反抗することを戒める。相手への卑屈な態度が推奨されているわけではなく、むしろ打たれてもなお毅然と立つ勇気、そして報復の権利の放棄こそが悪に勝つ道であるとイエスは考えている。なお、この文言「人もし〜向けよ」は『聖書』の「出エジプト記」21:24・「申命記」19:21・「レビ記」24:20を出典としている。

Gehet ein durch die enge Pforte. Denn die Pforte ist weit, und der Weg ist breit, der zur Verdammnis abführt. Die Pforte ist eng, und der Weg ist schmal, der zum Leben führt; und wenige sind ihrer, die ihn finden.

［語釈］ein-gehen「入る」（ここでは命令形), ihrer：die 以下を受ける先行詞（複数属格）

狭き門より入れ、滅びにいたる門は大きく、その路は広く、之より入る者多し。命に至る門は狭く、その道は細い。而してそれを見出す者は少なし。

（狭い門から入りなさい。滅びに通じる門は広く、その道も広々として、そこから入る者が多い。命に通じる門はなんと狭く、その道も細いことか。それを見いだす者は少ない）「マタイ」7:13-14

「門」とは神の国への入り口のことである。狭い門への道とは生命へ至る道であり、広い門への道とは滅びへ至る道であり、その間に第三の道はない。イエスの説教はこのように単に聞いて理解するにとどまらず、聞いた者はこれを実行することが要求される。

Was dünkt euch? Wenn irgend ein Mensch hundert Schafe hätte und eins unter ihnen sich verirrte: läßt er nicht die neunundneunzig auf den Bergen, geht hin und sucht das verirrte? Und so sich's begibt, daß er's findet, wahrlich ich sage euch, er freut sich darüber mehr denn über die neunundneunzig, die nicht verirrt sind.

［語釈］dünken「〜と思われる」, hätte, verirrte：接続法Ⅱ式

汝等いかに思ふか、100匹の羊を有てる人あらんに、若しその1匹まど

わば、99匹を山に遺しおき、往きて迷えるものを尋ねぬか。もし之を見出さば、誠に汝らに告ぐ、迷えぬ99匹に勝りて此の1匹を喜ばん。（あなたがたはどう思うか。ある人が羊を100匹もっていて、その1匹が迷い出たとすれば、99匹を山に残しておいて、迷い出た1匹を捜しに行かないだろうか。はっきり言っておくが、もし、それを見つけたら、迷わずにいた99匹より、その1匹のことを喜ぶだろう）「マタイ」18:12-13

ここでいう山とは、羊を放牧していた場所というより、イエスが集中的に教えを語るところである。イエスが弟子たちに宣教の使命を伝えるのも山においてである。99匹が残る山とは、象徴的意味として教会が暗示されている。ここでこそ羊たちは羊飼いであるイエスに導かれ養われるのである。イエスにおいては、全体から疎外された一人の命のかけがえのなさが大切にされることが語られている。

Es ist leichter, daß ein Kamel durch ein Nadelöhr denn daß ein Reicher ins Reich Gottes komme.

［語釈］Öhr「針の穴」, gehe, komme：接続法Ⅰ式

富める者が神の国に入るより、ラクダが針の孔を通るほうがより易し。（金持ちが神の国に入るよりも、ラクダが針の穴を通る方がまだ易しい）「マタイ」19:24

イエスは、自らの経済的富に依存して他者を軽んじる金持ちを批判し★142（「ルカ」6:24など）、同時に現実に抑圧され苦しんでいる人々こそ幸いであると言っている。『聖書』以来、一般的であった、富は神の祝福の表われで

あるという考え方に対し、イエスはその価値観を逆転させ、貧しい者こそが
幸いなのであると宣言した。

Wo aber ein Aas ist, da sammeln sich die Adler. ★ 143
［語釈］Öhr「針の穴」, gehe, komme：接続法 I 式

屠肉あるところに鷲が集まる。
（死体のある所には鷲が集まるものだ）「マタイ」24:28

偽預言者や偽メシアが何人も出現し、信仰者もその真偽の判断に悩み互いに
疑心暗鬼となる場合がある。メシアはモーセのように荒れ野に出現するなど
さまざまな噂がまことしやかに語られることであるが、メシアの出現は、一
部の人にのみわかるようなものではなく、ちょうど稲妻のきらめきのように
万人に認められることである。

Wer da hat, dem wird gegeben werden, und er wird die Fülle haben; wer aber
nicht hat, dem wird auch, was er hat, genommen werden.
［語釈］dem：前半部のは与格「〜に」であるが、後半部の dem は奪格
の用法であり「〜から」の意である。

すべて有（も）てる人は、与えられていよいよ豊ならん。されど有（も）たぬ者は、
その有（も）てる物をも取らるべし。
（だれでももっている人は更に与えられて豊かになるが、もっていない
人はもっているものまでも取り上げられる）「マタイ」25:29

主人が僕（しもべ）三人にそれぞれ 5・2・1 タラント ★ 144 を託し、主人の不在期間に各人

がこの資金をどう運用するかを主人が試した。第1・第2の僕は商売によって預かった額と同額を儲けた。これらの僕は自分の力に応じて資金を使いこなしたとして主人は評価した。預けられた資金をただ地の中に隠しておいた第3の僕は自己を賭けることができなかったと1タラントを取り上げられ、その1タラントは第1の僕に渡された。ここでタラントとはタレント（才能）のことを指す。

Siehe, die Stunde ist hier, daß des Menschen Sohn in der Sünder Hände überantwortet wird. Stehet auf, laßt uns gehen!

［語釈］siehe < sehen, stehet auf < auf|stehen（共に命令形）, des Menschen, der Sünder：共に属格, überantworten「委ねる」

時近づけり。人の子は罪人らの手にわたさるるなり。起きよ、我ら往くべし。

（時が近づいた。人の子は罪人たちの手に引き渡される。立て、行こう）

「マタイ」26:45-46

イエスは過越（すぎこし）の食事を済ませた後、夜道を歩きながら弟子たちから離れ去ることを予告する。イエスは死の時が刻々と近づくのを感じながら、ゲッセマネにおいて必死の祈りを捧げ、十字架のみが彼のとるべき道か否かを探る。いよいよ時が近づいた時、イエスはたじろぎ不安に陥り孤独に悩みながら、祈りの中でやっと心を決めていく。

Ich sage euch: Von nun an wird's geschehen, daß ihr werdet sehen des Menschen Sohn sitzen zur Rechten der Kraft und kommen in den Wolken des Himmels.

［語釈］wird's＜wird es：es の内容は後続の daß 以下を指す，daß 文（副文）内の語順が変則的であり（werdet が文末でない）、sehen：「〜が―するのを見る」という感覚動詞の機能を果たしている、des Menschen：属格, Kraft「力（ある人）＞神」

我なんじらに告ぐ、今より後、なんじらの子の、全能者の右に座し、天の雲に乗りて来るを見ん。
（私は言っておく。あなたたちはやがて、人の子が全能の神の右に座り、天の雲に乗って来るのを見る）「マタイ」26:64

イエスに大祭司が「お前は神の子、メシアなのか」と質問をし、イエスは「自分は終末に神の権威をもって世界を裁く〈人の子〉である」と答える。この返答は自己を神格化することであり、このため死刑が宣告されることになった。苦難の中にあるイエスであるが、まもなく勝利者として神の右に座し、今、彼を裁いている者を逆に裁くために神の全権を委託され到来することを宣言している。

Die Starken bedürfen keines Arztes, sondern die Kranken. Ich bin gekommen, zu rufen die Sünder zur Buße, und nicht die Gerechten.
［語釈］bedürfen「必要とする」（属格支配）, zu : um ~ zu -「〜するために」, Buße「贖罪・悔い改め」

健なる者は、医者を要せず。ただ、病ある者、これを要す。我は正しき者を招かんとにあらで、罪人を招かんとて来れり。
（医者を必要とするのは、丈夫な人ではなく病人である。私が来たのは、正しい人を招くためではなく、罪人を招くためである）「マルコ」2:17

イエスの到来によって、ファリサイ派のような正しい人ではなく、罪人がそのまま神の国に招き入れられるという。イエスが罪人を招くために来たということは、ユダヤ教の指導者たちにとっては大きな躓きである。イエスが食卓に取税人や罪人たちを大ぜい招いて一緒に食事をしているのを見て、ファリサイ派の律法学者たちがイエスの弟子に尋ねて、これに答えてイエスが返した台詞が上の文言である。

Wem wollen wir das Reich Gottes vergleichen, und durch welch Gleichnis wollen wir es vorbilden? Gleichwie ein Senfkorn, wenn das gesät wird aufs Land, so ist's das kleinste unter allen Samen auf Erden; und wenn es gesät ist, so nimmt es zu und wird größer denn alle Kohlkräuter und gewinnt große Zweige, also daß die Vögel unter dem Himmel unter seinem Schatten wohnen können.

[語釈] wem：was の与格的用法「〜（モノ）に」, vor|bilden「（目の前に）示す」, gleichwie「ちょうど〜のように」, aufs Land：強調されて枠外配置となっている, nimmt 〜 zu < zu|nehmen「成長（増大）する」, denn = als「〜より」（比較の対象）, also daß = so daß「〜ほどに」

神の国を何になずらえ、如何なる譬をもて示さん、一粒の芥種のごとし、地に播く時は、世にある万の種より小なれども、既に播きて生え出ずれば、万の野菜よりは大きく、かつ大なる枝を出して、空の鳥その蔭に棲み得るほどになるなり。

（神の国を何にたとえようか。どのようなたとえで示そうか。それは、からし種のようなものである。土に蒔くときには、地上のどんな種よりも小さいが、蒔くと、成長してどんな野菜よりも大きくなり、葉の陰に

空の鳥が巣を作れるほど大きな枝を張る）「マルコ」4:30-32

神の国は、今は小さなからし種[145]のように隠された存在であっても、やがて世界に明らかにされねばならない。要点は微小と巨大の対比である。この例えによってイエスが言い表わしたいのは、彼の活動において目立たない形で始まった神の支配がいずれ世界大の規模で完成するに違いないというイエスの確信と言っていいであろう。

Gebet dem Kaiser, was des Kaisers ist, und Gott, was Gottes ist!
［語釈］gebet < geben「与える」（命令形), Gott：与格「〜に」

カエサルの物はカエサルに、神の物は神に治めよ。
（皇帝のものは皇帝に、神のものは神に返しなさい）「マルコ」12:17

皇帝への税金は教会にとって切実な問題であった。ローマ帝国との関係を左右しかねない。一方、キリスト教の観点からは、皇帝は崇拝には値しない。皇帝礼拝は瀆神行為となる。ここのイエスのことばは、租税は皇帝に納めることになるが、同時に、皇帝から神的栄光と絶対権を奪い取り、これを真の神に帰すことを要求するという趣旨である。

Euch ist heute der Heiland geboren, welcher ist Christus, der HERR, in der Stadt Davids.
［語釈］euch：与格「〜のために」, welcher = wer（関係代名詞）

今日ダビデの町にて、汝らのために救主が誕生されたり、この方こそ主なるキリストなり。

（今日ダビデの町で、あなたがたのために救い主がお生まれになった。この方こそ主メシアである）「ルカ」2:11

救い主イエスの誕生物語である。イエスは神の御心に適う人々に平和をもたらす者であり、平和の君（「イザヤ」9:5）として『旧約聖書』の成就とされる。ベツレヘムから出るイスラエルを治める者は羊飼いのごとき者という謂れも、ダビデ★146 が幼年期をベツレヘムで羊飼いとして過ごしたという伝承に由来する。

Arzt, hilf dir selber!
［語釈］Arzt：呼格「〜よ」

医者よ己れをいやせ。（医者よ、自分自身を治せ）「ルカ」4:23

イエスの故郷ナザレでの説教は宣教活動の開始となる。イエスの貧しい者への福音を、聴衆はイザヤ書（『旧約聖書』）の文脈におけるユダヤ民族宗教の枠内で理解している。医者の譬えは、自分の身内の故郷での救いを要求されていることを示しているが、これは血縁を基にする民族宗教の枠組みを想定した発想であり、福音の本来の趣旨とは基本的に相容れないものである。

Weh euch, wenn euch jedermann wohlredet!
［語釈］weh（e）+ 与格「ひどい目に遭うぞ」, wohl|reden「（お世辞気味に）よく言う」

すべての人、汝を誉めなば、汝ら禍言なり。
（すべての人にほめられる時、あなたがたは不幸である）「ルカ」6:26

偽の預言者の特徴として、人々からの評判はよいが神の道を離れ人を迷わすという点がある。真の預言者の声に人々は従わず、中傷したり追い出したりした（特に預言者の故郷で）。この文言は偽預言者への警告であり、この世から称賛を受けるなら自分が世に迎合しているのかもしれない、世間の精神に妥協・譲歩してはならないということを言っている。

So dein Bruder an dir sündigt, so strafe ihn; und so es ihn reut, vergib ihm.

〔語釈〕so ~ so -「～の限りにおいて」, an ~ sündigen「～に（道徳上の）罪を犯す」, reuen「（～が）―を悔やませる・後悔させる」, ver|gib < ver|geben「許す」

もし汝の兄弟、罪を犯さば、これを戒しめよ。もし悔改めなば之をゆるせ。

（もし兄弟が罪を犯したら、戒めなさい。そして、悔い改めれば、赦してやりなさい）「ルカ」17:3

キリスト教徒は誰でも兄弟に対して罪の負債を負っているが、それを互いに信仰において赦し合えということである。兄弟が罪を、特に他の兄弟に罪を犯したら、戒めて助け合うようにとイエスは勧告する。悔い改めるなら、神が何度でも赦すように、兄弟も互いに何度でも赦すべきであるという趣旨である。

Im Anfang war das Wort, und das Wort war bei Gott, und Gott war das Wort.

太初（はじめ）に言（ことば）あり。言は神と偕（とも）にあり。言は神なりき。

（初めに言があった。言は神と共にあった。言は神であった）「ヨハネ」1:1

ヨハネの序のうちでも特に神学的序文と名付けられる個所である。この主題が「言は肉となって私たちの間に宿られた」[147]・「それが父のふところにいる独り子である神イエスであり、この方が神を示された」[148] と展開されていく。つまり、言＝神、言＝イエス、よってイエス＝神という三段論法である。なお「初めに」は天地創造を指し、言はあるゆる被造物が造られるより先に存在していたと主張している[149]。

Wer Sünde tut, der ist der Sünde Knecht.
［語釈］der Sünde：「罪の」（属格）

罪を犯す人は罪の奴隷なり。
（罪を犯す者はだれでも罪の奴隷である）「ヨハネ」8:34

ユダヤ人たちがイエスを神あるいは神と等しい者と認めないならば[150] 罪であると言っている。奴隷ということばは比喩的に用いられており、ここでは、たとえ神の恵みによってアブラハムの子孫とされていても（奴隷は一般に売り渡されたりして、いつまでも家にいるわけにはいかないように）、その家から売り渡されることがあるというニュアンスである。

Es sei denn, daß das Weizenkorn in die Erde falle und ersterbe, so bleibt's allein; wo es aber erstirbt, so bringt es viele Früchte. Wer sein Leben liebhat, der wird's verlieren; und wer sein Leben auf dieser Welt haßt, der wird's erhalten zum ewigen Leben.
［語釈］Es sei denn, daß「～でもない限り」, er|sterben「次第に消える（雅

語）」, falle, ersterbe：接続法Ⅰ式 , lieb|haben「とても好きである」

一粒の麦、地に落ちて死なずば、唯一つにて在らん。もし死なば、多く
の果を結ぶべし。己が生命を愛する者は、これを失い、この世にてその
生命を憎む者は、之を保ちて永遠の生命になるべし。
（一粒の麦は、地に落ちて死ななければ、一粒のままである。だが、死ねば、
多くの実を結ぶ。自分の命を愛する者は、それを失うが、この世で自分
の命を憎む人は、それを保って永遠の命に至る）「ヨハネ」12:24-25

農耕生活を営み、特に小麦の栽培をしていたパレスチナ地方においては、こ
の譬えは非常にわかりやすい。ここでは、イエスが十字架に付けられ死ぬこ
とによって、多くの者たちが永遠の命を与えられ生かされるということであ
る。ただしイエス自身のことを指すというよりは、イエスを信じ愛し抜き、
必要であれば命を捨てることができる人が永遠の命に達するという弟子たち
に対する呼びかけである。

Das ist das ewige Leben, daß sie dich, der du allein wahrer Gott bist, und den
du gesandt hast, Jesum Christum, erkennen.
［語釈］sie「（この世の）人々」, der du：関係代名詞は本来三人称に属す
る現象であり、ここでは二人称が関わるため、人称代名詞 du が補足的
に現われている, den du gesandt hast, Jesum Christum「汝（神）が送った（と
ころの）イエス・キリスト」（関係文 den ~ hast が先行詞 Jesus Christus
にかかっている）

永遠の生命は、唯一の真の神に在ます汝と汝の遣し給いしイエス・キリ
ストを知るにあり。

（永遠の命とは、唯一のまことの神であられるあなたと、あなたのお遣わしになったイエス・キリストを知ることです）「ヨハネ」17:3

永遠の命とは神とイエスを知ることであるというのは、知性的な側面の認識にとどまらず（『旧約聖書』においてそうであるように）人格的な関係の中で生起するものである。「知る」とは信仰的な意味合いであり、神あるいはキリストとの人格的な交わりのことを指し、父と子と弟子たちの間に「知る」関係が成立するのである。

Gottes Zorn vom Himmel wird offenbart über alles gottlose Wesen und Ungerechtigkeit der Menschen, die die Wahrheit in Ungerechtigkeit aufhalten.
［語釈］offenbaren「啓示する」, auf|halten「抑制する・抑え込む」

神の怒りは不義もて真理（まこと）を阻む人の、もろもろの不敬と不義に対いて天（むか）より顕（あら）わる。
（不義によって真理の働きを妨げる人間のあらゆる不信心と不義に対して、神は天から怒りを現される）「ローマ書」1:18

神の怒りの啓示が示されている。この啓示は、天地創造以来の被造物のありさまに決着をつけるという黙示文学的な終末のできごととして捉えられる。ここでは、真理とは神が神であるという神の自己啓示を意味し、また、不義とは、人間の個々の悪行ではなく、神の義と対立する背信的な人間の姿そのものを指している。

Das Gute, das ich will, das tue ich nicht; sondern das Böse, das ich nicht will, das tue ich. So ich aber tue, was ich nicht will, so tue ich dasselbe nicht;

sondern die Sünde, die in mir wohnt.

［語釈］so ~ so - 「～の限りにおいて」, nicht ~ sondern - 「～でなく―」(ich でなく die Sünde「罪（の性質）」が)

わが欲する所の善は之をなさず。反^{かえ}って欲せぬ所の悪は之をなすなり。我もし欲せぬ所の事をなさば、之を行うは我にあらず、我が中に宿る罪なり。

（私は自分の望む善は行わず、望まない悪を行っている。もし、私が望まないことをしているとすれば、それをしているのは、もはや私ではなく、私の中に住んでいる罪なのである）「ローマ書」7:19-20

人間に内在する罪の問題を扱っている。罪と戦うクリスチャンの心である。この部分は、クリスチャンになる前のパウロ（「ローマ書」の著者）の経験ではなくて、クリスチャンになった後のパウロの体験であると考えられる。ここの文言は、クリスチャンの歩みを描写したものであり、この世に生きている限り、罪や苦しみが全くなく、義と喜びにのみ満たされている人はいないということを述べている。

Ich halte es dafür, daß dieser Zeit Leiden der Herrlichkeit nicht wert sei, die an uns soll offenbart werden.

［語釈］~ für – halten「～を―とみなす」, dieser Zeit：属格で Leiden「苦しみ」を修飾する, wert「～の価値がある（属格支配）」（ここでは相当する価値がない。さらに、この Herrlichkeit「栄光」に die 以下の関係文がかかっている）

今日の時の苦しみは、私たちの上に顕^{あら}われんとする栄光にくらぶるに足

らず。

（現在の苦しみは、将来私たちに現されるはずの栄光に比べると、取る
に足りないと私は思う）「ローマ書」8:18

キリストと共に栄光を受ける希望のもとに、今キリストと共に苦しむことが
神の霊のもとに生きることである。現在の苦しみの中に将来の栄光が隠され
ていることが語られている。将来、顕わされる栄光は、全被造物が切望し、
信仰者が希望のうちに確信し、礼拝における霊の祈りが執り成しているもの
である。

Von ihm und durch ihn und zu ihm sind alle Dinge. Ihm sei Ehre in Ewigkeit!
［語釈］ihm 以下の代名詞「彼」はすべて「神」を指す, ~（与格）sein「~
に帰す」

すべてのものは神より出で、神によりて成り、神に帰す、栄光とこしえ
に神にあれ。
（すべてのものは、神から出て、神によって保たれ、神に向かっている
のである。栄光が神に永遠にあるように）「ローマ書」11:36

この文言は、神の義に関する議論の結論部に当たる。イスラエルの救いは神
の秘められた計画であることが語られ、この神の救いが奥義として賛美され
る。神は万物の創造者・完成者であり、神の救いが世界規模で、永遠のもの
であることが賛美されている。

Habt einerlei Sinn untereinander. Trachtet nicht nach hohen Dingen, sondern
haltet euch herunter zu den Niedrigen. Haltet euch nicht selbst für klug.

［語釈］einerlei「1 種類の」（付加語的用法）, unter|einander「お互いの間で」, trachten「～を得ようと努める」, nicht ~ sondern -「～でなく―」, her|unter：「こちらへ」・「下って」, ~ für – halten「～を―とみなす」

相互いに心を同じうし、高ぶりたる思いをなさず、反《かえ》って卑《ひく》きに付け、汝ら己れを聡《さと》しとなす。
（互いに思いを一つにし、高ぶらず、身分の低い人々と交わりなさい。自分を賢い者とうぬぼれてはなりません）「ローマ書」12:16

信仰者の生きるモデルとして、上昇志向的な強者の論理で生きてはいけないというものがある。「この世」的に、効率や効果という観点で人間を評価し、有用である者とそうでない者とを判断してしまう結果、強者は高慢の罪を犯しがちである。神の霊の賜物である愛が具体的な場面で教会の各人のわざとしてはたらくことが説かれている。

Rächet euch selber nicht, meine Liebsten, sondern gebet Raum dem Zorn Gottes.
［語釈］nicht ~ sondern -「～でなく―」, sich rächen「復讐する」（再帰動詞）, liebsten < lieb「愛する」（最上級）, Raum geben「活動の場を与える」

愛する者よ、自ら復仇するな。ただ神の怒りに任せまつれ。
（愛する人たち、自分で復讐せず、神の怒りに任せるように）「ローマ書」12:19

この世界の支配者は神であり、その最終的判断も神のものであるので、人が神に代わり神に先立って判断するのはよくない。復讐は神に委ねられるべき

である★[151]。しかも、報復のための報復ではなく、悪の連鎖を断ち切り、敵が恥じるために行う。これが信仰者のとるべき態度である。無用な摩擦を避け、神の恵みの豊かさの支配を待つことが望まれる。

Die Liebe ist des Gesetzes Erfüllung.
［語釈］Erfüllung：「成就」に des Gesetzes「律法」（属格）がかかっている。

愛は律法の完全なり。
（愛は律法を全うするものである）「ローマ書」13:10

愛があれば、律法の他の戒律で言われているような、嘘をついたり、盗んだり、殺したりということは起こらない。愛は律法を全うするものであり、他人を自分のように愛しなさいということばに要約されている。愛によって初めて律法の目指すところが十二分に満たされることになる。なお、互いを愛することは「レビ記」19:18 の中に「自分自身を愛するように隣人を愛しなさい」と命じられており、『新約聖書』の新しい掟ではない。

Die Liebe ist langmütig und freundlich, die Liebe eifert nicht, die Liebe treibt nicht Mutwillen, sie blähet sich nicht, sie stellet sich nicht ungebärdig, sie suchet nicht das Ihre, sie läßt sich nicht erbittern, sie rechnet das Böse nicht zu.
［語釈］Mut-wiile「悪気・悪ふざけ」, sich blähen「（帆などが）ふくらむ」, ungebärdig「（子どもなどが）手に負えない」（雅語）, zu|rechnen「組み入れる」

愛は寛容にして慈悲あり。愛は妬まず。愛は誇らず。驕らず。非礼を行わず。己の利を求めず。憤らず。人の悪を想わず。

（愛は忍耐強い。愛は情け深い。ねたまない。愛は自慢せず、高ぶらない。
礼を失せず、自分の利益を求めず、いらだたず、恨みを抱かない）「コ
リント第一」13:4-5

愛こそが今、耐え、信じ抜き、望むことを可能にする。自己中心的な生から
他者に解放され、他者から生きる愛は律法の戒めすべてを十二分に満たす。
愛は律法の履行であり、律法の各戒律は不要である。このように「コリント」
の筆者パウロが述べるのは、コリントの教会の中に、特に強い者たちの自分
勝手な振る舞いと高慢さが目立ち、弱い他者に対する気遣いや忍耐が必要で
あるような状況が認識されていたからであろう。

Böse Geschwätze verderben gute Sitten.
［語釈］Geschwätz「おしゃべり・無駄話」

悪しき交わりは善き慣わしを損なう。
（悪いつきあいは、良い習慣を台なしにする）「コリント第一」15:33

悪いつきあいとは、この文言のおかれた文脈からは、死んだキリスト教徒の
復活★152を否定する者たちとの交わりを指す★153と考えられよう★154。当時、
コリントの教会では、洗礼を受けずに死んだ者の近親のキリスト教徒が死者
の救いを願って代わりに洗礼を受けること（代理洗礼）まで行われていたと
言われている。

Wir wandeln im Glauben, und nicht im Schauen.

見ゆる所によらず、信仰によりて歩めばなり。

（目に見えるものによらず、信仰によって歩む）「コリント第二」5:7

信仰によって歩み、いつも神を見上げていく、ゆえに心強いとパウロは力説している。先行する個所に「私たちの住んでいる地上の幕屋がこわれると、神からいただく建物、すなわち天にある、人の手によらない永遠の家が備えられていることを私たちは知っている」（「コリント第二」5:1）とあるにもかかわらず、私たちはつい目に見えている地上の幕屋ばかりに目が行ってしまう。聖霊によって支えられ導かれていると真に信じることで、見えないものに目を注いでいくことができる。

Den Reinen ist alles rein; den Unreinen aber und Ungläubigen ist nichts rein.
［語釈］Reinen ＜ rein「純粋な」（複数与格）

潔き人にはすべての物潔く、汚れたる人と不信者とには一つとして潔き物なし。
（清い人には、すべてが清いのである。だが、汚れている者、信じない者には、何一つ清いものはない）「テトス」1:15

教会の伝統的信仰をもち道徳的にも健全なキリスト教徒には、神によって創造されたものはすべて祭儀的意味においても清いものである。一方、正しい信仰をもたない異端者たち★155 には善悪を識別する力がなく、祭儀的な規定を守っても清くなることはできない。倫理は信仰と不可分であり祭儀の上に立つという。

Es ist der Glaube eine gewisse Zuversicht des, das man hofft, und ein Nicht-zweifeln an dem, das man nicht sieht.

［語釈］Es ist：強調構文, des：das 以下の関係文の先行詞, nicht|zwei-feln：an ~（与格）zweifeln「～を疑う」

それ信仰は望むところを確信し、見ぬ物をも真実とするなり。
（信仰とは望んでいる事柄を確信し、見えない事実を確認することである）「ヘブライ人への手紙」11:1

望んでいる事柄とは人間の側の態度とは関係なしに存在する客観的なものを意味し、将来に属する、実際に関する保証と言えよう。見えない事実と述べ（これはベブライ的伝統とは矛盾する表現ではあるが）、ヘレニズム的教養を身につけた人々に対し福音を宣べ伝えようとしている。

Wer da zweifelt, der ist wie die Meereswoge, die vom Winde getrieben und gewebt wird.
［語釈］wer ~ der -「～する人は—」, Woge「高波」（雅語）, weben「織る」

疑う人は、風の吹くままに揺れ動く海の波に似たり。
（疑う者は、風に吹かれて揺れ動く海の波に似ている）「ヤコブの手紙」1:6

疑う者はあちらこちらに気持ちを動揺させ逡巡している様子を描いている。確かな、疑うことを知らない信仰なら「山をも移す」（Der Glaube kann Berge versetzen.「コリント第一」13:2）とは大きな違いである。この文言に先立つ個所に「いささかも疑わず」とあり、これはイエスのことば（「マタイ」21:21 ★ 156、「マルコ」11:23 ★ 157）を思い起こさせる。

Wo Neid und Zank ist, da ist Unordnung und eitel böses Ding.

［語釈］wo ~ da -「～があるところに―」, Zank「口論・言い争い」, eitel「純粋な・ただ～だけの」（付加語的用法。無語尾で）

嫉みと党派心にとのあるところには、混乱とあらゆる忌むべき行為あり。（ねたみや利己心のあるところには、混乱やあらゆる悪い行いがある）「ヤコブの手紙」3:16

著者ヤコブは教会の秩序を大事に考えている。混乱とは悪魔の業のことであり、ここでは教会の秩序が崩壊していることが考えられる。広く教会内に見られる悪魔的勢力によるものととれるが、初代教会にはしばしば起こったユダヤ主義者によるものとする説もある。

Gott widersteht den Hoffärtigen, aber den Demütigen gibt er Gnade.
［語釈］wider|stehen「逆らう・抵抗する」, hoffärtig「高慢な・尊大な」（複数与格の名詞的用法）

神は高ぶる者をしりぞけ、へりくだる者に恵み給う。
（神は、高慢な者を敵とし、謙遜な者には恵みをお与えになる）「ヤコブの手紙」4:6

高ぶる（高慢な）者・へりくだる（謙遜な）者という言い回しは『旧約聖書』「箴言」3:34 からの引用であり、原典では「主は不遜な者を嘲り、へりくだる人に恵みを賜る」となっている。へりくだる（謙遜な）者とは神に服従する人を指している。なお、「神が高慢な者を敵とする」という考え方は、例えば「マタイ」23:12 ★158 にも見られる（イエスがファリサイ人を非難する場面）。

Alles Fleisch ist wie Gras und alle Herrlichkeit der Menschen wie des Grases Blume. Das Gras ist verdorrt und die Blume abgefallen.

［語釈］Fleisch「（霊に対する）肉（体）＝人間」, ver|dorren「枯れる：干からびる」

人はみな草のごとく、その栄華はみな草の花に似ている。草は枯れ、花は散る。
（人は皆、草のようで、その華やかさはすべて、草の花のようだ。草は枯れ、花は散る）「ペテロ第一」1:24

神の変わることのない生きたことばに依り頼んで生きることがキリスト者の生であり、洗礼を受け新たに生まれ変わった人の基本的姿勢である。ここでは人生が草花に譬えられ、共感をもよぶ文言ではあるが、こうした無常なる自然の中に抱かれるような生き方に対して、この文言ははっきりとした否定の態度を示している。

Die Liebe ist von Gott, und wer liebhat, der ist von Gott geboren und kennt Gott. Wer nicht liebhat, der kennt Gott nicht; denn Gott ist Liebe.

［語釈］wer ~ der -「〜する人は—」, lieb|haben「とても好きである」

愛は神より出ず。およそ愛ある者は、神より生まれ、神を知るなり。愛なき者は、神を知らず。神は愛なればなり。
（愛は神から出るもので、愛する者は皆、神から生まれ、神を知っているからである。愛することのない者は神を知らない。神は愛だからである）「ヨハネ第一」4:7-8

イエスにおいて示される神の愛が主題である。一般に人間は愛された分だけしか他者を愛し得ないということを前提にすると、隣人への愛を真剣に考えた場合、自分の力・気持ちだけではなし得ないことに気づく。人は神の像に似せて創造されているということに思い当たらずにはいられないというメッセージである。

Furcht ist nicht in der Liebe, sondern die völlige Liebe treibt die Furcht aus; denn die Furcht hat Pein. Wer sich aber fürchtet, der ist nicht völlig in der Liebe.

〔語釈〕nicht ~ sondern -「～でなく―」, aus|treiben「追放する」, Pein「苦悩」, wer ~ der -「～する人は―」

愛には懼^{おそれ}なし。全主愛は懼れを除く。懼れには苦難あればなり。懼るるものは、愛いまだ全^{まった}からず。

（愛には恐れがない。完全な愛は恐れを締め出す。なぜなら、恐れは罰を伴い、恐れる者には愛が全うされていないからである）「ヨハネ第一」4:18

神との一体性が確立していれば恐れはない。ここでいう恐れとは、終末の審判による滅びへの恐れである。恐れがあるということは不信仰のしるしであり、愛における一体性が揺らいでいることに他ならない。神と信仰者とが愛（イエスの十字架に贖罪によって与えられた愛、および、これによって愛することを得させられた交わり）において一つであるという一体性のことである。

　宗教改革に先んじる時代から多くの『聖書』翻訳が出されてはいた★159。
しかしながら、聖典を正式の順序で翻訳した『全訳聖書』が出版されたとい
うケースはごく僅かであった。というのも、『聖書』翻訳は中世においては
特別な事柄であったからである。つまり、『聖書』を民衆のことばに訳する
ということは完全に禁止されていたわけではなかったけれども、司教達はか
なり慎重な態度をとっていた。なぜなら異端視されることへの不安はとても
大きかったからである。

　こんな中、ルターがドイツ語の発達のために尽くした努力は十分に評価さ
れるべきである。東中部ドイツ語の書記伝統の定着に向けた活動を通し、こ
とばの手本ともいうべきものを仕上げていったという点においてである。ル
ターの『新約聖書』訳は 1522 年のことで、これは画期的な大成功をおさめ、
低地ドイツ語訳・オランダ語訳・デンマーク語訳・スウェーデン語訳まで現
われるほどであった。引き続き 1523-1524 年には『旧約聖書』訳がヴィッテ
ンベルクで出版された。『ルター訳聖書』が出た後は、それ以前に出版され
ていた『聖書』訳はもはや出なくなっていった。さらには、カトリック側の
いわばライバルたちがルターの『聖書』訳を真似て、ただし意図的に細部が
違うようにして出版するに至った。

　『ルター訳聖書』はことばの質が高かったがゆえに、事実、ドイツ語標準
語としての規範的なはたらきを担うようになっていく。さらに後の時代（16
世紀～）の翻訳者たちがルターの文体に依存することにより、ますますル
ターの文体が広められることになった。この事実にルターも気付いていて、
「私は自分の弟子にも併せて対立する人々にも語ることを教えられて嬉しく
思う」と述べている。

　ルター自身が目指したわけではなくても、彼の功績はこの時期、統一文章
語の成立の決定的な要因となった。ルターが初めて『聖書』をドイツ語に全
訳したことによって、広域にわたり方言によって極めて細分化されていたド

イツ語圏に最終的に統一文章語が成立することになるのである。ルターが16世紀の『聖書』翻訳によって文法学者の規範となったことは驚くことではない。ルターの文体は、17世紀さらに18世紀に至るまで引き続き言語規範であり続けた。一個人が一国の標準語の成立に限りなく大きい寄与をなしたのである。

第4節　『聖書』の聖句

　パウロは伝道を通してまさに「地の果てに至るまで私の証人となる」という主イエスのことばを実践した最初の人であった。常に前進を続け、各所に教会の基礎をつくり、福音の種を蒔き、さまざまな方法で（テント職人として・ローマ市民権所有者として・囚人として）キリストを宣べ伝えた。パウロの宣教は決して華々しいものでも成功に満ちたものでもなかった。石をもって追われ（リストラ）、投獄され（フィリピ）、暴動を起こされ（テサロニケ）鼻であしらわれる（アテネ）ものであった。最後には囚人としてローマへ送られていく。それにもかかわらず、パウロによる神のことばを伝える営みが信仰の広がりであったのである。キリスト教がヨーロッパで拡大していくに従い、「パウロ書簡」や初期の「福音書」といった初期キリスト教の文書を根拠に正典の編纂作業が行われ、文字による文書の記録が始められていく。『新約聖書』で言えば、現行の『新約聖書』である27の文書群が初めて示されたのは367年のことである。

　異教が支配していた世界へキリスト教が伝播し、長い時間を経て今日まで残っている『聖書』の文言がある。歴史的・地理的な環境を考えれば、選りすぐりと言ってもいいことばである。この節では『旧約聖書』・『新約聖書』おのおのから、一般に比較的よく知られている名言・名句を示し、一つ一つ背景的解説を加えながら吟味してみよう。

『旧約聖書』

「創生記」（Genesis）

Es werde Licht! Und es ward Licht. ★ 160

［語釈］werden「生じる・起こる」（接続法Ⅰ式）, ward < werden（過去形）

「光よあれ」とおおせられた。すると光ができた（「創世記」1:3）

「創世記」の出だしは、確かに祭司的な教理が集約的な形で収められている。引き締まった秘教的な教理であるが、長い年月をかけて熟考され、豊かさを加えてきたものである。

Gott schuf den Menschen zu seinem Bilde, zum Bilde Gottes schuf er ihn; und schuf sie als Mann und Weib.

［語釈］schuf < schaffen「創造する」, Bild「像・似姿」, sie = die Menschen「人々」

神は自分のかたちに人を創造された。すなわち、神のかたちに創造し、男と女とに創造された。（「創世記」1:27）

人間が神の像であると言明しているのは、この個所のみである（「詩篇」8章）「人を神よりいくらか劣るものとする」はこの表象を補完しているが）。なお、神が人間を自分に似せて作ったという語りは、古代オリエントのいくつかの神話で見られる。

Da machte Gott der HERR den Menschen aus Erde vom Acker und blies ihm den Odem des Lebens in seine Nase. Und so ward der Mensch ein lebendiges

Wesen.

［語釈］Acker「農耕地」, blies < blasen「吹く」, Odem「息」（詩語）, ward <werden「生じる・起こる」（過去形）

主なる神は土のちりで人を造り、命の息をその鼻に吹きいれられた。そこで人は生きた者となった。（「創世記」2:7）

人間は神によって創造され、そして神によってその命の霊を吹き込まれて初めて生きることができる存在、すなわち、人間とは神に生かされて生きることができるものなのだということが語られている。

Es hatte aber alle Welt einerlei Zunge und Sprache.

［語釈］Es：仮主語（実質的な主語は alle Welt）, einerlei「一種類の」（付加語的用法）, Zunge「下・言語」

全地は同じ発音、同じことばであった。（「創世記」11:1）

「バベルの塔」の話である。塔のモデルは古代のバビロニア帝国にあり、ネブカド 2 世が建てたジッグラト（日乾煉瓦を用い数階層に組み上げて建てられた巨大な聖塔）は実際、数百メートルの高さがあったようである。この建物には、人々のエネルギーが統合され、偉大な者になりたいという素朴な欲求が表現されている。塔は名誉への意志の象徴とみなされる。結果、神の怒りを買い、塔はばらばらにされ、これに伴い人々の言語も多様なものとなった。

「出エジプト記」（Exodus）

Auge um Auge, Zahn um Zahn.

［語釈］um：für でも言い換えられる。

目には目を、歯には歯を（「出エジプト記」21:24）

同害報復の発想は古くからある伝承的な原則である。ただ、人から人への個人的な振る舞いに対して適用されるものではなく、法共同体における裁判において通用する（実際の裁判において、元々の意味で当てはめられたのか、身体罰に相当する何かによって代替されたのかはわかっていない）。

「民数記」（Numeri）

Wer einen Menschen erschlägt, den soll man töten auf den Mund von Zeugen hin. Ein einzelner Zeuge aber soll keine Aussage machen, um einen Menschen zum Tode zu bringen.

［語釈］wer ~ den - 「～する人を―」, er|schlagen「殺す」, ~ zum Tode bringen「殺す（＜死へ導く）」

人を殺した者、すなわち故殺人[161] はすべて証人の証言にしたがって殺されなければならない。しかし、だれもただ一人の証言によって殺されることはない。（「民数記」35:30）

故意に人を殺した場合と不注意によって人を殺してしまった場合とは区別して取り扱うべきだと考えられていた。また、たった一人の証言で故意殺人としてはならないという裁判の公正さをも確保されている。

「申命記」（Deuteronomium）

Er demütigte dich und ließ dich hungern und speiste dich mit Manna, das du und deine Väter nie gekannt hatten, auf dass er dir kundtäte, dass der Mensch nicht lebt vom Brot allein, sondern von allem, was aus dem Mund des HERRN geht.

［語釈］demütigen「侮辱する・自尊心を傷つける」, auf dass「～するために（目的）」, kund|täte < kund|tun「知らせる」（接続法Ⅱ式）, nicht ~ sondern -「～でなく―」

それで主はあなたを苦しめ、あなたを飢えさせ、あなたも知らず、あなたの先祖たちも知らなかったマナをもって、あなたを養われた。人はパンだけでは生きず、人は主の口から出るすべてのことばによって生きることをあなたに知らせるためであった。（「申命記」8:3）

イスラエル民がシンの荒野で飢えた時、神はモーゼの祈りに応じて天からマナ（神が民に必要な日々の糧として与えた、いわば天からのパン。神が作った超自然的なもの）を降らせ飢えさせなかったという。この時、人々は「これは何だろう」と口にし、このことから「これは何だろう」を意味するヘブライ語の「マナ」と呼ばれるようになった。よく知られている「人の生くるはパンのみに由るにあらず」の表現（「マタイ」4:4、文語訳）に通じる（人はこの世のパンによるだけで生きるのでなく、自分に語られた神のことばに依存して生きるものである）。

「サムエル記」（Samuel）

Gott ist mein Hort, auf den ich traue, mein Schild und Berg meines Heils, mein Schutz und meine Zuflucht, mein Heiland, der du mir hilfst vor Gewalt. [162]

［語釈］Hort「宝・避難所」

わが神、わが岩。私は彼に寄り頼む。わが盾、わが救の角、／わが高き
やぐら、わが避け所、／わが救主。あなたは私を暴虐から救われる。(「サ
ムエル記下」22:3)

神がダビデに勝利を与えたわけであり、ヤハウェによって実現した助けの中
に彼の救済の意志が明示的に示されている。語り手が、自分のすべてをヤハ
ウェとその加護に完全に任せ切っているということを、いくら強調してもし
きれないでいるという印象である。

「詩篇」(Psalmen)

Wer kann die großen Taten des HERRN ausreden und alle seine löblichen
Werke preisen?
［語釈］aus|reden「語り尽くす」, löb-lich「賞賛すべき（< loben）」

だれが主の大能のみわざを語り、その誉をことごとく言いあらわすこと
ができようか。(「詩篇」106:2)

人間の口は、神のわざを神の誉れとなるよう、会衆に宣べ伝えることはでき
ないし、また、その資格もない。

Diejenigen, die mit Tränen säen, werden mit Freuden ernten.[163]

涙を流しつつ種をまいた人々は喜びをもって収穫するだろう。(「詩篇」
126:5)

地中に蒔かれる種のように、死から生を作り出す神秘的な神の力を歌ってい

る。神の種は、隠れたところで発芽し、神の祝福あふれる祝福へと結実する。

「箴言」（Buch der Sprüche）

Geh hin zur Ameise, du Fauler, sieh an ihr Tun und lerne von ihr!
［語釈］hin|gehen「向こうへ行く」・an|sehen「じっと見る・観察する」：
いずれも分離動詞, Fauler「怠け者」（du と同格）

なまけ者よ、アリのところへ行き、そのすることを見て、知恵を得よ。（「箴言」6:6）

「箴言」の実践的知恵の例証である。アリはある一定期間、忙しく食物を集める。人もまた誠実な労働によって自らの生を気遣わなくてはならない。貧しさは突然、現われるものであり、その侵入に対し人は無防備すぎる。

Unrecht (es) Gut gedeiht nicht. ★[164]
［語釈］gedeihen「（すくすく）成長する」

悪銭身につかず。（「箴言」10:2）

正義と、不正に獲得されたもの、という対立原理である。正義は富よりも重要とみなされる。

Wo Hochmut ist, da ist auch Schande; aber Weisheit ist bei den Demütigen.
［語釈］wo ~ da -「～のところに—がある」

高ぶりが来れば、恥もまた来る、へりくだる者には知恵がある。（「箴言」

11:2）

自負は滅びに先立つ。それゆえ賢い者は謙虚である。同様の趣旨が、「箴言」
16:18（高ぶりは挫折に先立ち、高慢は滅びに先立つ）や、「箴言」18:12（人
の心は滅びに先立って高ぶる、しかし謙虚は誉れに先立つ）に見られる。

Wer seinen Nächsten schmäht, ist ein Tor; aber ein verständiger Mann schweigt
still.
［語釈］schmähen「侮辱する」

隣り人を侮る者は知恵がない、さとき人は口をつぐむ。（「箴言」11:12）

「箴言」11:11まで、忠実な者の祝福のことばと悪しき者の悪しき風聞につい
て語られてきて、その継続としてここでは隣人に関して語られる。隣人につ
いての侮りの発言の前での静かな思慮深い沈黙が述べられている。

Wer reichlich gibt, wird gelabt, und wer reichlich tränkt, der wird auch getränkt
werden.
［語釈］reichlich「あり余る」, laben「（～〈モノなど〉で）元気づける」,
tränken「飲ませる」, wird（< werden）:「～であろう」（未来・推量、受動
の不定詞をとっている）

物惜しみしない者は富み、人を潤す者は自分も潤される。（「箴言」
11:25）

寛大さはそれ自身のうちに祝福を隠しており、地上の財を増加させるという

ことを語っている。快く祝福し、豊かに与える者は、自らも、人から、また神から、祝福され、豊かな報いを得る。

Ein Mann wird gelobt nach seiner Klugheit; aber wer verschrobenen Sinnes ist, wird verachtet.
［語釈］verschroben「ねじれた・ゆがんだ」, Sinnes（＜Sinn「感覚」）：属格（〜の気質・属性をもつ）

人はその悟りにしたがって、ほめられ、心のねじけた者は、卑しめられる。（「箴言」12:8）

弁舌に注意し、学びの備えがあり、よき助言を聞く熱意が肝要であり、このように実行する者は人からほめられる。まさにこれと対照的な姿を愚か者は呈する。

Wahrhaftiger Mund besteht immerdar; aber die falsche Zunge besteht nicht lange.
［語釈］immerdar「永遠に」

真実を言うくちびるは、いつまでも保つ、偽りを言う舌は、ただ、まばたきの間だけである。（「箴言」12:19）

真理は存続し、偽りは消え失せ、何が真実であり偽りであるかは突然、明らかになる。知恵は自らを確保する内在的力をもっているというイスラエル的確信のことである。

Es wird dem Gerechten kein Leid geschehen; aber die Gottlosen werden voll
Unglücks sein.
［語釈］es：仮主語（実質的な主語は Leid「憂い・害」), voll「〜に満ちた」:
属格の名詞（Unglück「不幸・災い」）と共に

正しい人にはなんの害悪も生じない、しかし悪しき者は災をもって満た
される。(「箴言」12:21)

正しき者と悪しき者の境遇について語られている。正しき者には災いが生じ
ず、悪しき者は不幸に陥る。

Der Faule begehrt und kriegt's doch nicht; aber die Fleißigen kriegen genug.
［語釈］begehren「熱望する・求める」, kriegt's = kriegt es

なまけ者の心は、願い求めても、何も得ない、しかし勤め働く者の心は
豊かに満たされる。(「箴言」13:4)

勤勉で、先を見る者は繁栄する（繁栄は熱心さの結果である）が、怠け者は
ただ貧しさと恥とを手にする。誰も逃れることのできない応報原理（神的な
もの）が生を支配しているからである。

Die Lehre des Weisen ist eine Quelle des Lebens, zu meiden die Stricke des
Todes.
［語釈］Strick「わな」, meiden「避ける」★165

知恵ある人の教は命の泉である、これによって死のわなをのがれること

ができる。(「箴言」13:14)

賢い者についての警句を聞き入れる者は、成功と幸いな生による豊かな報い
を維持するが、教えを軽んじる者は滅びる。

Eine linde Antwort stillt den Zorn; aber ein hartes Wort erregt Grimm.
［語釈］lind「穏やかな・柔らかな」, er|regen「かき立てる・刺激する・生
じさせる」

柔らかい答は憤りをとどめ、激しいことばは怒りをひきおこす。(「箴言」
15:1)

柔和で慎重な、そして時宜に適ったことばがどれほど高価であるかが語られ
ている。

Die Augen des HERRN sind an allen Orten, sie schauen auf Böse und Gute.
［語釈］auf ~ schauen「眺める・注視する」

主の目はどこにでもあって、悪人と善人とを見張っている。(「箴言」
15:3)

誰も神の全知の力を逃れることはできない。ヤハウェは苦もなく死者の国さ
えも探ることができる（「箴言」15:11）ということなれば、人はヤハウェの
視野から脱することはできない。

Eine linde Zunge ist ein Baum des Lebens; aber eine lügenhafte bringt

Herzeleid.
［語釈］lügenhaft「虚偽の」（後ろに Zunge が省略されている）, Herze-leid「心痛・傷心」

優しい舌は命の木である、乱暴なことばは魂を傷つける。(「箴言」15:4)

命の木であるとは、命を与えるという意味である。無思慮で性急な、また軽率で侮辱的な語り方を論じている。

Dem Toren ist die Torheit eine Freude; aber ein verständiger Mann bleibt auf dem rechten Wege.
［語釈］dem Toren：与格（「愚か者」にとって）

無知な者は愚かなことを喜び、さとき者はまっすぐに歩む。(「箴言」15:21)

嘲る者はどんな忠告も受け入れないが、分別ある者は正しい道を歩む、すなわち正しく行動する。

Hochmut kommt vor dem Fall.
［語釈］Hoch-mut「高慢」

没落の前におごりが現われる。(「箴言」16:18)。

賢い者は慎ましくあるべきである。高ぶりと自惚れは遅かれ早かれ滅びに至

るからである。謙虚さは平和と良心とに結び付けられている。

Freundliche Reden sind Honigseim, trösten die Seele und erfrischen die Gebeine.

［語釈］Seim「生蜜・蜂蜜」, Ge-bein「骨格・身体全身」

ここちよいことばは蜂蜜のように、魂に甘く、からだを健やかにする。（「箴言」16:24）

人に好感を与える語り方について述べている。賢い者のことばは、彼と関係をもつすべての人にとって祝福の泉となる。心優しいことばは、打ちひしがれている者にとって喜びと慰めをもたらす。

Ein falscher Mensch richtet Zank an, und ein Verleumder macht Freunde uneins.

［語釈］an|richten「引き起こす」, Zank「口論・不和」, Verleumder「中傷者」（＜verleumden）, uneins = uneinig「一致しない」

偽る者は争いを起し、つげ口する者は親しい友を離れさせる。（「箴言」16:28）

粗野で、人を迷わす、あるいは中傷的なことばは災いを引き起こす。同胞を危険な道への導き、親しい友を引き離す、まるで焼き尽くす火（「箴言」16:27）のようである。

Ein törichter Sohn ist seines Vaters Herzeleid, und ein zänkisches Weib wie ein ständig triefendes Dach.

［語釈］zänkisch「けんか好きな・ガミガミ謂う」（＜Zank）, wie：ist が省略されている, triefen「滴る」

愚かな子はその父の災である、妻の争うのは、雨漏りの絶えないのと等しい。（「箴言」19:13）

悪しき子はその両親に恥をもたらす。家庭生活を耐えられなくしてしまう、争い好きの女にも言及されている。

Ein Wort, geredet zu rechter Zeit, ist wie goldene Äpfel auf silbernen Schalen.
［語釈］geredet ＜ reden「語る」（ここでの文意は Ein rechtes Wort zur rechten Zeit「時機を得た時に語られた適切なことばは」）, Schale「深皿・鉢」

折に適って語ることばは、銀の彫り物に金のりんごをはめたようだ。（「箴言」25:11）

時に適って語られる賢明なことばは、特別な価値をもち、喜んで聞かれる。「銀の彫刻物に金の林檎」というのは貴重で素晴らしいものの喩えである。

Wenn kein Holz mehr da ist, so erlischt das Feuer, und wenn der Verleumder weg ist, so hört der Streit auf.
［語釈］erlischt ＜ er|löschen「消える」, auf|hören「終わる・止む」

たきぎがなければ火は消え、人のよしあしを言う者がなければ争いはやむ。（「箴言」26:20）

陰口が好きで口論好きの人々はいつも争いを引き起こす。愚か者は「箴言」の中で独特の表現と直喩によって描写されている。

Von deinem Freund und deines Vaters Freund laß nicht ab. Geh nicht ins Haus deines Bruders, wenn dir's übel geht. Ein Nachbar in der Nähe ist besser als ein Bruder in der Ferne.

［語釈］von ~ ab|lassen「（～を相手にするのを）やめる」, dir's = dir es（wenn dir's übel geht「気分がすぐれない場合」）

あなたの友、あなたの父の友を捨てるな、あなたが悩みにあう日には兄弟の家に行くな、近い隣り人は遠くにいる兄弟にまさる。（「箴言」27:10）

古い、信頼できる友は、遠くにいて助けを与えることができない、あるいは、助けようとしない親族にまさるものである。

Die Hoffart des Menschen wird ihn stürzen; aber der Demütige wird Ehre empfangen.

［語釈］Hoffart「尊大・高慢」, stürzen「突き落とす・失脚させる」

人の高ぶりはその人を低くし、心にへりくだる者は誉を得る。（「箴言」29:23）

自負は滅びに先立つ。それゆえ賢い者は謙虚である。人は高ぶりよりも謙虚さを選びとるべきである。

「伝道の書」（Buch Kohelet）

Alles zu seiner Zeit.

［語釈］alles : Er hat alles schön gemacht zu seiner Zeit. 「神はすべてを然るべき時に成し遂げた」を簡略化したもの。

何事にもそれにふさわしい時というものがある（「伝道の書」3:11）

神が時の流れの中ですべてを美しく創造し、生じさせることについて語っている。この称賛は神の毎日の仕事(「創世記」第1章)を指しているのであろう。

「イザヤ書」（Jesaja）

Und er wird richten unter den Heiden und zurechtweisen viele Völker. Da werden sie ihre Schwerter zu Pflugscharen und ihre Spieße zu Sicheln machen. Denn es wird kein Volk wider das andere das Schwert erheben, und sie werden hinfort nicht mehr lernen, Krieg zu führen.

［語釈］richten「裁く」, Heide「異教徒」, zurechtweisen「叱責する」, Pflug-schar「犂の先」, Sichel「鎌」, es：仮主語（実質的な主語は kein Volk）, hin-fort「今後は」

彼はもろもろの国のあいだにさばきを行い、多くの民のために仲裁に立たれる。こうして彼らはそのつるぎを打ちかえて、すきとし、そのやりを打ちかえて、かまとし、国は国にむかって、つるぎをあげず、彼らはもはや戦いのことを学ばない。(「イザヤ書」2:4)[166]

「国は国にむかって、つるぎをあげず」つまり「戦争という行為を行わない」という意味の「剣を鋤に打ちかえる」というイザヤの預言は、よく知られて

いる文言で、スピーチなどでしばしば引用される。冒頭の「彼」とはメシアのことで、彼を無視しては、人類の平和はあり得ない。[167]

Ich bin der Erste, und ich bin der Letzte, und außer mir ist kein Gott.

私は初めであり、私は終りである。私のほかに神はない。(「イザヤ書」44:6)

捕囚中のイスラエル人に、自分たちは真の神であるとするバビロンの神々の言い分が付きまとっていた。これに対し、ヤハウェが諸国民やその神々に向けて発することばである。

「エレミア書」(Jeremia)

Es ist das Herz ein trotzig und verzagt Ding; wer kann es ergründen?
［語釈］trotzig「反抗的な」, verzagen「ひるむ・気後れする」(雅語、Lutherbibel1912 では verzagtes となっている)[168], er|gründen「究明する」(=aus|kennen)

心はよろずの物よりも偽るもので、はなはだしく悪に染まっている。だれがこれをよく知ることができようか。(「エレミア書」17:9)

人間の心の測り難さを述べている。ルターは「心は強情で頑固なもの。誰がこれを測り得よう」と意訳しているが、事実に即して考えれば、人間という実体の矛盾に満ちた測り難さを実によく言い当てていると言える。

「ハバクク書」（Habakuk）

Gewalt geht vor Recht.

無理が通れば道理が引っ込む。（「ハバクク書」1:3）

暴力が法に優先するような政治状況が民を巻き込んでいる。預言者ハバクク
にも謎・苦悩に満ちた不安の中、預言者が慰めを与えることが主題となって
いる。

Siehe, wer halsstarrig ist, der wird keine Ruhe in seinem Herzen haben, der
Gerechte aber wird durch seinen Glauben leben.
　［語釈］hals|starrig「強情な」, gerecht「正当な・（神によって）義とされた」

見よ、その魂の正しくない者は衰える。しかし義人はその信仰によって
生きる。（「ハバクク書」2:4）

「その魂の正しくない者」とはバビロンのことである。主の前にへりくだり
心砕かれることなく、自分で何とかやっていけると思っている人々を指す。
「義人はその信仰によって生きる」ということばは『新約聖書』（「ローマ人
への手紙」1:17,「ガラテヤ人への手紙」3:11,「ヘブル人への手紙」10:37-38)
にこの個所から引用されている。

「ホセア書」（Hosea）

Wer Wind sät, wird Sturm ernten. ★ 169
　［語釈］säen「種を蒔く」, ernten「収穫する」

身から出た錆。(「ホセア書」8:7)

種ではなく風を蒔くということ。砂漠に吹き荒れるつむじ風はその場にある
ものを激しくかき集め一挙に散らす。「業によりて果を引く」という意味で、
史実としてはアッシリアが攻めてくることを言い表わしている。

『新約聖書』

「マタイ」（Matthäus）

Und da Jesus getauft war, stieg er alsbald herauf aus dem Wasser. Und siehe, da
tat sich der Himmel auf, und er sah den Geist Gottes wie eine Taube herabfahren
und über sich kommen.

［語釈］taufen「洗礼を施す」, alsbald「ただちに」, her-auf :「こちらへ」+「上
へ」(her-ab :「こちらへ」+「離れて・下へ」), auf|tun「開く」（雅語）

イエスはバプテスマを受けるとすぐ、水から上がられた。すると、見よ、
天が開け、神の御霊が鳩のように自分の上に下ってくるのを、ごらんに
なった。(「マタイ」3:16)

「天が開け～ごらんになった」の個所は『旧約聖書』の「エゼキエル書」1:1,2:2
に該当する。『新約聖書』の「マルコ」1:9-10 に並行記事があるが「マタイ」
の方が客観的な記述である。

Unser Vater in dem Himmel! ★170

天にまします我らの父よ。(「マタイ」6:9)

「主の祈り」の出だしである。神が何らの付加語なしに「父」と呼ばれることは、イエスの時代のパレスチナ・ユダヤ教には例がない。直接「父」と呼びかけることがイエスが弟子たちに与えた賜物である。[171]

Unser täglich Brot gib uns heute. [172]

我らの日ごとの糧を今日も与え給え。(「マタイ」6:11)

毎日、必要となるパンについて祈られている。「パン」という表現には、人間が本当に必要とするすべてのものが含まれている。また、人が祝祭的なものをも時々、必要とするということは、イエス自身が教会にパンとぶどう酒とによる聖餐を与えたことによって示されている。

Wer ist aber unter euch, der seiner Länge eine Elle zusetzen möge, ob er gleich darum sorget?
［語釈］Elle「尺骨のこと。ここでは尺骨の長さによる昔の尺度。1 エレ = 55-85cm」, zu|setzen「加える」, möge < mögen（接続法Ⅰ式）, ob：gleich と共に「たとえ～でも」, um ~ sorgen「心配する」

あなたがたのうち、だれが思いわずらったからとて、自分の寿命をわずかでも延ばすことができようか。(「マタイ」6:27)

私たちの生命に特定の長さと限界をおいた神に対する信仰が前提とされている。心配が無意味であることの指摘である。

Warum sorget ihr für die Kleidung? Schaut die Lilien auf dem Felde, wie sie wachsen: sie arbeiten nicht, auch spinnen sie nicht.

［語釈］für ~ sorgen「気を配る」, spinnen「紡ぐ」

　なぜ着物のことで思いわずらうのか。野の花がどうして育っているか、考えて見るがよい。働きもせず、紡ぎもしない。(「マタイ」6:28)

　この個所に先立つ「生命のために何を食べようかと心配し、また身体のために何を着ようかと心配するな。生命は食物以上、身体は着物以上ではないか。空の鳥どもを見よ。それらは種を蒔かない、収穫をしない、倉の中に集めることをしない。しかも君たちの天の父はそれらを養っている」(「マタイ」6:25-26)、あるいは、この個所に続く「君たちは心配して、何を食べよう、何を飲もう、何によって自分たちを装おうと言うべきではない」(「マタイ」6:31) という前後の文脈からも、天の父(神)はクリスチャンが何を必要としているかを知っており、異邦人のようにこれらを熱心に得ようとしてはならないと説いている。

　　Jeder Tag hat seine Plage.
　　［語釈］Plage「苦労・悩みの種」

　すべての日々にはそれぞれの苦労がある。(「マタイ」6:34)

　この個所に「明日のことは心配するな。明日はそれ自体のことを心配するであろう」という内容が先行する。信仰ゆえに翌日のための心配から解放され、その日その日に安心して取り組み生きることが許されるという趣旨である。

　　Bittet, so wird euch gegeben. Klopfet an, so wird euch aufgetan.

［語釈］an|klopfen「ドアをノックする」, aufgetan < auf|tun「開く」（雅語）

求めなさい、そうすれば与えられます。門をたたけ、さすれば開かれん。
（「マタイ」7:7）

「マタイ」6:9-13 にある「主の祈り」（天にましします我らの神よ〜国と力と栄えとは限りなく汝のものなればなり）で示されている、祈り求めるということが、この個所でも前提となっている。祈り求めることは常に、下（人間）から上（神）への行為である。

Seid klug wie die Schlangen!

汝ら、蛇★173 たちのごとく賢明であれ。（「マタイ」10:16）★174

この個所と並行して「鳩のように素直であれ」という文言がある。イエスの弟子たちは、狼の間にいる羊のように、苦難を受けやすい立場にあった（当時の教会が迫害を受けていたという状況）。弟子たちは、狼に対して全く無力な羊であるので、羊飼いの声を聞くことに関して、鳩のように素直に、かつ蛇のように注意深くあらねばならないという趣旨である（羊飼いの声を聞かなければ羊は命を失う）★175。

Setzet entweder einen guten Baum, so wird die Frucht gut; oder setzet einen faulen Baum, so wird die Frucht faul. Denn an der Frucht erkennt man den Baum.
［語釈］entweder – oder 〜「―あるいは〜」

木が良ければ、その実も良いとし、木が悪ければ、その実も悪いとせよ。木はその実でわかるからである。(「マタイ」12:33)

木はその実によって識別されるという言い回しは、「ルカ」6:43-44 にもある。「悪い実を結ぶ良い木はないし、良い実を結ぶ悪い木もありません。木はどれでも、その実によってわかるのです。茨からイチジクは取れず、野バラからブドウを集めることはできません」[★176]。木の良し悪しは、枝ぶりとか葉の具合とかではなく果実によって決まるというのは、人がすることは、その人が心にもっていることの直接の現われであり、良い心は良い果実を生み、邪悪な心は邪悪な果実を生むという意味である。

Lasset sie, sie sind blinde Blindenleiter! Wenn aber ein Blinder den andern leitet, so fallen sie beide in die Grube.

［語釈］Grube「穴」

彼らをそのままにしておけ。彼らは盲人を手引きする盲人である。もし盲人が盲人を手引きするなら、2 人とも穴に落ち込むであろう。(「マタイ」15:14)

律法に忠実なユダヤ人は、イスラエルは律法を所有しているから、あらゆる民族の中でただ一人、盲目ではないと考えている。律法の巻物を所有していても十全に理解しているのでなければ、自らが他の盲人たちを案内できるとは必ずしも限らない。

Was Gott zusammengefügt, das soll der Mensch nicht scheiden.

［語釈］zusammen|fügen「組み合わせる」

　　神が合わせたもうたものを人間が引き離してはならない。(「マタイ」
　　19:6)

離婚についてユダヤ教指導者たちの間においても論争が起こっている状況で
あった。彼らから質問を受けたイエスは、創造という秩序の中で離婚という
ものは想定されていなかったが[177]、モーセが離婚を認める指示を書いたの
は[178]「心の頑なさに向けて」のことだと述べている[179]。「申命記」24:1 は
確かに離婚を認めているが、これは「心の頑なさに向けて」の譲歩・妥協で
あり、反省・再考への呼びかけと捉えられる。

　　Ein Reicher wird schwer ins Himmelreich kommen.[180]
　　［語釈］schwer：副詞的に

　　富んでいる者が天国に入るのは難しい。(「マタイ」19:23)

イエスは、神の祝福による豊かさでなく、金銭という富に人々が心を奪われ
ている事態を批判的に見ている。財産に執着して生活している人は霊なる存
在として生きていないため、永遠の命は育たないことになる。

　　Die Ersten werden die Letzten sein und die Letzten werden die Ersten sein.

　　先なる者が後になり、後なる者が先になる。(「マタイ」19:30)

自分はきっと神の国に入れられて当たり前だと思っているような人は、実は
後回しにされ、自らはふさわしくない、自分は神の国に入ることができない

と謙虚に感じている人の方を、より先に神は顧みてくれるものである。

Viele sind berufen, aber wenige sind auserwählt.
［語釈］be|rufen「（天命として）招く」, auserwählen「選び出す」（雅語）

招かれる者は多いが、選ばれる者は少ない。(「マタイ」22:14)

結婚式の喩えを用いて語られることばである。要点は、誰でも救いに招かれ
てはいるが、これに応答して救いを得る人は少ないということである。祝宴
の席に座っていながら祝いに参加していないこともあり得るという趣旨であ
る。

Wer sich selbst erhöht, der wird erniedrigt; und wer sich selbst erniedrigt, der
wird erhöht.
［語釈］wer ~ der -「〜する人は―」

誰でも自分を高くする者は低くされ、自分を低くする者は高くされるで
あろう。(「マタイ」23:12)

神は高ぶる者を退け、へりくだる者に恵みを与える。この逆説的な秩序が通
用するのだと説いている。当時のパリサイ人たちは、自分たちが律法を守る
熱心さでもって神の義を得ているのだと考えていた。

Der Geist ist willig; aber das Fleisch ist schwach.
［語釈］willig「進んで（喜んで）〜する」

心はその気でいる、しかし肉体は弱い。（「マタイ」26:41）

ゲッセマネの場面である。弟子たちは目を覚ましているように求められる。この個所に先立つのが「誘惑に陥らないよう目を覚まして祈りなさい」である。

Wer das Schwert nimmt, soll durchs Schwert umkommen.
［語釈］um|kommen「命を失う」

剣を手にする者は剣によって死する運命にある。（「マタイ」26:52）

イエスはペテロに「刀を再び鞘に納めよ」と言う。イエスは自分自身の教えを守り、イエスに従う者たちが刀の行使を断念し、むしろ不正に扱われている自分たちの状況に甘んじるべきであることの模範になっている。

「マルコ」（Markus）

wer den heiligen Geist lästert, der hat keine Vergebung ewiglich, sondern ist ewiger Sünde schuldig.
［語釈］wer ~ der -「～する人は―」, lästern「冒涜する・けなす」（古語）, keine（否定辞）~ sondern -「～でなく―」, schuldig sein「～（属格）の罪を犯している」

聖霊をけがす者は、いつまでも許されず、永遠の罪に定められる。（「マルコ」3:29）

霊の力に満ちたイエスの奇跡の業に接して、そこに超自然的な力がはたらい

ていることを確信しておりながら、それをはっきりと悪魔から出たものだと
断定することによって、自己を信仰から絶縁した人々に向けられたことばで
ある。

Wem wollen wir das Reich Gottes vergleichen, und durch welches Gleichnis
wollen wir es abbilden?

［語釈］wem：was「何」の与格, Gleichnis「比喩・譬え」, ab|bilden「模写する・
写し取る」

神の国を何に比べようか。また、どんな譬えで言い表わそううか。(「マ
ルコ」4:30)

神の国について、これをふさわしく語ることは難しいという趣旨である[181]。
これに続くのは、よく知られているからし種の例である。「からし種のよう
なものである。土に蒔くときには、地上のどんな種よりも小さいが、蒔くと、
成長してどんな野菜よりも大きくなり、葉の陰に空の鳥が巣を作れるほど大
きな枝を張る」(「マルコ」4:31-32)[182]。

「ルカ」(Lukas)

Bei Gott ist kein Ding unmöglich.

神に不可能なことはない。(「ルカ」1:37)

処女降誕の場面である。神が何をなそうとしているかマリアが知るシーン
で、祭司の家の出であるマリアが聖霊のはたらきによりメシアを生むことを
告げられる。神の計画は人間が基礎づけることができないような仕方で行わ

れる。

Was muß ich tun, daß ich das ewige Leben erbe?
［語釈］daß = so daß「～するために」（目的），erben「相続する」

何をしたら永遠の生命が受けられましょうか。（「ルカ」10:25）

一人の律法学者がイエスを試みるために質問をする（神の国と共にもたらされる永遠の生命を受けるには何をすべきか）。イエスは、律法に示された神の意志を参照するように指示する。

Sehet zu und hütet euch vor aller Habgier; denn niemand lebt davon, daß er
viele Güter hat.
［語釈］zu|sehen「気を付ける・配慮する」（命令形），Hab-gier「強欲」,
von ~ leben「～で生計を立てて（～に頼って）生きている」

あらゆる貪欲に対してよくよく警戒しなさい。たといたくさんの物をもっていても、人のいのちは、持ち物にはよらないのである。（「ルカ」12:15）

イエスは遺産争いの調停を求められる（遺産のうちの自分の相続分を兄弟に欺き取られたケース）。当人は、財産を増やすことが自分の生命を確保するために最上の方法だと考えているが、イエスは逆に、貪欲のために陥った危険な状態から救い出したいと思っている★183。

Das Reich Gottes kommt nicht so, daß man's mit Augen sehen kann.

［語釈］so, daß「〜のような、そのような形で」, man's = man es

神の国は見られる形で来るものではない。(「ルカ」17:20)

パリサイ人は、メシアの出現ということが神の国を意味するほど十分に徹底的に事実となるのはいつのことかとイエスに問う。神の支配する未来は人間的な期待が考え出すいかなる図式にもはまらなく、そもそも決定的な瞬間においては神の支配を正確に理解するための人間的な解釈を必要とするような印などありはしないという。

「ヨハネ」(Johannes)

Der Wind bläst, wo er will, und du hörst sein Sausen wohl; aber du weißt nicht, woher er kommt und wohin er fährt. So ist ein jeglicher, der aus dem Geist geboren ist.

［語釈］Sausen「(ヒューヒューと) 音を立てる」, wohl ~ aber -「なるほど〜であるが」, jeglicher = jeder「どの〜も」(古語)

風は思いのままに吹く。あなたはその音を聞くが、それがどこからきて、どこへ行くかは知らない。霊から生れる者もみな、それと同じである。(「ヨハネ」3:8)

風について言われることと全く同じことが、生まれ変わった人についても言える。その人は、実存が変革されており、自分自身のうちにではなくロゴスのうちに存在する者である。このような人は確かに何か異常なもの、異質なものは感じられるであろうが、これ以上のことはわからない。どこから来てどこへ行くかはわからないのである[184]。

「使徒行伝」（Apostelgeschichte）

Man muss Gott mehr gehorchen als den Menschen.

［語釈］Gott：与格

私たちは人間よりは神の言うことのほうをよく聞かなければならない。
（「使徒行伝」5:29）

神に従うことが時には地上の権威に不従順であるという場合がある。伝道を
やめろと言われた使徒たちが決断を迫られている場面である。宣べ伝えてい
く任務はイエスから与えられたものであり、イエスの権威は神からのもので
ある[185]。使徒たちは迫害の恐れに屈して沈黙してしまうのか、あるいは、
勇気を振り絞り確固とした立場をとり宣教し続けるのか。これは結局、神に
従うか人間に従うかという問題である。

Geben ist seliger denn Nehmen.

［語釈］denn = als「〜より」

与えるは受けるより幸いなり。（「使徒行伝」20:35）

人のためにいかに自分を与えることができるかと考えるような人は、多くの
ものを受ける祝福された人である。パウロがエペソの長老たちに対して語っ
たことばであるが、どの福音書にも実際に記されているということはない。
ただ、他の類例（例：「ルカ」6:38,「ヨハネ」12:24-25）[186]からイエスの御
心に適ったものであると言えよう。

「ローマ人への手紙」（Römer）

Der Sünde Sold ist Tod; Gottes Gabe aber ist ewiges Leben in Christus Jesus,
unserm Herrn.

［語釈］Sold「給料・俸給」

罪の支払う報酬は死である。しかし神の賜物は、私たちの主キリスト・
イエスにおける永遠のいのちである。（「ローマ人への手紙」6:23）

神から報いを要求できるような功績を人間がたてることはあり得ない。むし
ろ、神はキリストを通して恵みとして永遠の命を賜う。一方では、死の報い、
他方では、永遠の命の恵み。鮮明きわまりない明暗の分かれ道が提示されて
いる。

Sei nicht stolz, sondern fürchte dich!

［語釈］nicht ~ sondern -「～でなく―」, fürchten「恐れる」（再帰代名詞と
共に）

高ぶった思いを抱かないで、むしろ恐れなさい。（「ローマ人への手紙」
11:20）

イスラエルは不信仰ゆえに教会から締め出され、異邦人の信仰者は信仰ゆえ
に教会に導き入れられる。信仰は高ぶりに付け入る隙を与えない。信仰ある
者は、自らが今の立場にあるのは自身の力ではなく、ひたすら神の恵みに
よっているのだということを自覚している。

Die Liebe sei nicht falsch. Hasset das Arge, hanget dem Guten an.

［語釈］sei < sein（接続法 I 式）, arg「悪い」, an|hängen「（すがりついて）離れない」

愛には偽りがあってはならない。悪は憎み退け、善に親しめ。（「ローマ人への手紙」12:9）

本物の愛は悪を憎み、一瞬たりとも善を裏切ることがない。相手に対して誠実に自らを捧げながら、しかも相手に癒着しないこと、ここに常に新しい愛の課題がある。本物の愛は、愛する者を損なおうとする悪に対して決然と戦うものである。

Die brüderliche Liebe untereinander sei herzlich. Einer komme dem andern mit Ehrerbietung zuvor.

［語釈］sei, komme < sein, kommen（接続法 I 式）

兄弟の愛をもって互いにいつくしみ、進んで互に尊敬し合いなさい。（「ローマ人への手紙」12:10）

各人が相手を心から進んで目上のように敬うべきである。それも、相手に何か特別な取り柄があるからといった理由からではなく、端的にその人が、自分にとっての隣人として神から与えられた当の相手であるからである。

「コリント人への手紙」（Brief an die Korinther）

Niemand suche das Seine, sondern das, was des andern ist.

［語釈］suche < suchen（接続法 I 式）

だれでも、自分の益を求めないで、ほかの人の益を求めるべきである。
（「コリント第一」10:24）

自らの利益をいつも求めてしまうのは人の本性である。自分の利益ではなく
他人の利益を求めようという戒めである。これは道徳の問題ではなく、キリ
ストへの信仰に関わるものである。おのおのが他人の利益を求めることに
よって、共同体としての教会がたち上げられ、他人と自分とが愛によって結
び合わされることになるという趣旨である。

Alle eure Dinge lasset in der Liebe geschehen!
［語釈］lasset：＜ lassen（命令形「〜するようにしなさい」）

一切のことを愛をもって行いなさい。（「コリント第一」16:14）

愛がなければすべては無益である。これはコリント教会の内紛に関係する。
その根底に愛の欠如があったことが認められるからである。パウロはコリン
ト教会に、主がどんな課題を与えているか、力強く信仰の愛の原則に従って
解決するように語っている。

Der Glaube kann Berge versetzen.
［語釈］versetzen「移す」

信念は山をも移す。（「コリント第一」13:2）

山をも動かす信仰とは、山のように立ちはだかる問題を解決するためには、
心に疑いをもたず純粋に神のみことばを信じ続けるということである★[187]。

イエスは、人間の能力には限界があるが精神力には無限に近づく可能性があることを教えている。

Wir können nichts wider die Wahrheit, sondern für die Wahrheit.
［語釈］nichts ~ sondern -「～はなく―」, wider：ここでは für と対になっている。

私たちは真理に逆らっては何をする力もなく、真理にしたがえば力がある。(「コリント第二」13:8)

一般的にも当てはまる内容であるが、神学的には、ここで言う「真理」は「神・キリスト」と置き換えられる。人間は真理を表わすことはできないし、真理とは神・キリストそのものである。したがって、このことばの意味は、神・キリストを信頼して、その御心に従って生きることが大切だということである。

「ガラテヤ人への手紙」（Brief an die Galater）

Was der Mensch sät, das wird er ernten.
［語釈］säen「種を蒔く」, das：コンマの前の was 文を受ける先行詞

人は自分のまいたものを刈り取ることになる。(「ガラテア人への手紙」6:7)

自分が撒いたものは、善であれ悪であれ、時が来れば必ず芽を出すので、いつか必ず刈り取ることになる。愛の種を蒔けば愛を刈り取り、赦しの種を蒔けば赦しを刈り取る。不信仰の種を蒔けば不信仰を刈り取らなければならな

い。自分が行ったことに対する責任は自ら取る必要がある。

「エペソ人への手紙」（Brief an die Epheser）

Ehre Vater und Mutter, auf dass dir's wohl gehe.

［語釈］ehren「尊敬する」, auf dass「〜するために」（目的）, dir'es = dir es

汝が健やかならんがために汝の父母を敬え。（「エペソ人への手紙」6:2）

この教えは「モーセの十戒」の第五戒である。[188] この戒めには祝福（幸福・長寿）が約束されている。これを守ることは、神に喜ばれる道であり神に義とされる道だとパウロは言う[189]。

「テサロニケの信徒への手紙一」（1. Brief des Paulus an die Thessalonicher）

Vermahnet die Unordentlichen, tröstet die Kleinmütigen, traget die Schwachen, seid geduldig gegen jedermann.

［語釈］vermahnen「（真剣に）警告する」（命令文）, un-ordentlich「だらしない」（以下の kleinmütig, schwach という形容詞を名詞化したものが目的語となっている）, tragen「運ぶ＞支える・耐える」

怠惰な者を戒め、小心な者を励まし、弱い者を助け、すべての人に対して寛容でありなさい。（「テサロニケの信徒への手紙一」5:14）

聖書はお互いがそれぞれおかれている状況下でお互いの信仰をたて上げていくことができるよう励ましを語る。パウロはここで短いながらも重要な奨励を行っている。信徒たちを励まし、互いに愛し合い、弱い者を助け、寛容で

あるようにとメッセージしている。

「テモテへの手紙」（Brief des Paulus an Timotheus）

Habsucht ist eine Wurzel alles Übels.

［語釈］Hab-sucht = Hab-gier「貪欲」

金銭を愛することは、すべての悪の根である。（「テモテへの手紙」6:10）

すべての悪徳の根は金銭欲であるという[190]。金銭欲は人を頑なにし、手段を選ばないようにしかねないという意味で危険である。敬虔を犠牲にして信仰を冷めさせ、幸福の代わりに重い良心の咎めをもって報いる。金銭欲はキリストとは相容れないものである。

「ヤコブの手紙」（Brief von Jakobus）

Wir fehlen alle mannigfaltig. Wer aber auch im Wort nicht fehlet, der ist ein vollkommener Mann und kann auch den ganzen Leib im Zaum halten.

［語釈］fehlen「欠けている＞過ちを犯す」, wer ~ der -「〜する人は―」, Zaum「馬勒（頭部に付ける馬具一式）」（~ im Zaum [e] halten「制御する・抑制する」）

私たちは皆、多くの過ちを犯すものである。もしことばの上で過ちのない人がいれば、その人は全身をも制御することのできる完全な人である。（「ヤコブの手紙」3:2）[191]

舌をもって犯すさまざまな罪について言及している。ことばに携わる者は、自己自身をしっかりと抑えてかからねばならない。全身を立派に制御できる

者は、自分の舌をも制することができるはずである。

　『聖書』には数え切れないほどの名言・名句がある。うちのいくつかはキリスト者にとってみれば聖句なのである。

　周知のとおり、キリスト教の布教が始まった最初期においては、ローマ帝国内でも苦難の歴史であった。キリスト教信者にしてみれば、『聖書』の文言が神の戒めそのものであり、心に深く刻み付けるよう教えられる。難しい教理や苦しい修行を伴うものではなく、クリスチャンの信仰は単純で純粋である。イエス・キリストの十字架によって救われていることを自覚し、永遠の生命を与えられていることを喜び、主イエスのみことばによって歩んでいくという生活である。

　「箴言」第6章第21節に「神のことばをいつもあなたの心に結びつけ、首に巻きつけよ」とある[192]。キリスト者にとって神のことばを「心に結びつける」とは、『聖書』個所を絞り、そのみことばを熟考し、頭の中で何度も繰り返し、いつも心の中心におくことである。神の前に静まり、真摯に祈り一層の啓き照らしを与えるよう神に願うのである。

第5節　ドイツ語のことわざ

　キリスト教の成立期を厳密な意味でいつとするかは容易なことではない。「西暦」という世界で最も普及した宗教暦をもち、多くの史料が残るキリスト教にあっても、その初源を明らかにする作業は現在も慎重を期して行われている。しかしながら、ユダヤ教の総本山であるエルサレムとその神殿体制が終焉を迎えた紀元後70年をキリスト教の始まりとみなすのは通説にも適い、妥当な視点であろう[193]。

　キリスト教が自立するに当たって、自らが何に根拠付けられた共同体運動

なのかを明確にしなければならないこの時期にあって、「福音書」・「パウロ書簡」の編集は必要かつ欠くべからざる作業であった。キリスト教自身の自己のアイデンティティーの確立が急務であったわけである[194]。つまり、キリスト教は、その成立期において言語・文字が重要な役割を担っていた宗教であったと言えるのである。

　こうした最初期の経緯から今日まで、ゲルマン世界とローマ帝国という2大文明が衝突を繰り返しながらも、キリスト教はラテン世界からゲルマン人の言語文化に根深く影響を与えることなる。有史以前から続くケルト・ゲルマン・ラテンという3文明の交流の時代から、ゲルマン人が他文化圏との接触を通し、後にその根幹となるキリスト教を深く受け入れることになる。歴史の実態からすれば、フランク王国とローマ教会の提携には少なからず政治的側面も見受けられることも確かであるが、それでもなお、ゲルマン側にも『聖書』の文化が根付き、西欧世界の形成がまさに『聖書』を軸に成り立ったという事実は揺るがない。こうして生まれたゲルマンの言語文化の中に、とりわけ、ことばの中に『聖書』が浸透しているかは、ことわざの成り立ちを考察すれば明らかになる。

Alle Wege führen nach Rom. [195]
すべての道はローマに通ず。

Aller Anfang ist schwer.
　［語釈］aller：複数属格「すべてのものの〜」
物事はすべて始めがむずかしい[196]。

Allzu viel ist ungesund.
　［語釈］allzu「あまりに〜すぎる」

過ぎたるは及ばざるがごとし（＜多過ぎは健康によくない）。

Andere Länder, andere Sitten.

所変われば品変わる（＜国が異なれば風習も異なる〈他の国、他の慣習〉）[197]。

Auf einen Hieb fällt kein Baum.

　［語釈］Hieb「一撃」（auf einen Hieb「急に・突然」）

何事も一挙には成らない（＜一撃では木は倒れない）。

Auf Regen folgt Sonnenschein.

　［語釈］auf「～に続いて」

苦あれば楽あり（＜雨の後に日が射す）。

Aus Kindern werden Leute.

　［語釈］werden「生じる」

月日のたつのは早いもの（＜子供は大人になる）。

Aus nichts wird nichts.

　［語釈］wird ＜ werden「生じる」

まかぬ種は生えぬ（＜無からは無が生じる）。

Aus den Augen, aus dem Sinn.

去る者は日々に疎し。

Ausnahmen bestätigen die Regel.

例外の裏に規則あり（＜例外は規則を証明する）。

Außen Putz, innen Schmutz.
　［語釈］外面は Putz（古語）「（飾り立てた）晴れ着・（派手な）アクセサリー」、内面は Schmutz「汚れ」
見かけ倒し

Besser ★ ¹⁹⁸eine Fliege in der Suppe als gar kein Fleisch.
無いよりはまし（＜肉が全然ないよりはハエ一匹でも入っているほうがよい）。

Besser ist besser.
用心に越したことはない。

Besser kleiner Herr als großer Knecht.
鶏口となるも牛後となるなかれ。

Besser spät als nie.
今からでも間に合う（＜遅くても全く無いよりまし）。

Das Auge des Herrn macht das Vieh fett.
気配りが肝心（＜飼い主の目が家畜を太らせる）。

Das Gute bricht sich Bahn.
　［語釈］sich³ Bahn⁴ brechen「活路を切り開く・普及する」
よいことはおのずから広まる。

Das Handwerk nährt seinen Mann.

　［語釈］nähren「栄養を与える」

手に職あれば飢えることなし。

Den Letzten beißen die Hunde.★199

最後の者がいちばん損をする★200（＜犬は最後の人間に噛みつく）★201。

Der Apfel fällt nicht weit vom Stamm.

ウリのつるにナスビはならぬ（＜リンゴの実はリンゴの木の幹からそう
遠くは落ちない）★202。

Der Fisch will schwimmen.

魚料理にはワインがつきものだ（＜魚は泳ぎたがるもの）★203。

Der frühe Vogel fängt den Wurm.

早起きは三文の徳★204。

Der Krug geht so lange zum Brunnen, bis er bricht.

　［語釈］Krug「水がめ」

悪事もいつかはばれる（＜かめは壊れるまでは井戸へ通う）★205。

Der Ton macht die Musik.

ものは言いようが肝心（＜音楽をつくるのは音だ）★206。

Der Zweck heiligt die Mittel.

　［語釈］heiligen「神聖にする・崇める」

目的は手段を選ばず（＜目的は手段を正当化する）。

Die dümmsten Bauern haben die dicksten Kartoffeln.

　［語釈］dumm：最上級の形で dick と対をなしている。

馬鹿ほどいちばん果報を得る（いちばん愚かな農夫がいちばんでかい
ジャガイモをつくる）★207。

Die gebrantenen Tauben fliegen einem nicht ins Maul.

　［語釈］einem：man の与格（Maul「口」に、所有の与格としてかかり
　「ある人の口」の意味）

棚からぼた餅とはいかぬもの★208。

Die Katze lässt das Mausen nicht.

　［語釈］lassen「放っておく」

猫はネズミを捕ることをやめない★209。

Die Kunst geht nach Brot.

芸術も金次第★210。

Die Sonne bringt es an den Tag.

太陽がそれを白日のもとにさらす★211。

Die Ratten verlassen das sinkende Schiff.

ネズミは沈む船を見捨てる★212。

Die Toten soll man ruhen lassen.

［語釈］die Toten：複数対格

死人の悪口を言ってはならない（＜死者は安らかに眠らせるべきである）。

Die Wände haben Ohren.

壁に耳あり。

Die Zeit hat Flügel.[213]

光陰矢のごとし。

Die Zeit heilt alle Wunden.

　［語釈］heilen「治す」

時はすべての傷をいやす。

Doppelt［genäht］hält besser.

　［語釈］nähen「縫う」, halten「長持ちする」

念には念を入れよ（＜二重に縫ってある方が持ちがいい）。

Durch Schaden wird man klug.

損をすることによって賢くなる[214]。

Eigener Herd ist Goldes wert.

　［語釈］wert：属格の名詞をとり「〜の価値がある」の意

我が家に勝るものなし。

Eile mit Weile!

［語釈］Weile「しばらくの間」
急がば回れ。

Ein blindes Huhn findet auch einmal ein Korn.
目の見えない鶏でもたまには穀粒の一つを見つけることもある[215]。

Ein gebranntes Kind scheut das Feuer.
　［語釈］scheuen「尻込みする」
やけどした子供は火を恐れる[216]。

Ein gutes Gewissen ist ein sanftes Ruhekissen.
　［語釈］Ruhe-kissen「安静－枕」
良心にやましいところがなければ枕を高くして眠れる。

Ein Mann, ein Wort.
男子に二言なし。

Ein Spatz in der Hand ist besser als eine Taube auf dem Dach.
屋根のハトより手中のスズメの方がよい[217]。

Ein stummer Mund ist kein Zeuge.
　［語釈］stumm「口の利けない」, Zeuge「証人・目撃者」
死人に口なし（＞死人は証人になれない）。

Ein Unglück kommt selten allein.
不幸が単独で来ることは珍しい[218]。

Ein Wort gab das andere.

売り言葉に買い言葉。

Ein Zeuge, kein Zeuge.

　［語釈］Zeuge「証人・目撃者」

一人では証人と言えぬ（証人は二人以上が必要）。

Eine Hand wäscht die andere.

一方の手がもう一方の手を洗う[★219]。

Eine Liebe ist der anderen wert.

　［語釈］wert：属格の名詞をとり「～の価値がある」の意。ここでは、

　別の Liebe に値するということになる。

一つの親切な行為は他人の親切な行為を受けるに値する（＞情は人のた

めならず）。

Einem geschenkten Gaul schaut man nicht ins Maul.

　［語釈］Gaul「（駄）馬」（Maul「口」に、所有の与格としてかかり「贈

　られた馬の口」の意味）

人から贈られた馬の口を覗き込んで（年齢を調べたりして）はいけな

い[★220]。

Einmal ist keinmal. [★221]

一度は数に入らぬ。

Ende gut, alles gut.

終わりよければすべてよし。

Erst die Arbeit, dann das Vergnügen. [222]
まず仕事、楽しみはその後。

Es ist nicht alles Gold, was glänzt.
　［語釈］was：alles を先行詞とする関係代名詞
光るものがすべて金ではない[223]。

Es ist noch kein Meister vom Himmel gefallen. [224]
　［語釈］fallen「落ちる」
生まれながらの名人なし[225]。

Gegen Dummheit ist kein Kraut gewachsen. [226]
　［語釈］Kraut：Heilkraut「薬草」（Heilpflanze「薬用植物」のこと）
馬鹿につける薬はない。

Geld regiert die Welt.
人間万事、金がすべて（＜金が世界を支配している）。

Gelegenheit macht Diebe.
　［語釈］Dieb「泥棒」
盗みは出来心（＜ふとした機会が泥棒を作る）。

Geteilte Freude ist doppelte Freude. [227]
　［語釈］teilen「分ける」

喜びは分かち合えば倍になる。

Geteiltes Leid ist halbes Leid.
　［語釈］teilen「分ける」
悩みも人と分かてば半分になる。

Gleiche Brüder, gleiche Kappen. [228]
類は友を呼ぶ[229]。

Handwerk hat goldenen Boden.
芸は身を助ける[230]。

Hinter dem Berge wohnen auch Leute.
世間は広い[231]。

Hunde, die bellen, beißen nicht.
負け犬の遠ぼえ[232]。

Hunger ist der beste Koch.
空腹は最良の料理人。

Im Wein liegt Wahrheit. [233]
酒こそは真理への道である。

In der Not frisst der Teufel Fliegen.
背に腹は代えられない[234]。

Irren ist menschlich.

過ちは人の常。

Jeder ist seines Glückes Schmied.

幸福は自らの手で築くもの。

Jeder Krämer lobt seine Ware.

　［語釈］Krämer「（食料・雑貨の）小売り商人」

我田引水[235]。

Jeder Topf findet seinen Deckel.

　［語釈］Deckel「（容器の）蓋（ふた）」

割れ鍋に閉じ蓋[236]。

Jedermanns Freund ist niemands Freund.

八方美人は誰の友でもない。

Keine Antwort ist auch eine Antwort.[237]

返事がないのも返事の一つ。

Keine Regel ohne Ausnahme.

　［語釈］Ausnahme「例外」

例外のない規則はない。

Kleider machen Leute.

馬子にも衣装[238]。

Kleinvieh macht auch Mist.

ちりも積もれば山となる[239]。

Kommt Zeit, kommt Rat.[240]

　［語釈］Rat「方策・助言」

待てば海路の日和あり。

Liebe macht blind.[241]

恋は盲目。

Lügen haben kurze Beine.[242]

嘘はすぐばれる。

Man muss das Eisen schmieden, solange es heiß ist.

　［語釈］schmieden「（鉄などを）鍛える・鍛造する」

鉄は熱いうちに打て。

Mit Geduld und Spucke fängt man eine Mücke.[243]

　［語釈］Spucke「（吐き出された）唾」, Mücke「蚊」

石の上にも三年[244]。

Not bricht Eisen.

　［語釈］bricht < brechen「砕く」

窮すれば通ず。

Not kennt kein Gebot.

［語釈］Gebot「戒律・命令」

背に腹は代えられない[★245]。

Not lehrt beten. [★246]

苦しい時の神頼み[★247]。

Not macht erfinderisch.

　［語釈］machen「（人をして）〜にする」, erfinderisch「創意に富む」（<
　erfinden「発明する」）

必要は発明の母[★248]。

Ohne Fleiß kein Preis.

努力なくして成功なし[★249]。

Reden ist Silber, Schweigen ist Gold. [★250]

雄弁は銀、沈黙は金。

Reisen bildet.

　［語釈］bilden「（人格・才能などを）陶冶する」

かわいい子には旅をさせよ[★251]。

Rom wurde nicht an einem Tag erbaut.

　［語釈］er-bauen「建設する」

ローマは一日にしてならず。

Schritt vor Schritt kommt auch zum Ziel.

［語釈］Schritt vor Schritt = Schritt für Schritt

「一歩一歩」千里の道も一歩から[★252]。

Spare in der Zeit, so hast du in der Not.

備えあれば憂いなし[★253]。

Steter Tropfen höhlt den Stein.

　［語釈］stet「絶え間ない」(雅語), höhlen「(穴を) 掘る (Höhle 洞窟)」
点滴、岩をもうがつ。

Stille Wasser sind tief.

静かな水は深い[★254]。

Trocken Brot macht Wangen rot.[★255]

　［語釈］trocken「バター (やジャムなど) 塗っていない」, Wange「頬 (=
Backe) 雅語」
粗食は健康によい[★256]。

Übung macht den Meister.

名人も練習次第。

Undank ist der Welt Lohn.

　［語釈］Welt：属格で Lohn にかかる。
忘恩は世の習い[★257]。

Viele Federn machen ein Bett.

　［語釈］Feder「羽（毛）」

塵も積もれば山となる。

Viele Hunde sind des Hasen Tod.

　［語釈］Hase：属格で Tod にかかる。

多勢に無勢[258]。

Viele Köche verderben den Brei. [259]

　［語釈］verderben「だいなしにする」, Brei「粥」

船頭多くして船、山に登る[260]。

Viele Köpfe, viele Sinne.

十人十色[261]。

Vorsicht ist besser als Nachsicht.

　［語釈］Vor-sicht「用心＜予め・見る」（Nach-sicht「大目・寛大」と対
をなしている）[262]

転ばぬ先の杖。

Was bitter ist dem Mund, ist innerlich gesund.

　［語釈］bitter : dem Mund（与格）「口にとって苦い」

良薬は口に苦し[263]。

Was dem einen recht ist, ist dem anderen billig. [264]

　［語釈］billig「正当な」（古語）

一方にとって正しいことは他方にとっても正しい[265]。

Was der Bauer nicht kennt, isst er nicht.

食わず嫌い[★266]。

Was die Augen sehen, glaubt das Herz.

百聞は一見にしかず[★267]。

Was drei wissen, erfahren hundert.

　［語釈］erfahren「聞き知る」[★268]

三人が知っていることなら皆に知れ渡る。

Was ich nicht weiß, macht mich nicht heiß. [★269]

知らぬが仏。

Was nicht ist, kann ja noch werden.

　［語釈］werden「生じる」

待てば海路の日和あり[★270]。

Wasser hat keine Balken.

　［語釈］Balken「梁・角材」

君子危うきに近寄らず[★271]。

Wenn es dem Esel zu wohl wird, geht er aufs Eis tanzen.

　［語釈］aufs = auf das

馬鹿は調子に乗りやすい[★272]。

Wenn man dem Teufel den kleinen Finger gibt, so nimmt er gleich die ganze

Hand.

君子危うきに近寄らず[273]。

Wenn zwei sich streiten, freut sich der Dritte.

　［語釈］sich streiten「（お互い）争う」, der Dritte「第三者」

漁夫の利[274]。

Wer A sagt, muss auch B sagen.[275]

乗りかかった船[276]。

Wer anderen eine Grube gräbt, fällt selbst hinein.

　［語釈］anderen：複数与格「他者に（= anderen Leuten）」, Grube「（落とし）

　穴」, hin-ein「そこへ・中へ」

人を呪わば穴二つ[277]。

Wer nicht arbeitet, soll auch nicht essen.

働かざる者、食うべからず。

Wer nicht sehen will, dem hilft keine Brille.

　［語釈］helfen：dem「その人に」（与格）役立つ（主語は Brille）

見ようとしない人にはどんな眼鏡も役に立たない。

Wer sich zum Schafe macht, den fressen die Wölfe.

　［語釈］den：不定関係代名詞（wer ~ macht「自らを羊にする者」）を

　受ける

人がよすぎると強者の食い物になる[278]。

Wer zuletzt lacht, lacht am besten.

［語釈］zuletzt「最後に」

最後に笑う者が最もよく笑う[279]。

Wes Brot ich esse, des Lied ich singe. [280]

世話になった人のことを私は褒め歌う[281]。

Wie der Herr, so der Knecht. [282]

［語釈］wie ~ so -「～のように―」

主が主なら下僕も下僕。

Wie die Frage, so die Antwort.

売り言葉に買い言葉。

Wir leben nicht, um zu essen, sondern wir essen, um zu leben.

［語釈］um ~ zu -「～するために」

私たちは食べるために生きるのではなく、生きるために食べるのである。

Wissen ist Macht.

知は力なり。

Wo die Not am größten, ist die Hilfe am nächsten.

［語釈］die Hilfe : Gottes Hilfe と言うことある。

捨てる神あれば拾う神あり[283]。

Wo nichts ist, hat selbst der Kaiser sein Recht verloren.

ない袖は振れぬ[*284]。

Zeit ist Geld.
時は金なり。

Zwei Seelen und ein Gedanke.
　［語釈］Seele「魂」
　一心同体[*285]。

『聖書』には多くの名言・名句がある。『聖書』の中の一節一節が覚えやすく、言い得て妙であり、真実の一面を鋭く言い当てているのである。説明や主張に説得力をもたせる効果的手段として機能することも少なくない。中世の教会の教父たち自身が、何しろ適確な比喩を『聖書』そのものの内に探し出し『聖書』について言及している。『旧約聖書』を「水」に、『新約聖書』を「ぶどう酒」に喩えて、水がぶどう酒に変化したと表現しているのである。

　ユダヤ教およびキリスト教の正典である『聖書』。『聖書』は信者に対し信仰と生活に規範を与えるものである。『聖書』も文言のうちのいくつかはキリスト者にとってみれば聖句なのである。その含蓄に富む珠玉のことばは、ことわざになって人々に愛誦され、欧米の文学作品や新聞にもよく引用されることになる。例えば「狭い門から入れ」など、無意識のうちに『聖書』の中の名言が口を突いて出て来ているわけである。ことわざは人々の知恵をことばに表わしたもので、その効用は表現力の豊かさにあり、昔から多くの人によって支持されてきたものである。

　ことわざは、その文化に属する者の思考に、意識的あるいは無意識的な影響を及ぼす。ヨーロッパのそれぞれの文化は『聖書』に基づいており、そのためそれぞれのことわざは非常に似通っていると言える。『聖書』ほど、人

類の歴史において広く世界に行き渡り、人々の心を深く捉えたものは他にない。社会的・文化的に思想の形成に多大な影響を与え、また同時に熱心な研究対象ともなってきたのである。この意味で『聖書』は人類の大いなる古典と言わなければならないであろう。同じく古典と呼ばれるような他の作品、例えばダンテの『神曲』やゲーテの『ファウスト』なども、『聖書』の解釈なくしては正しく理解することはできない。このように、欧米の文学はもとより、絵画・美術さらには建築の歴史の中にも『聖書』あるいはキリスト教は深く根を下ろしている。

　確かに、宗教的にすぐれた価値を有するもの（「ソロモンの詩篇」など）が正典に数えられていない一方、民衆的な英知から出たことわざでありながら、正典の格言書の中に加えられてものもある。実際、正典か否かを識別する基準というのは、神の民の信仰以外にはないわけである。信仰こそが、旧約・新約両『聖書』を有機的なまとまったものとして仕上げているのである。

　ここまで見てきたような『聖書』の中のことばが民衆の心に響くようになるまでには、幾多のプロセスを経たことが想定される。ゲルマン世界とローマ帝国という2大文明が衝突を繰り返しながらも、キリスト教はラテン世界からゲルマン人に深く関与するようになっていった。次の第2章では、有史以前から続くケルト・ゲルマン・ラテンという3文明の交流から説き起こし、ゲルマン人の大移動の時期をも含む言語文化の接触の中でも、その根幹をなすキリスト教に焦点を当て歴史の実態を明らかにする。フランク王国とローマ教会の提携には少なからず政治的側面も見受けられることは確かであるが、それでもなお、ゲルマン側にも『聖書』の文化が根付き、西欧世界の形成がまさに『聖書』を軸に成り立ったという言語文化の確立を次の章で概観する。

第2章
ゲルマン人とキリスト教

　　左耳はドイツ語しか聞こえず、右耳はフランス語しか理解
　　しない。(『ル・モンド』1993.11.6)

ゲルマン人の言語文化

　文明の十字路アルザスに広がるドイツ語の方言形態は、アレマン方言とフランク方言である。これらの方言は、5世紀の「ゲルマン民族の大移動」以来、約1500年間、続いているわけであり、これこそがアルザスの言語文化の根幹をなすものである[286]。ローマ帝国とゲルマン世界の間にあった文明の十字路アルザス（フランス東部）が、言語使用の面でフランス語・ドイツ語の両文化圏にあったという伝統は歴史的なものである[287]。中世から宗教改革を迎える時期、フランスではプロテスタントであるがための迫害は凄惨なものであった。拷問・死が待ち受けていたのである。このため祖国を捨てた人も数多くいたという[288]。

　そもそも、キリスト教に改宗せずにいたゲルマン人が、安々と異教の神々を捨ててキリスト教を受け容れるとはどういう事態なのか。確かに、移動を繰り返す中でゲルマン伝来の慣習が廃れ、改宗しやすい環境に徐々に移行したのではあろう。しかしながら、ゲルマン民族に独自の宗教・慣例から抜け出し、全く新しい、ローマ帝国のキリスト教へ移るとは、言語文化の改宗と言っていいくらいである。ここで育まれた新しい言語体がゲルマン人に定着し、新たな言語表現を生んでいく歴史的背景を追うことがこの第2章の目的である。この章では、ヨーロッパ史におけるキリスト教の普及の経緯を読み

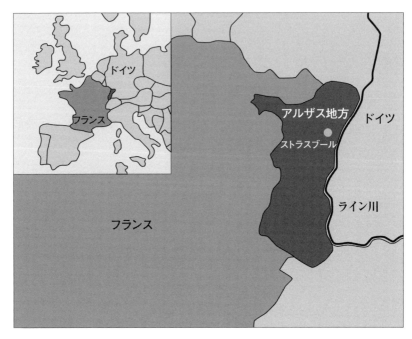

ストラスブール：国家の辺境にしてヨーロッパの中核（ドイツ・フランスという国家の中の位置付けとしては辺境、しかしヨーロッパの中核にあるという逆説的な二つの特性を併せもつ）[★289]

解きながら、ゲルマン人の言語文化に対して及ぼしてきた影響を中心に、中世初期から今日に至るヨーロッパの文化誌を考察したい。

第1節　ゲルマン人のキリスト教化

Ihr seid das Licht der Welt. Es kann die Stadt, die auf einem Berge liegt, nicht verborgen sein. Man zündet auch nicht ein Licht an und setzt es unter einen Scheffel, sondern auf einen Leuchter; so leuchtet es denn allen, die im Hause sind. Also laßt euer Licht leuchten vor den Leuten, daß sie eure guten Werke sehen und euren Vater im Himmel preisen. ★290 （Matthäus 5:14-16）

あなたがたは、世の光である。山の上にある町は隠れることができない。また、あかりをつけて、それを枡の下におく者はいない。むしろ燭台の上において、家の中のすべてのものを照させるのである。そのように、あなたがたの光を人々の前に輝かし、そして、人々があなたがたのよいおこないを見て、天にいますあなたがたの父をあがめるようにしなさい★291。（「マタイ」5:14-16）

ゲルマン人とローマ帝国

　アルザスは、ヨーロッパ文明の十字路、有史以前からケルト・ゲルマン・ラテンなどの諸民族が入り乱れ、闘争し、西欧世界の形成に深く関与してきた「兵士の通り道」であった★292。かつてゲルマンとラテンのヨーロッパの2大文明が衝突を繰り返してきた「文明の十字路」であったことを考えると★293、今日、このアルザスの地、州都ストラスブール★294 に、「欧州軍」（独仏合同軍＋ベルギー軍）の司令部が設置されていることは感慨深い★295。

　さて、ドイツとフランスの国境ライン川（ストラスブール）には「ヨーロッパ橋 Pont de l'Europe」が架かっており★296、この南側にはフランス人のミムラム（Marc Mimram）がデザインした人道橋（長さ 177m）が二つの河岸を結んでいる（2004 年)★297。

EU の象徴とも言える Mimram 人道橋

　この人道橋は、独仏の関係を語

るには象徴的な意味がある。翻ってみれば、第二次世界大戦後、長きにわたってヨーロッパ[★298]で戦争が起きていないという事実は重い。このミムラム橋を渡ってみれば、ドイツとフランスの歴史に思いを馳せずにはいられない[★299]。

　古くはカエサルの昔から、ストラスブール以北、アルプスの北側一帯にはゲルマン人らがいたことは知られていた。当時以来の、ゲルマン人とローマ帝国との関係については、ある程度、歴史的記述も残っている。西ローマ帝国の北方地域における諸民族に関し、クメール＆デュメジル（2019:34）は、「蛮族の軍隊は、領域を征服しようとも帝国と戦争して勝とうともしていなかった」と指摘し、ゲルマン諸部族は侵入・襲撃を企てていたのではなく略奪目的であったと説明する[★300]。ゲルマン部族の諸国家が新しく立ち上がっていく経緯、国家としての性格、それぞれの内部組織の特徴など、成長していく段階ごとに捉える必要がある。

　蛮族の王にとって、ある程度、領土が大きくなってくると、いわばローマの統治の原則へと立ち帰る必要があった。例えば、アングロ・サクソン王国についても、荒廃したローマ属州として混乱が頻発していたという報告がある。ブリタニアの領域国家への政治的再組織化は、6世紀中葉になってようやくフランク人（島の南東部に強い影響力を有した）のもと進んだと言える[★301]。蛮族の宮廷は、ローマのモデルに倣って、重要な文化的中心であり続けた。ただし、文学作品は総じて、唯一の文化的言語と考えられていたラテン語で書かれていた[★302]。言語について言えば、ある民族が一朝一夕にして自らの母語から他民族の言語に移るものではないということは十分に認識しておかなければならない。たとえ数世代のプロセスを経ての経緯だとしても、言語の交替という事態は、ある一定の条件が整っている場合のみである[★303]。フランク人のガリア侵略を例にとってみれば、言語的影響は確かに大きいものではあったが（イル・ドゥ・フランスにまで影響が及んでいる）、

140

その程度はガリア地域全般に一律に広がっているわけではない。影響の度合いは地域ごとに濃淡があるものである。そして最終的には、フランク人は自分たちが植民地化した国の言語を採用することになる★304。

カール大帝

　カール大帝は神聖ローマ帝国（das Heilige Römische Reich ‹Deutscher Nation›）の基盤を作り、ドイツの北部からローマ、ピレネーにまで広がる統一西ヨーロッパたるものを完成させた。ただ、カール大帝の孫の時代になってフランク王国が分割されることになる。すなわち、カール大帝の死後まもなく、この帝国は三つに分裂し、843年のヴェルダン条約によってカール大帝の子であるルードウィッヒ敬虔王の息子たちにそれぞれ分け与えられた。この三つの部分というのは、西側では、禿頭王カール2世の治めるフランス、東側では、ルードウィッヒ2世の治めるドイツ、そして、ロタールの治める中フランク王国（この王国の領土は、北はオランダに始まり、ルクセンブルク、アルザス・ロレーヌ、ブルゴーニュを南北に横切って北イタリアに達している）のことである。10世紀には、ドイツがオランダ語・フランス語両言語の使われる低地地方を併合して神聖ローマ帝国となり、フランスがシェルト川からノルマンディーにまで広がるフランドル地方の残りを併合した。この結果、3分割の状態は実質2分割となった★305。

　カール大帝の死後、言語の面を見てみれば、彼の帝国は843年にヴェルダン条約によって、古代フランス語（altfranzösisch）を話す西フランク王国、つまり後のフランスに、そして古高ドイツ語（althochdeutsch）を話す東フランク王国★306、つまり後のドイツに、分割されることになった（その後どちらの国も独自の道を歩むことになる）。フランク大帝国の東側の半分には、ドイツの歴史的・文化的・言語的意識が発展するためのあらゆる基本的な条件が生み出されていた。フランク王国の体制を基盤にして、ドイツ人諸部族

には、裁判・軍隊・財政をつかさどる最も重要な王国官吏として任用された
フランク人の伯（Graf）のもと、伯の管区（Grafschaft）が分割された。そ
の所領には、数世紀にわたる領土の略取や民族移動によって集まってきたさ
まざまなゲルマン人部族の構成員が一緒に居住していた。そしてどの領地に
も、ある特定の部族単位で構成された人々が優勢を占めていた。この領地の
居住者たちは領邦方言（Territorialmundart）を用いて意志疎通を行っていて、
その方言とは、すでに使用されていた部族言語から生じたものであり、この
時代には領域内の意志疎通のための言語として機能していた[307]。

　王家の一族によって代々受け継がれたカロリング朝王国が崩壊した時、大
荘園の領主たちは9世紀の王国分割争いという状況を利用することで、国家
的権限を含んだ特権を手に入れ、そして自分たちの領土を相続財産へと変
えることができた。10世紀に入ると、新たにオットー帝が権力を集中させ
るようになり、彼らは後のいわゆる（ドイツ国民の）神聖ローマ帝国（das
Heilige Römische Reich（Deutscher Nation））の基盤を作り、これをもとに最
初のドイツ国家を建設したのであった[308]。

ストラスブールの誓い

　こうした歴史的経緯の中、842年に「ストラスブールの誓い」は言語文化
の問題を考える上で意義深い[309]。この誓約は、カール（仏名：シャルルマー
ニュ、742-814年）大帝[310]の二人の孫、後のドイツを領有するルートヴィ
ヒ（仏名：ルイ）、および、後のフランスを支配していたシャルルの間に交
わされた文書[311]。独:die Straßburger Eide, 仏:les serments de Strasbourg のこ
とである。この「宣誓」において、西フランク王国の軍勢はその宣誓を古フ
ランス語で行い、一方これに対して、東フランク王国の軍勢は同じ宣誓を古
高ドイツ語で行ったのである[312]。言語境界線を挟んで「宣誓」が二つの異
なる言語で取り交わされ[313]、このこと自体、言語境界のあり方として記念

碑的事項であり、その史的背景を辿っておく必要がある★314。すなわち、か
つてローマ帝国は領土が広大で、ゆえに古典期のラテン語の求心力は絶対的
であったが、それでも帝国末期以降、ラテン語の平準化が進み、ラテン語の
話し言葉を元にするロマンス系諸言語（フランス語・イタリア語・スペイン
語など）が生まれ始めてくる。こうした経緯の中、「ストラスブールの誓い」
が、ゲルマン系の部族の言語、および、ロマンス語系の言語（ガロ・ロマン
ス語）で公にされたのであった★315。ルイ（ドイツ側）とシャルル（フラン
ス側）の両陣営が軍事同盟・政治協定を平和的に実施するため相互に行った
交渉（842 年 2 月 14 日）が「スト
ラスブールの誓い」であり、二つの
国家の創設であり、また同時に二つ
の言語の確認でもあった★316。

　「ストラスブールの誓い」は羊皮
紙の上にほんの数行ばかりが記さ
れているにすぎないが、ラテン語
からフランス語への変化プロセス
の 1 段階を示すものとして興味深い
ものである。いわば古フランス語
（ancien français）の萌芽が見てとれ
る★317。この誓約文書は、843 年の
「ヴェルダン条約」に先駆けて、ヨー
ロッパの 2 大言語ひいては 2 大国
家の誕生を宣言しているとも言え
る★318。

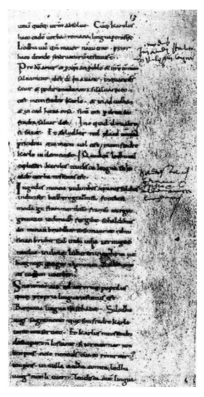

ストラスブールの誓い（文書）

「ストラスブールの誓い」の言語

さて、「ストラスブールの誓い」のことばの実態であるが、まずルイ[319]（ドイツ王）が相手方の言語であるガロ・ロマンス語（俗ラテン語の1方言）で誓いをたて、一方、シャルル（フランス王）は、ルイの従者たちが理解できるように、ゲルマン系の古高ドイツ語（正確には古ライン・フランク方言）で語る。その後、両陣営がそれぞれに誓いのことばを自らの母語で宣誓する。「ストラスブールの誓い」のテクストそのものは以下の通りである[320]。

ルイが（最古とされる）フランス語で次のように語る。

> Pro Deo amur et pro christian poblo et nostro commun salvament, d'ist di en avant, in quant Deus savir et podir me dunat, si salvarai eo cist meon fradre Karlo, et in adiudha et in cadhuna cosa, si cum om per dreit son fradra salvar dift, in o quid il mi altresi fazet, et ab Ludher nul plaid numquam prindrai qui meon vol cist meon fradre Karle in damno sit.[321]

神の愛と、キリスト教の民と私たち皆の救いのため、この日をもって、神が知性と能力を私に与える限り、一般に兄弟がそうあるべきように、私は弟シャルルをあらゆる折に援助する。ただし、弟も私を同様に支えてくれることを条件とする。また、私はロタール[322]と、弟のシャルルに不利になると思われるようないかなる取り決めも行わない[323]。

ストラスブールの誓い

そして、シャルルが、同じ内容を古ライン・フランク方言で以下の通り語る。

In godes minna ind in thes christanes folches ind unser bedhero gehaltnissi fon thesemo dage frammordes so fram so mir got geuuizci indi mahd furgibit so haldih thesan minan bruodher soso man mit rehtu sinan bruodher scal in thiu thaz er mig so sama duo indi mit ludheren in nohheiniu thing ne gegango the minan uillon imo ce scadhen uuerdhen. [324]

当時、これらゲルマン系・ロマンス系の両言語（古ライン・フランク方言とガロ・ロマンス語）がヴォージュ山脈を隔てて分岐していたことを示す証拠とも言えよう。実際、9世紀には、ゲルマン側とフランス側の民族の間で言語が明確に異なる様相を示していたことになる[325]。ヴォージュ山脈は結果的に、西にフランス語の萌芽、東にドイツ語の芽生えに挟まれる、極めて越え難い自然の境界線をなしていたわけである[326]。

ルイ

　翻って考えてみれば、三十年戦争(1618-1648年)の結果、ヴェストファーレン条約で、アルザス地方が神聖ローマ帝国（＝ドイツ）からフランス国王の宗主権下に移った

シャルル

ところで、民衆レベルでの日常語（話し言葉）は相変わらずドイツ語フランク方言・アレマン方言であり続けた[★327]。ただ、書き言葉レベルでは、印刷術の発明、あるいはルターによる『聖書』の翻訳によって[★328]、文語ドイツ語、そしてフランス語という意識の分化が生じたと言える[★329]。フランス語は、この場合、カルヴァン派のことばであり、ユグノーはアルザスに安住の地を見出し、主にストラスブールに小集団ごとに分かれて住み始めた。印刷術は、ことばの口語表現と文語の分裂とは言わないまでも、少なくともそれ

を推進する契機とはなった。また、宗教改革は一種の標準ドイツ語の普及を助長し、その使用が次第に知識人に課されることになった。このように、アルザスがフランスに組み込まれる以前の時代には、民衆はドイツ語優位の2言語使用（独・仏）の状態であった。とりわけ、彼らの大多数は方言しか知らなかった状況だった。[★330]

ヴォージュ山脈。著作者：Boldair https://commons.wikimedia.org/wiki/File:K%C3%B6ln-Tora-und-Innenansicht-Synagoge-Glockengasse-040.JPG

第2節　キリスト教化とは？

Der HERR Jesus in der Nacht, da er verraten ward, nahm das Brot, dankte und brach's und sprach: Nehmet, esset, das ist mein Leib, der für euch gebrochen wird; solches tut zu meinem Gedächtnis. Desgleichen auch den Kelch nach dem Abendmahl und sprach: Dieser Kelch ist das neue Testament in meinem Blut; solches tut, so oft ihr's trinket, zu meinem Gedächtnis. Denn so oft ihr von diesem Brot esset und von diesem Kelch trinket, sollt ihr des HERRN Tod verkündigen, bis daß er kommt. Welcher nun unwürdig von diesem Brot isset oder von dem Kelch des HERRN trinket, der ist schuldig an dem Leib und Blut des HERRN. Der Mensch prüfe aber sich selbst, und also esse er von diesem Brot und trinke von diesem Kelch. ★ 331 (1. Korinther 11:23-28)

主イエスは、渡される夜、パンを取り、感謝をささげて後、それを裂き、こう言われました。「これはあなたがたのための、私のからだです。私を覚えて、これを行ないなさい」。夕食の後、杯をも同じようにして言われました。「この杯は、私の血による新しい契約です。これを飲むたびに、私を覚えて、これを行ないなさい」。ですから、あなたがたは、このパンを食べ、この杯を飲むたびに、主が来られるまで、主の死を告げ知らせるのです。したがって、もし、ふさわしくないままでパンを食べ、主の杯を飲む者があれば、主のからだと血に対して罪を犯すことになります。ですから、ひとりひとりが自分を吟味して、そのうえでパンを食べ、杯を飲みなさい★332。(「コリント第一」11:23-28)

中世ヨーロッパの文化誌

ヨーロッパ史の複雑なプロセスを読み解く手立てとして、言語の果たして

きた役割に焦点を当てて、中世から今日に至るまでのヨーロッパの文化誌を
ゲルマン人を軸に考察する。本節では、ヨーロッパ全体を版図とする歴史地
図を思い描いて、その中でラテンやケルトの世界と対比する形でゲルマン
世界を歴史的立場から浮かび上がらせるスタンスをとる★333。EC（ヨーロッ
パ統合）という大きな時代のうねりの中、本を正せば、その歴史の起こりは
カール大帝の皇帝戴冠と言ってよい。実にカロリング・ルネサンス（カール
大帝（在位 768-814 年）の学芸奨励）の頃には、カロリング朝の宮廷を中心
にキリスト教的文化が各地で花開いていたわけであるが、クローヴィス王の
時代（481-511 年）にすでにキリスト教に改宗していたフランク人が、キリ
スト教といわば一体となっていたローマ文化を積極的に取り入れていたとい
う経緯である★334。ゲルマン人の間でキリストの生涯をなぞる形で書き綴ら
れた福音書が広がっていくのである。ゲルマン人自身は自ら文字文化をもっ
ていなかったために、数世紀の間、事実上はゲルマン人に関して情報を得る
には専らローマの文章家たちに頼るしかない。ローマ人がゲルマニアから引
き上げ、ゲルマン人自らが文献史料を残すようになるまで文字資料は待たな
ければならない。

　紀元後数世紀の間に行ったゲルマン人の民族大移動に関する研究は、主
にカエサルの『ガリア戦記』やタキトゥスの『ゲルマニア』というローマ人
による記述に基づくことになる。また、ゲルマン人と接触があった別の言
語を話す民族の影響も少なからずあったであろうと考えられる★335。ケルト
人がフランス・オランダ南部・ドイツ南部・スイスなどに勢力を張り居住し
ていた当時、このあたりの地域を古代ローマ人はガリアと呼んでいた。ロー
マのガリア総督カエサルは紀元前58年にこのガリアを侵略し、8年間の戦
い（紀元前58-51年）を経てガリア全土の征服を果たす。『ガリア戦記』と
は、この戦いについてのカエサルによる記録である。カエサルは『ガリア戦
記』（第1巻）でベルガエ人について次のように記述している。「ガリアは全

体として三つの部分に分かれていて、ベルガエ人・アクイタニ人・ガリア人［自らの言語ではケルタエ人、ラテン語名でガリア人］がそれぞれ住んでいる。これらの民族は皆互いに異なった言語・制度・法を持っている。ベルガエ人の住む地域はマトロナ川とセクアナ川でガリア人の住む地域と隔てられて、ローマの属州から最も遠く離れており商人が訪問してくることもごく稀な地域である。また、ガリア人はライン川の向こう岸に住むゲルマン人に極めて近く、このゲルマン人と絶えず戦争状態にある」。そして『ガリア戦記』の第 2 巻では、ベルガエ人の大部分がライン川を渡ってきたゲルマン人の子孫であると明記されている。ベルガエ人のコンドルシ族・エブロネス族・カエロシ族・パエマニ族・セグニ族それぞれがゲルマン系部族であるとカエサルは記している。アトゥアトゥキ族については、ゲルマンのキンブリ族とテウトニ族の子孫であると記されている。同じくローマの歴史家タキトゥスは『ゲルマニア』（第 28 章）で、ベルガエ人のネルウィイ族とヘルウェティー族が自らをゲルマン人と呼んでいることを明記している[336]。

　古代ヨーロッパ史の変動の中、ローマ帝国側の歴史書や公文書の記述に登場するゲルマン人は（西暦 500 年頃から徐々にキリスト教に改宗するまで）常に脇役であり蛮族として位置づけられている。世界史上「民族大移動」を行ったとされるゲルマン人とは、スカンジナビア半島南部あるいは大陸側のエルベ川下流域に想定される彼らの故地（Urheimat）にいつまでもとどまることなく、すでに青銅器時代後半（すなわち紀元前 1000 年以前）には、他地域への拡張を目指した民族のことである。この民族移動の動きは実際には 1500 年以上の長きにわたり、その頂点をなすのが紀元後 4-5 世紀の時期である。この時ゲルマンのほぼすべての諸部族が比較的小さな集団となり、ある程度まとまった軍勢で争乱の大移動を行い、そのピークは、アイスランドの植民地化とヴァイキング活動であると言われている。

紀元後9年　ゲルマン人がローマ軍を破る（トイトブルクの戦い）。

1世紀末　　ローマ皇帝ドミティアヌスがライン川・ドナウ川河畔に辺境防
　　　　　　壁を築く。

2世紀後　　ローマ皇帝マルクス・アウレリウス・アントニヌスが一部のゲ
　　　　　　ルマン人の進入に対抗するため他のゲルマン人に応援を求め、
　　　　　　その代償として彼らがローマ領内に定住することを認める。

375年　　　アッティラ率いるフン族の西進。

376年　　　西ゴート族がローマ帝国領内に移住。

ゲルマン人とは？

　「民族大移動」前の時期のゲルマン人に関して概略を述べれば、彼らは起
源の異なる比較的、小さな集合体が融合し大きな交易体となって統合された
ものと考えられる。紀元前後、ゲルマン人は、自分たちの領土の南部域でケ
ルト人・イリュリア人を駆逐し、ローマ帝国との境界にまで迫る勢いであっ
た[337]。この時期、言語の問題というよりは考古学的な視点から見て、五つ
の比較的大きな部族を見てとることができる[338]。

北ゲルマン人
　　　ノルウェー・アイスランド・フェロー諸島
　　　スウェーデン・デンマーク
東ゲルマン人（オーデル川〈ドイツとポーランドの国境を流れバルト海に注
　　　　　　ぐ〉とビスワ川〈ポーランドを北流しバルト海に注ぐ〉の間）
　　　ゴート・ヴァンダル・ブルグントなど
エルベ河畔ゲルマン人
　　　バイエルン・アレマン・テューリンゲン・ランゴバルトなど

ヴェーセル川・ライン川ゲルマン人

　　フランク他

北海ゲルマン人

　　サクソン★339・アングロ・フリジア

　まず、エルベ河畔ゲルマン人（バイエルン人・アレマン人・ランゴバルト人）が南下を始め、その後、スラブ系の部族が西方へ（エルベ川・ザーレ川流域まで、部分的にはさらに西へ）拡張を図った。ヴェーゼル川・ライン川ゲルマン人、つまりフランク人も南方へ進み、一部ガリア北部に進入する。フランスという国名自体、フランク人の民族名から生じたものであるし、またフランス語の中の数あるゲルマン系の借用語がその移動の証しと言える。北海ゲルマン人（アングロ人・サクソン人）の大部分は海を渡ってブリテン島に至る。ただし、そのうちの一部に北海岸域にとどまった小部族もいた。エルベ河畔ゲルマン人、ヴェーセル川・ライン川ゲルマン人、北海ゲルマン人を一つのグループに括って西ゲルマン人と総称することがよくあるが、統一的なものであったかどうかは定かではない。ヨーロッパ史におけるゲルマン人を主体にして、ローマ・ケルトの関連の中に見出されるゲルマンの歴史的経緯はおよそ以上のような具合である。

　個別にドイツのハッティ族・チューリング族・カマヴィ族についてもどういう民族であったかどうか確かなことは明らかになっていない。ともかく、近隣諸部族が、フランク人による領土拡大・他部族征服にあたって最終的にフランク人に吸収されていったことは確かである。このゲルマン系のフランク人の民族大移動期における実態、つまりロワール川とライン川の間に定住したフランク人の実像は、学説史的な研究動向も踏まえても実はそれほど単純で画一的で自明なものではない★340。ローマ領のガリア地方に勢力拡大する以前のフランク人の故地は、おそらくケルンとクサンテン間のライン川

の中・下流あたりであっただろう。地名学（Toponymie）的な観点から言語と歴史の関係を解明しようとしたのがベルギーの言語学者マウリツ・ヒュッセリンク（M.Gysseling）であるが、彼の調査（『ベルギー・オランダ・ルクセンブルグ・北フランスおよび西ドイツ地名学的辞典』1960 年）によれば、ベルギー北部あたりまでローマ時代にローマ化されていたが、5 世紀にフランク人の侵略があり、8 世紀にゲルマン・ラテン間の言語境界線ができたという。やがて 11 世紀から 12 世紀にかけてロマンス化の動きが起こり、北フランスのゲルマン語地域もロマンス語化した[341]。フランク人について語る史料をよく検討してみると、およそ以下のようなフランク人像が浮かび上がる。まず、フランク人がヨーロッパ史にとって関心の対象になったのは、メロヴィング朝以来（すなわち、ローマ人がゲルマニアから撤退し 5 世紀にそのピークを迎える大移動の後）のことである。歴史学の伝統では、フランク人はサリ系フランク人とリプアリ系フランク人とに分けられる[342]。この区別はまず 8 世紀の文献資料の中でなされており（今日ではそのような区分が実際に存在したかどうか疑問がもたれている）、サリ系を海岸地帯のフランク人としている（sali=「塩」、したがってオランダ南部あたりを占領した民族）。一方、リプアリという語の語源ははっきりしないが（おそらく ripa =「ライン川の堤防」）、とにかくライン川沿いの内陸のフランク人のことを指している。4、5 世紀のガリア侵入の際、先頭に立ち指導的立場をとったのはサリ系フランク人である。彼らはローマ人に隣接して長い間暮らしてきており、これに対しリプアリ族はいつもローマに敵対してきた[343]。当時、フランク人に統一政権が長らく存在せず、いくつもの独立した政治単位に分かれていたことはほぼ確からしい。また、フランク王国の社会構造の中で、フランク人の貴族はロマンス人の地主階級と共に支配層を形成し、残りのフランク人の農民やロマンス人の納貢者は自由民層に属し、また一般のロマンス人はこの両層に農奴として従属していた[344]。

152

ゲルマン人のキリスト教化

　さて、ゲルマン人のキリスト教化に関して最初に大きな力を発揮したのは主に宣教師たちであった。彼らは南東からはドナウ川（Donau）流域で、西部からはモーゼル川（Mosel）とライン川（Rhein）の隣接地域で、またイギリスから渡来して、東フランク王国のあらゆる地域でキリスト教の布教に努めた。アリウス派ゴート人の布教によって、古高ドイツ語の pfaffo「教皇」（＜ギリシア語の教会用語 papa, アリウス派ゴート語 papa）という職種名がもたらされたし、また、ガリア出身の宣教師たちは、古高ドイツ語 priest/priester「司祭」（＜古フランス語 prestre ＜ギリシア語 presbyter）という語をもたらした。南部はアルプス地方へまで浸透したアイルランド・アングロサクソン人による布教により[345]、7世紀にはすでに Glocke「鐘」（アイルランド語・中世ラテン語で clocca）という語が現われるほどであった。国家・行政の領域での新しい語彙はわずかであったが、それでも、例えば後に Pfalz「宮殿・家・中庭・神殿」となる古高ドイツ語 phalinza が挙げられる。この語は、もともとローマの mons Palatinus という主要な丘を指す名称であったラテン語の palatium, そして palatinus「宮殿」に由来する語である。併せて重要だったことは、宣教師たちによって文字文化がドイツ語通用圏へと導入されたことであった。アイルランドの修道士たちは、まず西部の方で、その後、東フランク・アレマン・バイエルンの各地域でも布教に努め文字記録を残した。これに遅れて8世紀からはドイツ語を用いて文書が書き留められるようになった。この文字記録は主として修道院の僧侶たちによって、とりわけ教会の信仰内容や教義を説くために必要とされ、また使用もされた[346]。

　教会ラテン語（Kirchenlatein）を自国語の語彙に加え入れようとした際に関わったのは、Messe「ミサ」, Kloster「修道院」, Zelle「独居房」, Mönch「修道士」, Orgel「オルガン」, segnen「祝福する」, opfern「犠牲として捧げる」などといった教会特有の借用語彙であった。キリスト教の主要な概念

をドイツ語化するには、複雑なプロセスを要し、また大抵は長い時間を要した。例えば、ラテン語の temptatio「（悪魔の）誘惑・試み」には、これに相当する irsuohhunga, ursuoch など新たに作られた 10 個の語が存在しましたが、後に中高ドイツ語の時代になってようやく、versuochunge「試すこと（Versuchung）」という語が一般に用いられるようになったのである。ラテン語の resurrectio「復活」には、古高ドイツ語で 12 個、中高ドイツ語で 7 個の語が生み出された：古高ドイツ語：urristi, urstand, urstende, urstendi, urstendida, irstantnisse, arstantnessi など、中高ドイツ語：ûferstandenheit, ûferstandunge, ûferstant, ûferstende, ûferstande, ûferstendnisse。この例に関しては、ラテン語の手本に直接的に倣って、中高ドイツ語の ûferstêung「復活（Auferstehung）」が浸透した[347]。

　さて、この時代を経済的に支える原動力となっていたのは自由農民、そして一部すでに隷属状態にあった農民である。したがって領邦方言（Territorialdialekt）から形成された農民の言語もまた影響力をもっていたのである。この言語は、古代の精神的・文化的遺産の影響を受けて、とりわけキリスト教化やキリスト教的思想世界の解明とも相俟って、借用語（Lehnwort）や借用形成語（Lehnbildung）によって補強されていき、新しい思想内容を表現するのにふさわしく造られていった[348]。ただし、このことに先行して、ゲルマン語とロマンス語が接触する地域では、さまざまなかたちで世俗の語彙が受け入れられていたことも確かである。

　本節で見たように、フランク人は南のローマ帝国に向けて次第に勢力を拡大し、彼らゲルマン系の言語はラテン語と接触することになっていく。ただし、「フランク人は軍事力ではローマ帝国に勝ったが、文化面では敗北を喫した」と言われるが如く、紀元後 4-5 世紀あたりから北に残ったフランク人と南進したフランク人との間で大きな文化的・言語的隔たりができてきた。つまり、南進したフランク人はローマ帝国の文化・宗教（キリスト教）・言

語（ラテン語）を受け入れ次第にローマ化していった。その後 10 世紀頃になって封建制度が浸透し始めると、一般民の地域間の移動が少なくなり、「隣村ではことばが違う」というくらい方言の分化・細分化が進んだ。フランク王国が分裂して現在のドイツ・フランス・イタリアの原形ができていくわけであるが、後の時代にはカール大帝のような大きな中央集権的権力が現われることはなかった。ヨーロッパ全体が大小さまざまな諸侯のもとで分裂を繰り返す典型的な中世封建時代の始まりである。

第 3 節　フランク人によるアレマン人のキリスト教化[349]

フランク王国史

481 年　クローヴィス王がフランク王国を建設

496 年　アタナシウス派キリスト教に改宗

511 年　クローヴィス王没

732 年　トゥール・ポワティエの戦い（カール・マルテル）

751 年　小ピピンがカロリング朝を建てる

774 年　ロンバルド王国を滅ぼす

800 年　ローマ教皇レオ 3 世がカール（シャルルマーニュ）大帝にローマ皇帝の冠を与える

804 年　ザクセンを征服

842 年　ストラスブールの誓い

843 年　ヴェルダン条約

870 年　メルセン条約

ドイツ語の方言

　ドイツ人自身がどの程度ドイツ語の方言について意識化しているかに関し、古く1300年頃の詩人トリムベルク（Hugo von Trimberg, フランク人）の1節を引用することから始めたい。このテクスト（"der Renner"）に登場する lantsprâchen「土地のことば」とは、まさに今日のドイツ語の Mundart や Dialekt など「方言」に当たる用法で、ドイツ語で初めて方言に言及した個所である。トリムベルクが地方のことばについて語っている内容は以下のとおりである。

　　Von manigerlei sprâche
　　さまざまなことばについて

　　An sprâche, an mâze und an gewande
　　Ist underscheiden lant von lande. ...
　　ことば・習わし・衣服などに関し地域ごとに相違があるものである。

　　Swâben ir wörter spaltent
　　シュヴァーベン人は割るようにことばを話す。

　　Die Franken ein teil si valtent
　　フランク人はことばを部分的に縮めるような話し方をする。

　　Die Beier si zezerrent
　　バイエルン人は引っぱるようにことばを話す。

　　Die Düringe si ûf sperrent

156

テューリンゲンの人たちはことばを大きく展開する。

Die Sahsen si bezückent

サクソン人は早口で話す。

Die Rînliute si verdrückent,

ライン地方の人たちはことばを押し付けるようにする。

［中略］

Die lantsprâche dâ vor genant

In tiutschen landen sint bekant:

　このようなドイツ語圏の多種多様な方言のあり方（「方言」（lantsprâchen）はドイツ語圏でよく知られている）と同時に、中世における言語接触（ドイツ語・フランス語）を示す史料として『カッセル注解』（Kasseler Glossen, 9世紀）および『パリ会話集』（Pariser Gesprächsbüchlein, 10世紀）が挙げられる。話し言葉の情報源ということになると、これら二つの短い散文に依るしかないのが現況である。前者はおそらくフランス語系の話者のための会話集であろう。基本的には当時の古高ドイツ語を理解するための覚え書き程度のものと言ってもいいものである。

　実際のテクストは以下の通りである。

Skir min fahs

私の髪を切って下さい。

Skir minan hals

私の（髪の）首筋を刈り込んで下さい。

Skir minan part

私の髭を手入れして下さい。

foor, fōrum, farant

私・彼は行った（ich/er fuhr）

私たち・彼らは行った（wir/sie fuhren）

彼らは行く（sie fahren）

firnimis?

（あなたは私の言うことが）わかりますか。

　また、後者の『パリ会話集』とは、フランス語話者のための古高ドイツ語旅行用会話帳であり、約 100 の日常会話表現がラテン語訳付きで収められている。この文献からは、古高ドイツ語の口語の言葉遣いがわかると同時に、スペルなどに表われた当時のフランス語の特徴も併せて知ることができる。この会話集がロマンス語話者によって書かれたことは、表記の不統一さ、あるいは自分の母語にない音をどのように表わしているかを確認することで明らかになる。

Gimer min ros.（羅：da mihi meum equum）

「私の馬を（私に）返して下さい」

　古高独語なら gip mir となるところが gimer となっている。

Gimer min ansco.（羅：guantos）

「私の手袋を（私に）返して下さい」

　古高独語の hantskuoh「手袋」の h- が脱落して ansco となっている。

Coorestu.（羅：ausculta）

「あなたは聞いていますか」

　古高独語なら hōrestu となるところである。

E guille trenchen.（羅：ego uolo bibere）

「私は飲みたい」

　古高独語の willu「〜したい」の w- 音が gu- で表わされている。

Guar is tin quenna.（羅：ubi est tua femina）

「あなたの奥様はどこですか」

　前行と同じく、古高独語の wār「どこに」の w- 音が gu- で表わされている。

　そもそも、ドイツ語圏内のフランク方言・アレマン方言の概要を見ておく必要がある。ここで、ドイツ語圏のうちでも上部ドイツ語（ドイツ南部）という括りに含まれる諸方言に関して概観しておく。アレマン方言は、スイス（東部）のドイツ語圏・ドイツのバーデン・ヴュルテンベルク州（州都：シュトゥットガルト）・オーストリー西部のフォーアアルルベルク州まで広範囲にまたがる。独仏国境沿いのアルザス南部のドイツ語方言もこのアレマン方言に含められる。現代のアレマン方言は、長母音（調音器官が一定の状態を保ち音色が変化なく伸ばされる母音）の二重母音（一つの音節の中で連続する二つの連続の母音）化［中高ドイツ語：mîn［i:］「私の」, niuwez［y:］「新しい」, hûs［u:］「家」＞新高ドイツ語：ei（mein）, eu（neues）, au（Haus）］、あるいは、二重母音の長母音化［中高ドイツ語：lieben の ie「親愛なる」, guoten の uo「よき」, brüeder の üe「兄弟」＞新高ドイツ語：［i:］（liebe）,［u:］（gute）,［y:］（Brüder）］を経ていないがため、一種、ドイツ語の一時代前のことば（＝中高ドイツ語）

と似ている印象がある（この点（長母音の二重母音化）、シュヴァーベン方言はこの音変化を終えているという意味でアレマン方言とは別の独立した方言とみなされることになる）。

アレマン方言（Alemannisch）：ヴュルテンベルク・南バーデン地方およびスイスのドイツ語圏のことば。

一方、アレマン方言の北、フランスとの国境沿いで話されることばは、

フランク方言（Fränkisch）：アルザス地方北部、カールスルーエ近郊のことば。

　このフランク方言はさらにヴュルツブルク・ニュルンベルク周辺まで広がっている（東フランク方言）。北部に目を向けるとフランク方言の広がりはモーゼル地方のフランク方言（Moselfränkisch, ルクセンブルクからトリアー・コブレンツあたりのことば）・ライン川流域のライン・フランク方言（Rheinfränkisch, マインツ、プファルツ地方、ザールラントのことば）まで含まれる。

　古高ドイツ語の時代は、（ラテン語ではなく）ドイツ語が用いられるケースのほとんどが民衆へのキリスト教の布教を目的とした場合であって、それゆえ大きな修道会を中心とした地域において用いられた。カール大帝（Karl der Große）は国中全域にキリスト教を伝えるためには民衆の使うドイツ語を用いる必要性を十分に自覚していた。彼は聖職者に依頼して「主の祈り」（「マタイ」6:9-13、「ルカ」11:2-4）・「使徒信条」や懺悔のことばをドイツ語に翻訳する作業に入った（当時、政治や教会活動の場では主にラテン語のみが機能していた）。例証として、書きことばという形態が整いつつあった民衆のドイツ語を、以下のテクストに即して見てみよう。次の例は三つの異なる方

言域で行われた「主の祈り」の翻訳例である（例えば修道院ではドイツ語は
話しことばとしてしか機能していなかった）。

「天にまします我らの父よ」
　　現代ドイツ語：Unser Vater, du im Himmel,
　　アレマン方言（8 世紀）：Fater unseer, thû pist in himile,
　　東フランク方言（9 世紀）：Fater unser, thû thâr bist in himile,
　　ライン・フランク方言（9 世紀）：Fater unsêr, thû in himilom bist,

「願わくはみ名を崇めさせたまえ。み国を来たらせたまえ」
　　現代ドイツ語：Geheiligt werde deine Name. Dein Reich komme.
　　アレマン方言（8 世紀）：uuîhi namun dînan, qhueme rîhhi dîn.
　　東フランク方言（9 世紀）：sî giheilagôt thîn namo, queme thîn rîhhi.
　　ライン・フランク方言（9 世紀）：giuuîhit sî namo thîn, quaeme rîchi thin.

「みこころの天になるごとく、地にもなさせたまえ」
　　現代ドイツ語：Dein Wille geschehe wie im Himmel auch auf Erden.
　　アレマン方言（8 世紀）：uuerde uuillo diin, sô in himile sôsa in erdu.
　　東フランク方言（9 世紀）：sî thîn uuillo, so her in himile ist, so sî her in
　　　　　　　　　　　　　　　erdu.
　　ライン・フランク方言（9 世紀）：uuerdhe uuilleo thîn, sama so in himile
　　　　　　　　　　　　　　　endi in erthu.

「我らの日用の糧を、今日も与えたまえ」
　　現代ドイツ語：Unser tägliches Brot gib uns heute.
　　アレマン方言（8 世紀）：prooth unseer emezzihic kip uns hiutu.

161

東フランク方言（9 世紀）：unsar brôt tagalîhhaz gib uns hiutu.

ライン・フランク方言（9 世紀）：broot unseraz emezzîgaz gib uns hiutu.

　このように、「主の祈り」の出だしを見比べただけでも、方言間に少なからぬ相異点がある。地域差の例を挙げれば、ラテン語形（sanctificetur「崇められるように」）の個所が、東フランク方言では 'heiligen'「聖なるものにする」という語で、その他の方言では 'weihen'「聖別する」という語で、というふうに訳し分けられている点などがある[350]。

フランク人の歴史

　4 世紀末以降、ローマ帝国の領内に、いくつものゲルマン諸部族の国家が建設された背景には、もちろんローマ帝国の崩壊があるのだが、ローマという文明世界が瓦解し、これを言わば養分として新しい世界の芽が吹いたとも言えよう[351]。476 年の西ローマ帝国滅亡後、蛮族たちは、ローマの伝統の多くを存続させる形で、ローマ帝国の元属州の地に自立的国家を形成していったのである[352]。彼らの社会は 6 世紀になると、まさに王国と呼べる政治社会にまで成長していた[353]。

　さて、もともとアルザス地方は久しくケルト人の居住地であったが[354]、紀元前 1 世紀にゲルマン部族に、次いでローマの軍団に侵略された[355]。後にゲルマン民族の大移動期にアルザスに侵入して来たのはアレマン人（ゲルマン民族の 1 部族）である。彼らは必然的に、アルザスの支配者ローマ人や、すでに北ガリアを占領した後も南進を続けていたフランク人と衝突した。その対立（特に、アレマン人 vs. フランク人）は熾烈で長らく決着がつかなかったが、結局 496 年、フランク人がトルビアック（アルザス地方のどこなのか不明）の決戦でアレマン人に勝利した[356]。

　フランク王国の歴史については、トゥールのグレゴリウス（Gregorius

Turonensis, 539-594 年）に頼らざるを得ない。彼はラテン語でフランク人の年代記を書いており[357]例えばクローヴィスの洗礼の様子を次のように記している（『フランク史』[358]第 2 巻 31)[359]。

　司教は王［クローヴィス］を密かに自分のところに呼び、天地の創造者である真の神を信仰し、彼にも他の人にも役に立たない偶像を廃棄するように、王に説き聞かせ始めた。すると王は言った。「最も神聖なる父よ、私は喜んであなたの言うことを聞く。しかし、一つだけ心配なのは、私に服従している人々が、私が彼らの神を捨てることを許すかどうかということだ。しかし私は行って、彼らにあなたのことばとおりに話すとしよう」。しかし、王が家来たちと会った時、神の力は彼に先んじていたので、王が語る前にすべての人々が同時に叫んだ。「恵み深い王よ。われわれは死すべき神々を捨てます。そしてわれわれはレミギウス［ランス市の司教］が説く不死の神につき従う用意をしております」。このことは司教に伝えられ、彼は非常に大きな喜びに満ち、洗礼盤を準備することを命じた。［…］王は三位一体における全能なる神を信じることを告白し、父と子と聖霊の名において洗礼され、キリストの十字架の印により聖油を塗られた。そして、彼の軍隊のうち 3000 人以上の者が洗礼を受けた。

　クローヴィスが改宗し、彼の臣下も改宗すると、そこに文字文化が始まった。それはラテン語の文化であり、何世紀もの間にわたって聖職者のみのものであった。フランク人の日常語で書かれたテクストは当初、存在せず[360]、実際、歴史上ゲルマン語で書かれた文献テクストが残っているのはカロリング朝時代においてだけなのである。このカロリング朝という王朝名こそ、かのカール大帝（Karl der Grosse, シャルルマーニュ Charlemagne, 在位 768-814

年）に因んだものである。ことばの面では、ドイツ語の最も初期に当たる「古高ドイツ語（750-1050年）」の時代である。

　クローヴィスはフランク系諸部族を統率し、ローマ帝国の支配から脱し、メロヴィング朝フランク王国を築いた。徐々に領地を拡大し、他のゲルマン系諸民族を従え、フランク王国に取り込んでいく（テューリンゲンThüringen[★361]など）。ガリアではローマの国境壁が突破され始めて1世紀の間に、ローマの影響力は次第に削がれていき、クローヴィスはガリアに深く侵入し諸王を征服していった。クローヴィスは、ガリアを南部はロワール川まで征服し、首都をパリに定めた後、東はドイツやスイス・オーストリアへ、南はゴート人占領下のガリアへと進軍した。クローヴィスがキリスト教に改宗した頃（5世紀）から、フランク人の進攻は次第に十字軍的な雰囲気を帯びるようになったと言われている。6世紀末までには、アルプスの北側でフランク人からの独立を保っているのはフリジア人とサクソン人だけという状況であった[★362]。クローヴィスの改宗後、他のゲルマン系部族に対して支配者的なフランク人がアレマン人の改宗、すなわちキリスト教化を図る事業は、これ自体がアルザス史の一つの大きな研究テーマである[★363]。

アレマン人のキリスト教化

　アレマン人にとって文化的側面での一大変革は、フランク人との接触・交流から生じたキリスト教化である。アレマン人は5世紀に入ると、自らの領域をアルプス地方からライン川中流域にまで拡張した。しかしながら496年から497年にかけてトルビアックの戦い（シュパイアーからハイデルベルク周辺）でクローヴィス1世（メロヴィング朝フランク王国の創始者）に敗れ、その支配下に入った。これを契機に、キリスト教への改宗が一気に進んだ。

　この地図に見るように、アレマン人は3世紀中頃からたびたびローマ帝国領内への侵入を試みた形跡がある[★364]。皇帝ガッリエヌスの治世には、ロー

マ帝国がライン川およびマイン川の流域に防壁を設けていたため、もっと東のエルベ川から移住を図りリーメス（Limes）内への居住も認められていた。一時はラエティアを経てアルプスを越えイタリア本土への進入も試みるが[365]、皇帝クラウディウス・ゴティクス治下の 268 年のベナクス湖の戦いで敗北し撤退を余儀なくされた。同時に古くからライン川流域にいたケルト人、またはローマ人との混血を繰り返し[366]、アルプス山脈北西部にあるライン川上流にてアレマン人として民族形成がなされ、併せてアレマン語も誕生したとみなされる[367]。405 年に、ストラスブールに駐屯していたローマ第 8 軍団が帰還した後、アルザスは軍事的空白地帯となっていたとさ

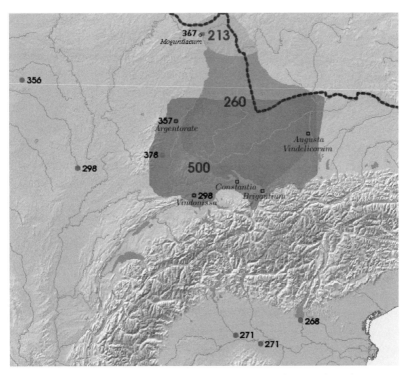

アレマン人の活動範囲（3 世紀から 6 世紀。ローマ帝国との交戦地を含めて）

れ★368、アレマン人のアルザスの侵入については「406年12月31日、この日、数え切れないアレマン人が凍結したライン川の川面を歩いてアルザスへと渡り始めた。その列が何列になるのか分からぬほど朝から無数のアレマン人の侵入が続いた」★369と描写されるようである。このようにして、ゲルマン人の民族大移動が行われていた期間、アルザス全土はゲルマン人がガリアへ向かう格好の通過点となっていたのである★370。

アルザスの歴史

　こうしたローマ帝国とゲルマン世界の間にあった十字路アルザスにおいて、言語使用の面でフランス語・ドイツ語の間にあったという伝統は歴史的なものである。ただ、フランク人によるキリスト教への改宗と同時に注目すべき点は、アレマン人のキリスト教化の際に、アルザスに布教に来た最初の伝道師の中にガリア出身の者がいたということである（アルザスの民衆は日常的交流語として、北部ではフランク方言、南部ではアレマン方言を用いていた）。こうして、ガリアのキリスト教団とアルザスとの間には恒常的な関係が築かれ、10世紀にアルザスの修道院の組織化が始まると、この仕事に着手したのがフランス語系の修道士だったのである★371。彼らはアルザスの民衆に語りかけるのに、自国のフランス語を話さねばならなかったが、この折、助けになったのが、フランス語を理解するアルザス人修道士であった★372。アルザスからは13-15世紀に、修道士だけでなく在俗の修道者もまた職務としてフランス（パリなど）に派遣された例が数多くある★373。ガリアからアルザスにやって来たのはクリュニー会の修道士であったのだが、そのうちの僧モランは土地のドイツ語（アレマン方言）がよくできた。当時、エティション家の支配下で、アルザス地方はノルトガウ Nordgau（北部）とズントガウ Sundgau（南部）に二分されており、彼は南のズントガウで慈善活動を行い、また説教で多くの人々を引きつけた★374。また、ストラスブー

ル司教ベルノルト（13 世紀）も信者に対し積極的に民衆のことば（ドイツ語アレマン方言）で話しかけた[375]。

　アルザス地方でアレマン人の改宗が始まった（6 世紀）のを機に、キリスト教の本格的な布教活動が軌道に乗った。アルザス公[376] として知られるアダルリックは時の権勢者として現在のアルザス全体を統一した。7 世紀から 8 世紀にかけてアルザス各地に大小 20 の修道院が創設され、その活動も盛んで、修道士を養成するための学校、診療所などが整備されていったという[377]。教会・修道院はさまざまな知識（文化・教育あるいは建築・農業など）を地域に提供し、経済的利益をもたらすようになった[378]。アルザスの文化は修道会や修道士に学ぶことから始まった[379]。例えば農業分野で修道士は農作物の改良に取り組み、この地に豊かな恩恵をもたらした[380]。

第 4 節　イングランドの場合

　『アングロ・サクソン年代記』（Anglo-Saxon Chronicle）は、アルフレッド大王の治世（9 世紀末）に編纂が始められた年代記形式の歴史書である。古い文書や民間伝承を収集し、同時代の記録（例：デーン人の侵攻）を付け加えている。その後、各地の教会・修道院で書き継がれ（大沢 2012:334：「アングロサクソン年代記は、［…］ウェセックスの王アルフレッドが編纂を命じて、王自身もその編纂に参加したといわれるが、その後は王や太守等の権力の側の人々ではなく、各地の修道院や教会の聖職者によって書き継がれて行った」）、いくつかの写本（7 写本＋数個の断片）を合わせると、西暦 0 年から 1154 年までの記録が残されている。主な内容は、①戦争・軍事など政治に関わるもの、②教会・修道院などキリスト教に関するもの、③日食など自然現象にまとめられる（例：「この年 3 月 28 日の鶏鳴暁を告げる時から曙

アルフレッド大王

まで月食が見られた」。795（もしくは796）年に関する記述）。

　注目すべきは、現存する資料には数年程度のずれが見られるということである[★381]。例えば、

A.D.794. Her Adrianus papa & Offa cyning forþferdon.
794年　この年に、教皇アドリアヌスとオッファ［マーシャ王］が死んだ。

とあるが、史実として正しくは796年のことである。ここに記載のオッファ王（Offa, 757-796年）はマーシャ（Mercia）王国の国王で、マーシャとウェールズの間に土塁を築いたことで知られる。オッファ王は大陸のカール大帝も一目おくほどの人物であったと言われている。マーシャ王国は早くからキリスト教使節による伝道を容認していたことがわかっている[★382]。イングランドの神学者アルクイン（Alcuin, 735-804年）がカール大帝の顧問を務めたほど、イングランドと大陸との文化的交流が盛んであったと考えられる。

　あるいは、

A.D.812. Her Carl cyning forþferde.
812年　この年に、カール皇帝が死んだ。

のように、812年にカール大帝が亡くなってと記されているけれども、歴史的に正しいのは814年である。こうした年代表記の不正確さはあるものの、

歴史的記録としたの価値を『アングロ・サクソン年代記』が有していること
は疑う余地もない。近年になって、レプトン（Repton）教会でヴァイキング
が越冬したことを示す遺跡の本格的な調査が行なわれ、実際に多くの証拠が
発見されている[383]。史実として、デーン人の首領グスルムが率いるヴァイ
キングの大軍がノーサンブリア（Northumbria）のリンゼイ（Linsey）からト
レント（Trent）川を遡上してダービシャー（Derbyshire）のレプトンに陣営
を構築し、そこで越冬したという事実が裏付けられたことになる。『アング
ロ・サクソン年代記』の記述では次のように描写されている。

A.D.875. Her for se here from Lindesse to Hreopedune, & þær wintersetl nam.
875 年　この年に、デーン軍はリンゼイからレプトンへ向かい、そこで
越冬宿営をした。

ところで、『アングロ・サクソン年代記』は、キリスト教国たる英国の年
代記であるから、その記述の出だしは西暦紀元元年から始まっている[384]。
紀元元年から 5 世紀くらいまでの記録は極めて概略的で、例えば、

A.D.30. Her wæs Crist gefulluhtud.
30 年　この年に、キリストが洗礼を受けた。

など 1、2 行のものが大半を占める。ゲルマン民族の 1 種族アングル族が登
場し始める 443 年あたりから年代記としての記述が本格化してくる。『年代
記』の転換点として挙げられるのが 787 年であろう。この年、デーン人（北
欧のゲルマン諸種族の総称。本来の意味のデンマーク人に限った意味ではな
い）が初めてイギリスに来寇したことが記録されている。
　イングランド七王国のウェセックス王、アルフレッド大王（849-899 年、

在位：871-899 年）は、878 年エディントンの戦いで勝利をあげ、バイキング（北欧のスカンディナヴィア人）との境界を画定（ウェドモアの和約）、デーン人首長グスルム（Guthrum）をキリスト教に改宗させた。以後バイキングの占拠地をデーンロー Danelaw 地方（デーン人の法・慣習の行われる地域）にとどめ、アルフレッド大王はイングランド統一の基礎を築いた。約 100 年続いていたデーン人（北欧ヴァイキング）の侵攻を食い止め、アルフレッド大王は衰退したイングランドのキリスト教文化を復興したことで知られている。彼の文化事業の一環が『アングロ・サクソン年代記』の編纂なのである。

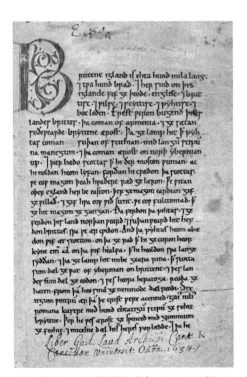

アングロサクソン年代記（ピーターバラ本）の第 1 頁

1066 年、ノルマンディー公ギヨーム 2 世はヘイスティングズの戦い（Norman Conquest）に勝利し、ウィリアム 1 世としてノルマン朝を開くわけである[385]。「ノルマン人のイギリス征服は、統治機構を根本的に破壊するということはなく、アングロ・サクソン王朝の支配階級の人々を取り除いただけで、一般民衆の生活に致命的な影響をあたえるということもなかった」。この間、イギリス本土の各王国の歴代の王はデーン人の侵略に対する防戦にかかりきりであった[386]。こうしてイギリ

スはノルマン（デーン）人により支配されることになるのである。この時
期、ノルマン（デーン）人はキリスト教に改宗しておらず異教徒として記述
されている。さて、先に挙げた「ウェドモアの和約」（878 年、the Treaty of
Wedmore、ノルマン人の居住地をデーンローに限るという条約）で、デーン
人の首長グズルムがアルフレッド大王（アルフレッド大王とグズルムが交わ
した条項はデーンローの策定に関することが大半であった）、および、エド
ワード王（King Edward）と取り交わした文書の中にも、ゲルマン人の民族
的異教信仰あるいは元来のゲルマン民族による慣習が垣間見える。エドワー
ド王とグズルムとの間で結ばれた協定の前文に、ゲルマン人の異教の慣習を
直接的に禁じる個所が出てくる。

EDWARD and GUTHRUM

Ðæt is ærest, þæt hig gecwædon, þæt hí ænne God lufian woldon & ælcne
hæþendom georne aworpen.

エドワードとグズルム

最初に［審議員たちは］以下のことを述べた、すなわち、私たちは唯
一の神を愛し、どんな異教的な慣習も懸命に拒むということを。

引用部の「私たちは唯一の神を愛し、どんな異教的な慣習も懸命に拒む」
という個所の中に含まれる hæþendom「異教的な慣習」とは、この文脈では
ゲルマン民族に特有の異教的慣習を指していることは確かである。10 世紀
にもなり、あえてこうしたゲルマン的異教の慣習に触れて禁止する文言を含
ませるということは、実際にゲルマン民族的異教文化がまだまだ慣例的に行
われていたことを示していると言えよう[387]。アルフレッド大王をはじめ、
彼以降のアングロ・サクソン人の王やキリスト教聖職者たちの努力で、ゲル

マン民族の信仰を行っていた異教徒のデーン人を当時のイギリス社会へ順応するよう促し、アングロ・サクソン人によるキリスト教国家としての礎が次第に築かれていった[★388]。

ノルマンディー公ギヨーム 2 世によるイングランドの征服

第3章
『聖書』の成立

Christus, der keine Sünde getan hat und in dessen Mund sich kein Betrug fand; der nicht widerschmähte, als er geschmäht wurde, nicht drohte, als er litt, er stellte es aber dem anheim, der gerecht richtet; der unsre Sünde selbst hinaufgetragen hat an seinem Leibe auf das Holz, damit wir, der Sünde abgestorben, der Gerechtigkeit leben. Durch seine Wunden seid ihr heil geworden.★389 (1. Petrus 2:22-24)

キリストは罪を犯さず、その口には偽りがなかった。ののしられても、ののしりかえさず、苦しめられても、おびやかすことをせず、正しいさばきをするかたに、いっさいをゆだねておられた。さらに、私たちが罪に死に、義に生きるために、十字架にかかって、私たちの罪をご自分の身に負われた。その傷によって、あなたがたは、いやされたのである★390。(「ペテロ第一」2:22-24)

ヨーロッパの歴史とキリスト教

西暦800年に成立したヨーロッパ統合の先駆的形態としてのカール大帝の帝国は、現在、統合へと向かうヨーロッパの原風景とも言える。カール大帝こそは、ラテン的キリスト教世界としての(西)ヨーロッパの政治的統合を初めてほぼ完全な形で実現し、その後のヨーロッパ統合の可能性の拠り所となった人物であり、また、ローマから受け継いだ帝国理念を後代のヨーロッパに伝えた人物であった。前近代の大きな王国は一般に、地域ごとの言語・民族・文化の違いを尊重することによりはじめて成り立ったものであり、今日的な意味での中央集権的な国家とはまったく異なる性格をもっていた。こ

のことは当時の言語の状況を見れば明らかであり、その多様性は今日のヨーロッパまで受け継がれている（カール大帝の帝国は多民族国家であり、ヨーロッパの中の多様性を認めていた。例えば、カール大帝は異教徒であるザクセン人とあれほど激しく戦い、ザクセン人を力ずくでキリスト教に改宗させようとしたものの、宗教以外のことに関しては彼らの慣習を尊重した）。一方で、今日の言語紛争の予兆めいたものはすでに見られると言ってもいいであろう。歴史をさかのぼれば、『ガリア戦記』が言うように「ローマとガリアの関係はカエサルより 300 年も前から始まる」のである。ゲルマンの歴史を掘り起こす場合も、「ゲルマン：ローマ：ケルト」という三者の関係図において捉える必要がある。

キリスト教の教父

　ヨーロッパの言語・歴史を理解するにはキリスト教の知識は欠かせない。また逆に、キリスト教の歴史を知るためにはヨーロッパの諸文化を理解しないわけにはいかない[391]。『聖書』の世界観は、西洋文化の柱として長い間にわたって私たちの日常に溶け込んでいるとも言える。言ってみれば、『聖書』ほど大きな影響を与えた書物は他にない[392]。さて、ゲルマン人の歴史的背景とローマ側の宗教文化を並行的に捉えるべく、中世のある時期の風景を比較してみよう。ゲルマン諸部族が自らの国家を建設しようとしていた中世初期（ここでは紀元後 2-4 世紀を指す）は、キリスト教の教父たちが、この宗教がヨーロッパに根付く基本的な作業を行っていた時期でもある。特に重要な役割を果たした人物として次の二人の名前が挙げられよう。オリゲネス[393] とエウセビオス[394] である。

　この二人のような教父が『聖書』の成立・発展に関して寄与した貢献は計り知れず、例えば「いっさいの『新約聖書』本文の資料が消滅したとしても、なお、引用だけで十分、『新約聖書』全体を再構成できるほどである（In der

174

Tat sind diese Zitate so umfangreich, daß, wen nuns alle Quellen für unsere Kenntnis des neutestamentlichen Textes verlorengegangen wären, sie doch allein ausreichen würden, um praktisch das ganze Neue Testament zu rekonstruieren.）」★ 395 と言われるくらい、教父が『聖書』から引用した個所は夥しい数であった★ 396。また、教父のテクストの価値は一般的に次のような見方をされているほどであった。「教父の著作は、その当時の写本にあった異読を特に引用することがある。このような情報は、その異読が流通していた特定の時と場所を証明してくれるので、極めて重要である。[…]『新約聖書』写本の場合と同じく、教父の著作もまた筆写の過程で変形されているからである：（Gelegentlich geschieht es, daß ein Kirchenvater eigens eine oder mehrere Varianten zitiert, die in Handschriften seiner Zeit vorhanden waren. Ein solcher Hinweis ist von größter Bedeutung für den Nachweis der Verbreitung einer solchen Lesart in einer bestimmten Zeit und Gegend. [...] Wie das bei den neutestamentlichen Handschriften auch der Fall war, sind auch die Schriften der Väter im Laufe handschriftlicher Überlieferung

オリゲネス

エウセビオス

verändert worden.)」★397。すなわち、教父が書いたテクストには、『聖書』の異読に関わる決め手となることもあるくらいの価値があったのである。

　『聖書』の歴史的バックグラウンドの全貌を扱うことは難しい仕事であるが、本章は、主に言語文化を軸に、必要に応じて神学の基礎的知識も付け加え、日本の読者が『聖書』の世界を垣間見る手助けをしたいという思いで執筆した。プロテスタント誕生のきっかけとなったルターを当時の原語でそのまま読解するのは困難としても、現代語訳を添えかつ注釈を頼りにアクセスする作業は有意義であるだろう。まずは親しみやすさ・理解しやすさを考え『聖書』のよく知られている個所を厳選して抜粋することとした。そして、語学的注解をも十分に書き入れたので、ドイツ語圏のキリスト教に少しの知識しかないとお考えの方にも利用しやすいように心がけた★398。

第1節　『聖書』の編集プロセス

> Habe ich dir nicht geboten: Sei getrost und unverzagt? Lass dir nicht grauen und entsetze dich nicht; denn der HERR, dein Gott, ist mit dir in allem, was du tun wirst. ★399 （Josua 1:9）

> 私は、強く雄々しくあれと命じたではないか。うろたえてはならない。おののいてはならない。あなたがどこに行ってもあなたの神、主は共にいる★400。（「ヨシュア」1:9）

ローマ帝国のキリスト教

　キリスト教の地位は、紀元3-4世紀頃にもなるとローマ帝国内で高まっていく。「最上の行いとはすべて神の思し召しであり神の命令を実行するのが人間なのだ」（コンスタンティヌス「聖者の集いへ」）という勢いである。つまり、キリスト教がユダヤ教の社会から抜け出し、ギリシア・ローマ的世界

の中で発展を遂げようとしていく時期である。キリスト教の神話とヘレニズム時代のいわゆる密儀宗教の神話とを比較し、一体どういう点が極めてよく似ていて、どういうところが本質的に違うのかを検討することは今日なお重要な課題である。キリスト神話論の立場では、福音書のイエス・キリストの話はすべて神話であると考えられる。すなわち、『新約聖書』の福音書に記されたイエスの物語は、同時代の「神が死んで復活した、だからその神を信じれば救われる」というような神さまの話とほぼそっくり似た話である。ゆえにイエス像は、かつてのあの時代のユダヤで、ユダヤ教の伝統に立脚しながら同時代のヘレニズム思想の影響を受けてできた神話であるという考え方である。確かに、イエス・キリストが歴史的にどこまで実体を把握できるかは極めて曖昧な問題ではある。しかしながら、『新約聖書』におけるキリストの救済論と、ヘレニズム時代にいわばキリスト教のライバルさながらにヘレニズム世界やローマ帝国にどんどん広がっていった密儀宗教の神話を本格的に比較する作業は欠くべからざる課題である。

　かつてのローマ帝国では、皇帝の意向など「この世的な」権威にしてもすべては神の思し召しと捉えんとするコンスタンティヌス帝により、キリスト教徒の優遇策がとられていた。コンスタンティヌス帝はキリスト教徒であることが現世でも利益になるという政治をしたのである。ただし、4世紀（キリスト教と異教の抗争の最後の世紀）半ば頃、ギリシア・ローマの宗教は邪教（異教 paganus：もともとはギリシア・ローマ教徒に対して）として排斥されていたわけではなかった。実際、軍や政府の要職に、キリスト教徒でなければつけないということはなく、キリスト教の側の言う異教徒はいまだ高官たちの中にも少なくなかった。まさに「ミラノ勅令」（313年）によりキリスト教が公認され、この中で、「今日以降、信ずる宗教がキリスト教であろうと他のどの宗教であろう変わりなく、各人が自分が良しとする宗教を信じ、それに伴う祭儀に参加する完全なる自由を認められ」、併せて古来のギ

リシア・ローマの宗教の信徒にも「キリスト教徒に認められた信教の完全な
る自由は、他の神を信仰する人にも同等に認められるのは言うまでもない。
[…] いかなる神でもいかなる宗教でも、その名誉と尊厳を損なうことは許
されるべきではない。[…]」と謳われている[★401]。

　後の世に背教者ユリアヌス（Julianus apostate）として知られる次代の皇帝
ユリアヌス帝は、時代のこの流れに逆行して古代の神々を再び最高位に据え
ようとした。ユリアヌス帝が行ったことは、ギリシア・ローマ伝統の宗教を
復活しキリスト教徒によって破壊されていた神殿を再建することであった。
また、ユリアヌス帝は東方神ミトラ神へのいけにえの儀式を盛んに行った
（ミトリダテスという名前は「ミトラによって授けられた」という意味だが、
彼はパルティア王であり（紀元前 120-63）、ローマとの戦いに勝利し、小ア
ジア半島とオリエントの人々からはミトラの化身とか、「大王」とか、救世
主とみなされていたという。その中にはローマの支配に抵抗していたユダヤ
人たちも含まれていた）。ミトラ教はローマ帝国の領土においてかなり広範
に流布した宗教で、初期キリスト教とローマ帝国の国教の地位を争うほどに
古代においては優勢な宗教であった。ローマ帝国治下のミトラ教が独立した
宗教であったことは歴史的妥当性をもって確認できる。いずれにしてもミト
ラ教はヘレニズムの文化交流を通じて地中海世界に入り主にローマ帝国治下
で紀元前 1 世紀より紀元後 5 世紀にかけ大きな勢力をもつ宗教となった。確
かにユリアヌス帝は、キリスト教を禁止したわけではないが、聖職者のもっ
ていたさまざまな特権をとりあげた。当時すでにキリスト教会内部では教義
をめぐる宗派争いが多く、ユリアヌス帝はこの点を批判したのである。とこ
ろが、このユリアヌス帝の試みが挫折したことで逆にキリスト教こそ永遠不
変の教えであるという考え方が広まることとなった[★402]。

　ペルシア戦役途上のユリアヌス帝を見舞うのは次の事件である。

　　［ユリアヌスの］遠征軍はペルシア人を彼らの冬の首都であるクテシフォ
　　ン城外で打ち負かしたが、その街の占領にはとりかからず、ひとまず北
　　へ退いて増援隊と合流することにした。その旅の途中の戦いでユリアヌ
　　スは負傷した。噂によれば、その一撃を与えたのはペルシア人ではなく、
　　「迷いからさめた」キリスト教徒だったという。[403]

キリスト教の論理で言えば、「神が皇帝の権威と権力を与えたから彼は帝位
に就いているのであって、その神が、船団炎上に、敵前撤退に、炎天下での
敵の襲撃という、誰の眼にも明らかな形で皇帝に罰を与えたからには、臣下
にはもはや皇帝に従う義務はない」[404]。

　ローマのキリスト教が従来の異教と戦う時代のありさまを歴史小説『ロー
マ人の歴史』（塩野 2005:295）から引用すると、

　　テオドシウス帝は問うた。「ローマ人の宗教として、あなた方は、ユピ
　　テルを良しとするか、それとも、キリストを良しとするか」。テオドシ
　　ウス帝は元老院議員に対し、形式は質問だったが、内実は選択を迫った
　　のである。こうして、1千年以上にわたってローマ人から最高神と敬わ
　　れてきたユピテル［ジュピター］に、まるで生身の人間に対してのよう
　　に有罪が宣告された。そして、ローマ人の信仰の座には、ユピテルに代
　　わってキリストが就くことが決まったのである。これは、ローマ帝国の
　　国教は、以降、キリスト教になるということの宣言であった。またこれ
　　は、ローマの元老院という多神教の最後の砦がキリスト教の前に落城し
　　たことを意味する。建国の当初からローマ人とともに歩んできた元老院
　　は1141年後にキリスト教の前に降伏したのである。

ここに引用した段落の出だし、テオドシウス帝のことばから導き出されるの

は、ローマにおいてそもそも神話と宗教の区分が判然としないという事実である。神話における最高神ユピテルが諸々の神々とともに宗教界でも活躍する。このことは何もローマに限った話ではない。『聖書』で展開される物語は、言ってみればイスラエルの民が紡ぎ出す神話の歴史的記述である。「万軍の主が……」によって想起される光景は、イスラエルの民が自らの神に率いられ他民族と戦闘を繰り広げる場面であり、これなどイスラエルの民族誌と呼んでよいものである。身近な例を引けば、まさに神がかったはたらきとも言える日本の神武東征に見られる「神＝天皇」という構図も、宗教が生まれる土壌に己が民族の英雄列伝なるものがあることを示す好例と言えよう。

キリスト教の歴史

　キリスト教は、ナザレのイエスを救世主キリスト（メシア）と信じ、『聖書』に加えて、『新約聖書』に記されたイエスや使徒たちの言行を信じ従う伝統的宗教。紀元1世紀、イエスの死後に起こった弟子の運動（初期キリスト教運動）が、その直接的な起源である。ユダヤ教の流れをくむ一神教であって、神には、同一の本質をもちつつも互いに混同し得ない区別された三つの位格（父なる神と子なる神（＝キリスト）と聖霊なる神）がある（三位一体）とする。一方で、神概念の多神論的解釈、キリストの人性のみか神性のみしか認めない、聖霊を神の活動力とする、キリストを被造物とする、キリストの十字架（＝贖罪死）と復活を認めない、などを異端として排除する。ただしカトリックの聖人崇拝（崇敬）に多神教の性格を指摘する見解もある。『新約聖書』の他、ユダヤ教の聖典でもある『聖書』を教典とする。『聖書』の範囲は、紀元前から1世紀までの4世紀の間に成立し、ヤムニア会議（1世紀末にユダヤ教の正典目録を定めた）で排除されたユダヤの宗教的文書の取り扱いをめぐり、教派によって異なる。カトリックでは、これらの文書を第二正典と称する場合があるが、トリエント公会議では第二正典という用語を

180

一切用いずに、完全な正典として定義している。東方正教会においては第二正典という用語はまったく用いない。プロテスタントではこの文書群に何らかの価値を認める教会もあれば、全く無視する教会もある。後者の教会ではこれらの文書を『聖書』外典と呼ぶ。

また、新約の諸文書の位置付けも、わずかではあるが他と異なる教団もある。これらの分類（正典化）は古代末期に成立した。キリスト教の理論的発展を基礎付けたのは「パウロ書簡」および「ヨハネ福音書」である。初期の教義はユダヤ教の律法を基礎としたイエスや使徒の言行から発展した。最初期のキリスト教はユダヤ教との分離の意識をもたなかったとする学説が現在は主流を占める。現在、キリスト教の教派はおもに東地中海沿岸およびロシアに広まる東方正教会、ローマ教皇を中心とするカトリック、カトリックに対する宗教改革から発生したプロテスタントがある。ほか、431 年のエフェソス公会議で異端宣告されたイラクのアッシリア教会（ネストリウス派）およびその分枝であるインドのトマス派教会（マラバル派）、451 年のカルケドン公会議で異端宣告されたキリスト単性論に属するエジプトのコプト正教会や、その

```
ΚΑΙΔΟΘΗΤΩΣΜΙΓ
ΜΑΚΑΙΗΛΟΙΠΗΕ
ΙΙΜΕΛΙΑΚΑΙΤΥΝΙΙ
ΗΑΝΑΡΕΣΗΤΩΒΑΣΙ
ΛΕΙΒΑΣΙΛΕΥΣΕΗΑΝ
ΤΙΑΣΤΙΝΚΑΙΗΡΕΣΕ
ΤΩΒΑΣΙΛΕΙΤΟΠΡΑ
ΓΜΑΚΑΙΕΠΟΙΗΣΕ
ΟΥΤΩΣ·
ΚΑΙΑΝΘΡΩΠΟΣΗΝ
ΙΟΥΔΑΙΟΣΕΝΣΟΥ
ΣΟΙΣΤΗΠΟΛΕΙ·ΚΑΙ
ΟΝΟΜΑΑΥΤΩΜΑΡ
ΔΟΧΑΙΟΣΟΤΟΥΙΑΙ
ΡΟΥΤΟΥΣΕΜΕΕΙΟΥ
ΙΟΥΚΕΙΣΑΙΟΥΕΚ
ΦΥΛΗΣΒΕΝΙΑΜΕΙ
ΟΣΗΝΑΙΧΜΑΛΩ
ΤΟΣΕΞΙΗΛΜΗΝ
ΗΧΜΑΛΩΤΕΥΣΕΝ
ΝΑΒΟΥΧΟΔΟΝΟ
ΣΟΡΒΑΣΙΛΕΥΣΒΑ
ΒΥΛΩΝΟΣΚΑΙΗΝ
ΙΟΥΤΩΠΑΙΣΟΡΕ
ΠΤΗΘΥΓΑΤΗΡΑΜΙ
ΝΑΔΑΒΑΔΕΛΦΟΥ
ΠΑΤΡΟΣΑΥΤΟΥΚΑΙ
ΤΟΟΝΟΜΑΑΥΤΗΣ
ΕΣΘΗΡ·ΕΝΔΕΤΩ
ΜΕΤΑΛΛΑΞΑΙΑΥ
ΤΗΣΤΟΥΣΓΟΝΕΙΣ·
ΕΠΕΔΕΥΣΕΝΑΥΤΗΝ
ΕΑΥΤΩΕΙΣΓΥΝΑΙ
ΚΑΚΑΙΗΝΤΟΚΟΡΑ
ΣΙΟΝΚΑΛΗΤΩΕΙΔΙ
ΚΑΙΟΤΕΗΚΟΥΣΘΗ
ΤΟΤΟΥΒΑΣΙΛΕΩΣ
ΠΡΟΣΤΑΓΜΑΣΥΝΗ
ΧΘΗΣΑΝΤΗΝΒΙΟ
ΑΙΝ·ΥΠΟΧΕΙΡΑΤΑΙ
```

シナイ写本（British Museum 所蔵）: 「エステル記」2:3-8

姉妹教会エチオピア正教会、シリアのシリア正教会（ヤコブ派）や、元小ア
ジア、現在はコーカサス地方のアルメニア使徒教会などの東方諸教会と呼ば
れる教派もある。キリスト教は、紀元1世紀の30年代に、ローマ帝国属州
のユダヤと、ヘロデの一族が統治していたガリラヤ地方で生まれた。ガリラ
ヤのナザレ出身のイエスは、ユダヤ人であり、ユダヤ教徒として育ち成人し
た。イエスの説く宣教の内容、すなわち、愛、神の国、律法などは、いずれ
もその時代のユダヤ教の用語であり概念であった[★405]。

　かつて、キリスト教が迫害されていた時代、紀元後まもなくの2-3世紀の
頃、ギリシアの教会教父オリゲネス（185-254年）はアレクサンドリア（エ
ジプト）にキリスト教学校を設立し教鞭をとっていた[★406]。オリゲネスの功
績は、私たちにとって何より、2世紀後半のキリスト教の正典文書に関して
私たちが知ることのできるリストを残してくれている点である[★407]。何しろ、
『七十人訳聖書』の翻訳の原本となったヘブライ語テクストは現存していな
いわけであるし、『七十人訳聖書』の最初のテクストであると断定できるギ
リシア語テクストも今や残っていないのである[★408]。オリゲネスは『聖書』
を構成する文書名として以下のリストを挙げてくれており[★409]、「ヘブライ
人の言い伝え通り、正典文書は22冊であることを知っておくべきである。
この22は彼らの文字の数と同じである」と明言している[★410]。

キリストの生誕伝説

　キリストの生誕伝説は「岩の中の太陽」という神話モチーフにその起源を
有するという説がある。このモチーフは確実にインド・イラン語派起源であ
り、さらに言えばインド・ヨーロッパ語族に共通であった可能性も否定でき
ない。そもそもこうした種類の神話モチーフは、世界中に普遍的に存在しう
るものである。古の時代より世界各地で太陽は崇められ、崇拝と伝統は信仰
を形成してきた。太陽神といえばギリシア神話・エジプト神話が注目される

182

が、太陽の消失にまつわる神話は世界中に散在する。この太陽の消失に伴う
洞窟における誕生神話というのは、岩から生まれるミトラ（petra genetrix）
を思い起こさせるものである。すなわち、ローマ時代、隆盛を極めた、ペル
シア起源のミトラの密儀は人工の洞窟である半地下神殿（spelaeum）で行わ
れていた。ミトラ教には確かに救済宗教として当時のさまざまな宗教要素が
混入しているのが認められるのであるが、その中でももっとも鮮明なのはペ
ルシア的な要素である。こうした洞窟における神もしくは救世主生誕のモ
チーフに関し、ミトラのものがキリスト教に影響を与えたと一般的に考えら
れている。ミトラの「岩からの誕生」モチーフがイラン的なのか、あるいは
インド・イラン的なのか、はたまたインド・ヨーロッパ的なのか、あるいは、
言語や文化の壁を越えてユーラシアの諸民族に共通なのかを見極めることは
決して容易ではない。しかしミトラの岩からの誕生と関係のある詩句はイン
ドの『リグ・ヴェーダ』にも見受けられるので、少なくともそれがイラン固
有というよりはインド・イラン語派に共有されていた観念であるとは言えそ
うである。元々、ミトラ神はアーリア人の古い神話に登場する「光明の神」
であり、イランの『アヴェスタ』においてもインドの『リグ・ヴェーダ』に
おいても登場する有力な神である。ゾロアスター教でミトラは「ミフルヤズ
ド」（中世ペルシア語）と呼ばれ重要な役割をもち、多数の神々のなかでも
特別な位置付けにあった。ミトラ教はメソポタミア・インド・西域・中国な
どにも流布していたとされる。ミトラ信仰はギリシアやローマにも取り入れ
られ、ギリシア語形・ラテン語形でミトラス（ミトラース Μίθρας Mithras）
と呼ばれ、太陽神・英雄神として崇められた。このように、本来ミトラ教は、
インド・イランの古代よりの神話に共通する、太陽神ミトラを主神とする宗
教である。

　太陽神モチーフの神話においては、太陽は朝になると地下世界ヴァルナの
石の家（harmya-）から出て、地上に姿を現わすとされる。つまり、日々新

しく生まれ変わるのである。神は岩（asman）から生まれる。『リグ・ヴェーダ』の詩句（4. 40. 5)「アグニが「水から生まれ、牝牛から生まれ、天則から生まれ、岩から生まれる」とされていた」とは、朝に東の空から太陽が昇る様子を描いていると解することができる。この場合、牝牛とは太陽神スーリヤを育む曙の女神ウシャスということになろう。岩から生まれるスーリヤの姿はミトラの誕生に重なってきて、インドとイランの言語・文化的な緊密さを考慮してみれば、両神の誕生神話が一致することは偶然とは考えられない。そしてキリストの生誕伝説もまた「岩の中の太陽」という神話モチーフにその起源を有するのではないかという可能性が出てくるのである。こうした光輝を放つものを中核とした王権のイデオロギーあるいは聖人伝がユーラシアの諸民族、とりわけインド・イラン語派とローマ人のもとで発達を遂げ精緻な神話に結晶しているのは事実である（日本神話で、スサノオの横暴に怒ったアマテラスが天岩戸に籠もってしまい世界が暗闇になってしまうというように、太陽の消失は世界の太陽神話共通のテーマとなっている）。いずれにしても、太陽にまつわる自然現象を説明するのに太陽の誕生（もしくは消失）は欠くことのできないテーマなのである。

　ギリシア神話は、印欧神話の一つとして、『聖書』と並ぶヨーロッパ精神の源流である。印欧語圏を中心に創造神話の成り立ちについて考察してみると、どの神話にとっても創造の物語は欠くことのできない要素と考えられる。現在に伝わるギリシア神話は、ヘレニズムの影響を色濃く受けている。ギリシア神話の創造神話はよく知られているように次の如くである。

　　はじめに混沌が生まれ、カオスの中から大地ガイアと地底の世界タルタロスと愛エロスが誕生した。［…］ガイアは、天ウラノスと海ポントスを生んだ。ウラノスは全世界を支配しガイアと交わり、［…］その後、ウラノスとガイアの間に、ティターン神と呼ばれる男女合わせ12人の

神々が生まれた。長兄はオケアノスで末弟はクロノスである。ガイアは
ティターン神たちに父であるウラノスを襲うように言い、恐るべき金属
の鎌を造り与えた。クロノスはこの鎌でガイアと交わろうとして降りて
きたウラノスの男根を切り取り海に投げ込んだ。そのため、大地ガイア
にウラノスの血が注がれ多くの神や怪物が誕生して、神々を悩ませた。
海に捨てられた男根から出た精液の泡から、愛と美の女神アフロディ
ティ（ビーナス）が生まれた。こうして、全世界の支配権はウラノスか
らクロノスに移った。［…］ガイアと去勢されたウラノスは、クロノス
に「自らの子により、支配権を奪われる」と予言したので、クロノスは
自分の子どもをすべて呑み込むようになった。クロノスは、姉妹である
女神レアと交わり、生んだ子たちはヘスティア・デメテル・ヘラ・ポセ
イドンらであった。これらの子どもは生まれるとすべてクロノスに呑み
込まれてしまった。最後に生まれたのがゼウスである。レアは、ゼウス
が生まれるとすぐに洞穴に隠し従者たちに育てさせた。クロノスには、
大石を子どもと偽って渡し呑み込ませた。ゼウスが成長すると、ガイア
の力添えを得て、クロノスを騙して吐き薬を飲ませ、いままで呑み込ま
れた、ゼウスの兄弟たちを吐き出させた。その兄弟たちがティターン神
族との戦いに勝利し、反逆のティターン神族をタルタロスに幽閉した。
こうしてゼウスが全世界の支配者・神々の王となった。

『聖書』の成立

　口承で伝えられていた物語が写本に書き下ろされ、そして後代、写本から
印刷本へというメディアの交替が起こる。本章の目的は、今日、私たちが目
にしている『聖書』が、どのようなプロセスを経て現在の姿になったのかを
解き明かすことである。さて、『聖書』本文の正しい意味内容を確定する正
文批判（Textkritik）という校訂の仕事は、個々の写本のテクストを緻密に読

み解いていく作業である。『七十人訳聖書』に即して言えば[411]、諸写本を照合し、そこに書かれているテクストをヘブライ語原典に文献学的・批判的に適用するという手続きを指す。具体的には、印刷術の発明以前のあらゆる「七十人訳」写本を、印刷本となっているテクストと照合し、写本と刷本の読みが異なる場合には、その違いを明示する。そして照合されたもの[412] を

すべて一覧できるようにする。こうした校合（きょうごう）作業により、読みの揺れが見られる多数のギリシア語写本（アレクサンドリア写本など）が照合され、併せてラテン語・コプト語などの読みも確認され、正文が確定していくわけである[413]。

「七十人訳」の写本の中でも、ギリシア語で書き記された以下の三つの大文字写本（4-5 世紀）は重要である[414]。（1）バチカン写本[415]、（2）シナイ写本[416]、（3）アレクサンドリア写本[417] のことである。ただ、いずれの写本も完全ではなく、欠損があり、例えば「バチカン写本」で『七十人訳聖書』の復元を試みる場合でも、その欠落個所は「シナイ写本」で補われ、これら二つの写本で同じ個所が欠落している時は「アレクサンドリア写本」で補われるといった具合である[418]。

コプト語パピルス（4 世紀）の「ヨハネによる福音書」

ところで、「シナイ写本」に関しては、この写本が救われるに至る奇跡的
な物語がある。

1844 unternahm der junge, noch nicht dreißigjährige Leipziger Privatdozent
Tischendorf eine ausgedehnte Reise in den nahen Osten, um nach
Bibelhandschriften zu suchen. Bei einem Besuch des Katharinenklosters am
Berg Sinai sah er zufällig einige Pergamentblätter in einem Papierkorb, mit
denen der Ofen im Kloster angeheizt werden sollte. Bei näherer Nachprüfung
zeigte sich, daß diese Blätter zu einer Septuagintahandschrift in einer frühen
Unziale gehörten. Er zog nicht weniger als 43 Blätter aus dem Papierkorb,
und ein Mönch bemerkte gelegentlich, daß zwei Körbe voll von ähnlichem
Abfallpapier schon verbrannt worden seien. Später, als man Tischendorf andere
Teile vom selben Codex zeigte (die das ganze Buch Jesaja und 1. und 4.
Makkabäer enthielten), machte er die Mönche darauf aufmerksam, daß solche
Dinge zum Verheizen zu kostbar wären. Die 43 Blätter, die er mitnehmen
durfte, enthielten Teile aus 1 Chronik, Jeremia, Nehemia und Esther, und als er
nach Europa zurückkehrte, übergab er sie der Universitätsbibliothek Leipzig,
wo sie heute noch liegen.（Metzger 1966:43）

1844 年、ティッシェンドルフ［Constantin von Tischendorf］はまだ 30 歳
にならないライプチヒ大学の私講師であったが、『聖書』写本を求めて、
近東一帯にわたり広く旅行した。彼がシナイ山のカタリナ修道院を訪れ
た時、たまたま修道院のかまどにくべる紙屑にまじって、屑箱の中に皮
紙が入っているのを目にした。調べてみたところ、この皮紙は、初期ギ
リシア語大文字書体で書かれた『聖書七十人訳』の一部であることがわ
かった。彼は屑箱からこの皮紙を 43 枚取り出したが、修道士がふとも

らしたところでは、同様の古ぼけた皮紙をすでに屑箱2杯も［！］燃や
してしまったということであった。後にティッシェンドルフが同じ写本
の他の部分を見せてもらった時（それは「イザヤ書」と「マカバイ記」
1・4の全部であった）、彼はこのようなものは極めて重要であるから、
火にくべてはならないと注意した。彼が許可を得て譲り受けた43枚は、
「歴代誌」上・「エレミア書」・「ネヘミヤ記」・「エステル記」の部分であっ
た。ヨーロッパに帰ってのち、彼はそれをライプチヒ大学図書館に預け
た。これらは現在もここに保存されている。

このエピソードまではいかなくても、写本が今日まで残っているという状況
はかなり難しいものであると思わざるを得ない。

アレクサンドリア写本

Die Werke verschiedener antiker Autoren sind uns in der dünnsten vorstellbaren Überlieferungskette erhalten. So ist etwa die umfangreiche römische Geschichte des Velleius Paterculus in einer einzigen unvollständigen Handschrift erhalten, aus der die *edition princeps* veranstaltet wurde – und diese einzige Handschift ging im 17. Jahrhundert verloren, nachdem sie von Beatus Rhenanus aus Amerbach abgeschrieben worden war. Selbst die Annalen des Tacitus sind, wenigstens was die ersten sechs Bücher betrifft, nur in einer einzigen Handschrift aus dem 9. Jahrhundert erhalten. [...] Im Gegensatz dazu ist der Textkritiker des Neuen Testaments durch die Reichhaltigkeit seines Materials verwirrt. (Metzger 1966:35)

古代のある著作家たちの作品は、いわばごく細い糸で私たちに伝えられているにすぎない。例えばヴェレイオス・パテルクロスによる『ローマ史大観』はわずか一つの、それも不完全な写本で現代に伝えられているのみである。この写本を元にして *edition princeps*（基定版）が出されたが、この唯一の写本もアメルバッハのベアトゥス・レナヌス［Beatus Rhenanus］が写した後、17世紀に散逸してしまった。有名な歴史家タキトゥスの『年代記』ですら、その最初の6巻に関していえば、9世紀の写本が一つあるにすぎない。[…] このような数字と対照してみれば、『新約聖書』の本文批評は資料の豊かさに当惑するほどである。

第2節　正典としての『聖書』

Fürchte dich nicht, ich bin mit dir; weiche nicht, denn ich bin dein Gott. Ich stärke dich, ich helfe dir auch, ich halte dich durch die rechte Hand meiner Gerechtigkeit. [419] (Jesaja 41:10)

恐れることはない、私はあなたと共にいる神。たじろぐな、私はあなたの神。勢いを与えてあなたを助け、私の救いの右の手であなたを支える[420]。（イザヤ 41:10）

正典とは

『聖書』正典は、キリスト教では信仰の基本とされる絶対的なものである。それにもかかわらず、このテクストを厳密な意味で誰が採択・編集したのか、その歴史は意外にもあまり明かにされていない。キリスト教の初期には種々の福音書やこれに類するものが出回っていた事実は、専門家たちにはもちろんよく知られている。この節では、4世紀の『聖書』編纂の会議で、諸文書のうちどれが『聖書』として採択されていき「神の啓示によってなされたもの」として宣言され、権威と正当性をもつようになっていったのか、そのプロセスを探る[★421]。

そもそも、キリスト教の『聖書』は、全体としては大変、複雑な内容を含んでおり、全体をつなぐ一本の論理が通っているとは言えない。例えばイスラム教の『コーラン』のように、一人の人物が啓示を授かりそのことばを記し成立したというわけではない[★422]。長い歳月をかけ多くの人の手を経て、記述・筆写・編集がなされたものなのであり、そのプロセスで時代の影響を色濃く受けている[★423]。『聖書』の正典が最終的にどのようにして成立したのか、世界のどんなできごとが『聖書』本文に反映され、いかに『聖書』の物語を形作っているのかを解明することが本節の目標である[★424]。

『聖書』の中には、さまざまな立場が内包されており、その多様性はそのままの形で捉えるしかない。そして『聖書』全体を体系的に十分に理解するということは専門家でも難しい作業であると言える[★425]。確かに『聖書』を何の導きもないままに読解していくのは困難である。次の有名なエピソード（「使徒言行録」8:26-35）を出すまでもないほどであろう[★426]。

Der Engel des Herrn redete zu Philippus und sprach: Steh auf und geh nach Süden auf die Straße, die von Jerusalem nach Gaza hinabführt und öde ist. Und er stand auf und ging hin. Und siehe, ein Mann aus Äthiopien, ein

Kämmerer und Mächtiger am Hof der Kandake, der Königin von Äthiopien, ihr Schatzmeister, war nach Jerusalem gekommen, um anzubeten. Nun zog er wieder heim und saß auf seinem Wagen und las den Propheten Jesaja. Der Geist aber sprach zu Philippus: Geh hin und halte dich zu diesem Wagen! Da lief Philippus hin und hörte, dass er den Propheten Jesaja las, und fragte: Verstehst du auch, was du liest? Er aber sprach: Wie kann ich, wenn mich nicht jemand anleitet? Und er bat Philippus, aufzusteigen und sich zu ihm zu setzen. Die Stelle aber der Schrift, die er las, war diese（Jesaja 53,7-8）: »Wie ein Schaf, das zur Schlachtung geführt wird, und wie ein Lamm, das vor seinem Scherer verstummt, so tut er seinen Mund nicht auf. In seiner Erniedrigung wurde sein Urteil aufgehoben. Wer kann seine Nachkommen aufzählen? Denn sein Leben wird von der Erde weggenommen.« Da antwortete der Kämmerer dem Philippus und sprach: Ich bitte dich, von wem redet der Prophet das, von sich selber oder von jemand anderem? Philippus aber tat seinen Mund auf und fing mit diesem Schriftwort an und predigte ihm das Evangelium von Jesus.★427

主の天使はピリポ★428 に、「ここをたって南に向かい、エルサレムからガザへ下る道に行け」と言った。そこは寂しい道である。ピリポはすぐ出かけて行った。折から、エチオピアの女王カンダケの高官で、女王の全財産の管理をしていたエチオピア人の宦官が、エルサレムに礼拝に来て、帰る途中であった。彼は、馬車に乗って預言者イザヤの書を朗読していた。すると、聖霊がピリポに、「追いかけて、あの馬車と一緒に行け」と言った。ピリポが走り寄ると、預言者イザヤの書を朗読しているのが聞こえたので、「読んでいることがお分かりになりますか［Verstehst du, was du liest?］」と言った。宦官は、「手引きしてくれる人がなければ、どうして分かりましょう［Wie kann ich, wenn mich nicht jemand anleitet?]★429」と言い、馬車に乗ってそばに座るようにピリポに頼んだ。彼が朗読していた『聖書』の個所はこれである。「彼は、羊のように屠り場に引かれて行った。毛を刈る者の前で黙している小羊のように、口を開かない。卑しめられて、その裁きも行われなかった。だれが、その子孫について語れるだろう。彼の命は地上から取り去られるからだ。」宦官はピリポに言った。「どうぞ教えてください。預言者は、だれについてこう言っているのでしょうか。自分についてですか。だれかほかの人についてですか。」そこで、ピリポは口を開き、『聖書』のこの個所から説きおこして、イエスについて福音を告げ知らせた★430。(新共同訳「使徒言行録」8:26-35)

ピリポは思いがけず神様に導かれたというわけである。ピリポという一個人が考えもしなかったことを神様が考え、ピリポを通してそれをして下さっているという。不思議な導きであり、目には見えない聖霊の働きにより演出された舞台のようである★431。これを別の視点から考えると、『聖書』は現在の実用書や教科書のように読めば忽ちわかり、一義的な解釈のみを明示する狭義のテクストではないということも理解できる。これは今日の読書という概念で捉えると、読んでもすぐにわからないテクストという位置づけに不可解な気持ちを抱くかもしれないが、『聖書』という神のことば・行いを記した書物を容易に解読できないということは、むしろ当然のことと考えられてきた長い歴史も存在するのである★432。

『聖書』の成り立ち

　キリスト教の端緒の時期、キリスト教自身のアイデンティティーを確立するためには、「福音書」および「パウロ書簡」の編集は必要かつ欠くべからざる作業であった。つまり、キリスト教は、その成立期において言語・文

字が重要な役割を担っていた宗教であったと言える。この関連で言えば、ア
メリカの聖職者・教育者ヘンリー・ファン・ダイク（Henry Van Dyke, 1852-
1933）が示す次のような『聖書』観は興味深い。

Born in the East and clothed in Oriental form and imagery, the Bible walks the
ways of all the world with familiar feet and enters land after land to find its own
everywhere. It has learned to speak in hundreds of languages to the heart of
man.

東洋に生まれオリエントの形と象徴とを身に帯びて、『聖書』は全世界
の道を慣れた足取りで歩き、国から国へと渡り歩き、どこにおいても自
分の国を見出す。『聖書』はこれまでに何百か国語ものことばで人々の
心に語りかけてきた。

　キリスト教の歴史において、初期教会の信条（例えばニカイア信条[433]）
が宣言されたのは、実に、『聖書』の正典が確立する以前のことであったの
である。どの書を『聖書』の中に正式に入れるかどうかを決定する前に、す
でに教会は教令を定めていたわけである[434]。つまり、教会の教父たちはま
ず、教会が何を信じるべきかを『聖書』の記述を根拠に確定し、その後に、
そうした教義の内容を支持するような文書でもって『聖書』の残りの部分を
埋めていったのである[435]。古代に書かれたユダヤ教・キリスト教の書は数
多く[436]、『聖書』に含まれるようになった書よりも遥かに多くの書が存在
していたのであった。モーセやイエスに関する書は非常に多くあり、しかも
たくさんの版・翻訳があったのである[437]。
　メッガー（Metzger）の The Text of the New Testament『新約聖書の本文研究』
（²1968）の刊行以来、半世紀が過ぎ、『新約聖書』の本文批評、例えば、ギ

リシア語写本、諸翻訳、教父の証言などが新たに明るみに出て、多様な進歩が見られた。しかしながら、それでも『新約聖書』の本文の確定のプロセスは道半ばである。そもそも、本文批評は、原著者の本文に辿り着くことが最終目標であるが、この作業自体、可能かどうか疑わしく、少なくとも本文そのものが私たちが通常、思っているほど確かなものではないことを認識する必要がある。本文が確定されてはじめて、『新約聖書』の内容が真に理解できることになるわけである。この目標に向けて、『新約聖書』の本文批評は実際、現在に至るまで、『新約聖書』の著者の元来の本文を復元することを、その本来の課題とみなしてきた。しかしながら、私たちは 2 世紀の「福音書」に関して何も情報をもち合わせていないというのが現状である[438]。

『聖書』の正典

　さて、『聖書』の多くの部分は教会が宗教としての体制をもつ以前に書かれたものである。現存の教会という体制とは別に、『聖書』の本文に触れ『聖書』の精神を体感することは可能であろう。『聖書』の精神が人を動かして顕著な形をとったケース（例：シュヴァイツァー）でなくとも、歴史の知られざる 1 コマでの隠れた働きが、いかに力をもつものかは言うまでもない。『聖書』は人々の人生にどんな影響を及ぼし得ると考えられるだろうか[439]。

　そもそも『聖書』は正典として存在することにその意義がある[440]。他の古典作品とは異なり[441]、人間の信仰生活の規範という意味である[442]。キリスト教において『聖書』の文書として選ばれたテクストのことを正典 Kanon という[443]。「正典」とは、ギリシア語（『新約聖書』の言語）のカノンの訳であり、この語はヘブライ語（『聖書』の言語）のカーネー「葦」に由来する。「葦」はまっすぐ生育するので、ものの長さを計る棒、すなわち物差し（長さの単位）として用いられた。伝承・テクストが正典としてまとめられていく過程には、さまざまなはたらきがある[444]。『聖書』が正典と

194

してまとめられたのは紀元後 1 世紀（紀元後 90 年）であり[445]、『新約聖書』
が正典としてまとめられたのは紀元後 4 世紀のことである[446]。

　『聖書』が正典化し 1 冊の書物となる来歴を辿る作業は、特に『新約聖書』
の場合、興味深い[447]。すなわち、どの文書が正当な書とされ神のことばと
されるのか、どの書を単なる教育的な書とみなすのか、あるいは、どの書を
異端として退けるのか、その過程を考察することによって、紀元後数世紀に
わたり『新約聖書』がある種の意図をもって編纂されていった経緯を跡付け
ることが可能となる[448]。

　まずは根源的に遡って、文字が筆記されるようになっていくプロセスを辿
ることから始めよう。

Die Papyrusherstellung war in Ägypten ein blühender Wirtschaftszweig, den die
Papyruspflanze wuchs reichlich in den seichten Gewässern des Nil-Deltas (vgl.
Hi 8, 11 < Kann Papyrus [Luther: ›Rohr‹] wachsen, wo es keine Feuchtigkeit
gibt? < Der etwa 4-4½ m hohe Stengel der Pflanze, der im Querschnitt
dreieckig und etwa so stark wie das Handgelenk eines Erwachsenen ist, wurde
in Stücke von ¼ bis ⅓ m Länge geschnitten. Jeder Abschnitt wurde in der
Längsrichtung aufgespalten und das Mark in dünne Streifen geschnitten. Eine
Lage davon wurde auf eine glatte Fläche gelegt – alle Fasern parallel. Darauf
kam eine zweite Lage mit den Fasern im rechten Winkel zu denen der ersten.
Dann wurden die beiden Lagen zusammengepreßt, bis sie ein Gewebe bildeten
– ein Gewebe, das zwar jetzt so spröde ist, daß es manchmal zu Staub zerrieben
warden kann, früher aber annähernd die Festigkeit von gutem Papier hatte.
(Metzger 1966:3-4)

　パピルスはナイル川デルタ地帯の浅い水際に大いに繁茂していたので、

パピルス紙の製造は、エジプトで栄えた（「ヨブ」8:11：「沼地でもない
所でパピルスが育とうか」）。この植物は4-5メートルほどの高さに達し、
その茎の断面は三角形をなし、太さは人の手首くらいになる。この茎を
30センチほどの長さに切り、さらに縦に切り開いてから、ずいを薄く
そぐのである。これを平たい所に敷き並べて繊維が同一方向に並ぶよう
にする。次に、その上にもう1枚、繊維が下のものと直角になるように
敷き並べる。これを上から圧し固めて1枚の紙にする。こうしてできた
パピルス紙は、今ではもうすっかりもろくなって、ぼろぼろになりやす
くなっているが、その昔、できたばかりの頃には上質の紙に匹敵するほ
どの丈夫さであった。

続いて、パピルスに代わり皮紙が用いられる時代となる。

Die Vorteile von Pergament gegenüber Papyrus erscheinen uns heute
selbstverständlich. Es war ein viel festeres Material als der zerbrechliche
Papyrus. Darüber hinaus konnten Pergamentblätter ohne Schwierigkeiten auf
beiden Seiten beschrieben werden, während die vertikale Richtung der Fasern
auf der Rückseite eines Papyrusblattes diese als Schreibfläche weniger geeignet
erscheinen ließ als die Vorderseite. Andererseits hatte auch Pergament seine
Mängel. Zum Beispiel wurden die Ecken von Pergamentblätter leicht zerknittert
und uneben. Darüber hinaus strength das glänzende Pergament – nach der
Beobachtung des berühmten griechischen Arztes Galenus（2. JhdtmChr）– die
Augen mehr an als Papyrus, der mit seiner rauheren Oberfläche das Licht nicht
so stark reflektiert.（Metzger 1966:6-8）

書物を作る上で皮紙にはパピルスにまさる利点があることは、今日、明

らかである。皮紙はもろいパピルスよりもずっと丈夫で長持ちがする。さらに、皮紙には文字を難なく両面に書きつけられる。パピルス紙の場合、裏面は繊維が縦に走っているので、文を書くのに具合が悪いのである。しかし他方、皮紙にも欠点があった。例えば、皮紙のへりは縮んだりそったりしやすい。その上、2世紀の有名なギリシア人医師ガレノスの観察したところでは、皮紙は光沢があるので目を痛める。この点、パピルス紙はあまり光を反射しない。

書体に関しても変遷がある。

In der Antike waren zwei Arten griechischer Handschrift im allgemeinen Gebrauch. Die kursive Schrift, die man schnell schreiben konnte, wurde gewöhnlich für nichtliterarische alltägliche Schriftstücke angewendet, also für Briefe, Rechnungen, Rezepte, Gesuche, Berichte usw. Zusammenziehungen und Abkürzungen für häufig gebrauchte Wörter (etwa den bestimmten Artikel und manche Präpositionen) waren allgemein üblich. Demgegenüber wurden literarische Werke in einer gewählteren Handschrift geschrieben, den sogenannten Unzialen. Für diese ›Buchschrift‹ sind überlegtere und sorgfältig ausgeführte, voneinander abgesetzte Buchstaben charakteristisch, die etwa unseren Großbuchstaben ähneln. Einige der schönsten Exemplare griechischer Schreibkunst sind bestimmte klassische und biblische Handschriften aus dem 3.-6. Jahrhundert. Im Laufe der Zeit jedoch begann die Buchschrift zu verfallen, und die Unzialen wurden dick und klobig. Später, etwa am Anfang des 9. Jahrhunderts, begann man eine Reform der Handschrift und erfand für die Herstellung von Büchern eine kleinere fortlaufende Buchstabenschrift, die sogenannten Minuskeln. (Metzger 1966:16-18)

古代においては、一般に二通りの筆記体が用いられた。草書体（cursive, あるいは走り書きの書体）は速く書けるので、手紙・計算書・領収書・請求書・証書など文学的でない日常の記録に用いられた。この場合、しばしば出てくる語（冠詞や前置詞など）の縮約形や省略形が多い。他方、文学作品は、大文字書体［uncial］と言われる、形の整った書体で書かれた。この書体の特徴は、文字を丹念に注意深く書くことである。1字ごとに分かれていて、今日の大文字に似ている。この書体でのギリシア語の最も美しい作品例は、3世紀から6世紀にできた古典文学や『聖書』の写本である。しかし、時代が下るにつれ、この書体は次第にくずれ、大文字は太く不体裁になってきた。そこで9世紀の初期に書体の改革が始まり、小文字書体［minuscule］と言われる、走り書きの小文字が書物の筆写用に作り出された。

『聖書』正典の成立

　正典が整えられていく歴史的プロセスを辿り、このプロセスを跡付けることは正典の本質を理解する上で必要不可欠な作業である[449]。個々の伝承やテクストを編集・保持してきた背景には、信仰共同体（例：初代教会）が自らの本来あるべき姿を知るのに正典たる規範を必須としたという経緯がある[450]。正典史を子細に検討・吟味することを通して正典の諸問題に関する手掛かりを得ることも可能となる。20世紀を代表するドイツの教父学者カムペンハオゼン Hans von Campenhausen（1968:384）も述べているように「正典のできあがった状況の動機付けを歴史的に描出することはそれ自体、神学的に重要である」[451]。このように、正典が史的に確定されていくプロセスを明らかにすると同時に（新約本文の実体そのものが未だ固定されておらず）新約本文学（『聖書』の複雑な写本情報を比較検討し校合作業を行う学問分野）

が取り組むべき課題は少なくない[452]。

『聖書』のテクストは必ずしも絶対的に安定してはいないという事実[453]も実に大きな問題ではある[454]。ここで言う「安定していない」というのは唯一の不変のテクストしか伝わっていないということではなく、さまざまなヴァリエーションが存在し、基本的には同一のテクストながら細部においていろいろな解釈・表記が伝承されているという意味である[455]。ギリシア語で書かれた写本は実に 5000 以上、存在する[456]。テクストを確定する研究分野は「正文批判」（Textkritik, 本文批評ともいう）と呼ばれ、緻密なテクストの校訂作業を行う。個々の写本のテクストは読み解く上でさまざまな問題が生じ得るのである。当時の古い写本（ギリシア語）には基本的に語と語の間にスペースがなく、文字が等間隔に句読点なしで並べて書かれている（文字はすべて大文字で記されている[457]。聖なる書物である『聖書』には大文字がふさわしいと考えられていた）。わかりやすくするためよく英語を使って用いられる説明として次のような事例がある[458]。

GODISNOWHERE.

この文例は区切り方によって複数の読みが可能になる。God is now here.「神は今ここにいる」という意味にとる場合もあれば、（無神論者なら）God is nowhere.「神はどこにもいない」とテクストを解釈することもあり得る。これに類する問題が古い写本の取り扱いに際してはしばしば起こる。

　いずれにしても、正典性の基準、すなわち正典選択の原理に関して、使徒性（apostolicity）が重要な役割を演じることは間違いない[459]。使徒性とは、該当文書がイエスの十二使徒の作であるか、あるいは、使徒の弟子の作であるかどうかを問うという意味である[460]。例えばマタイやヨハネは十二使徒であるが[461]、マルコやルカはそれぞれペテロやパウロの弟子である[462]。

パウロは本来的には十二使徒でも使徒の弟子でもないが、次第に使徒の地位を獲得し[463]、かなり早い時期に使徒として行動し、また認められてもいた[464]。

「ヨハネ」(5:39-40)[465]

Ihr sucht in der Schrift, denn ihr meint, ihr habt das ewige Leben darin; und sie ist's, die von mir zeugt; aber ihr wollt nicht zu mir kommen, daß ihr das Leben hütet.[466]

あなたたちは『聖書』の中に永遠の命があると考えて、『聖書』を研究している。ところが、『聖書』は私について証をするものだ。それなのに、あなたたちは、命を得るために私のところへ来ようとしない。

このように、使徒性は、書かれた文書の権威を増し、また教会そのものの権威を裏付けるという役割を果たしている[467]。

　後に4世紀になってキリスト教がローマ帝国の国教となった時点でも[468]、使徒の権威はなお制度的な教会によって概念化され用いられ続けるのである[469]。ここで改めて注目すべきこととして挙げられるのは、『新約聖書』が成立するに当たって、「使徒性」と文書（口承ではなく文書化しいつでも読める状態にすること）が果たす役割との間には緊密な関係があるという事実である。使徒性とはいわば一種の権威であり、書き言葉による文書が出回ることになれば、使徒性は大きなダメージを被ることになる。「マルコ福音書」（一番古い福音書。生前のイエスの言行についての記録）が成立するとなれば、十二使徒を中心とする弟子たちはその権威が失われることにもつながりかねない。書かれた福音書が広く普及し、この文書によってイエスの言行について詳しく知ることができるということになると、これまでイエスの言行

を直接知っていることにより権威付けられていた使徒たちにもはや依存しな
くてもよくなってしまう。使徒たちの権威が絶対であるような時期には、マ
ルコ福音書のような文書が作成されることはまずはあり得なかった[★470]。

「マルコ福音書」

　「マルコ福音書」の成立時期に関し、ここで言及する必要があろう。すな
わち、イエスの生前の情報を最初から目撃し行動を共にした弟子たち（十二
使徒）が自らの権威を逸してでも、後世に文書の記録の形でイエスの言行を
伝えようとした決断のタイミングの問題である。イエス自身は書いたもの
を何も残さなかったとは言え[★471]、当時の口伝の伝承を文書化して残そうと
する動きは出ていたに違いない[★472]。イエスの十字架のできごとは紀元後30
年前後のことと考えられ、そうすると最初の福音書（「マルコ福音書」）が誕
生するまでに少なくとも20-30年間が過ぎていることになる。イエスの直接
の目撃者である十二使徒が伝える情報にしか権威が認められなかった時期を
経て、まさにその弟子たちが自らの権威を失ってでも文書による記録を残
そうと考えるに至った時機が紀元後1世紀半ばということになる。ただし、
十二使徒の思いが「マルコ福音書」の主旨と真っ向から対立しているわけで
は必ずしもない。イエスの生前の言行に関する情報が大切であると考える点
において、十二使徒と「マルコ福音書」の著者は立場が同一である。この意
味で「マルコ福音書」は十二使徒の考えを継承していると言える[★473]。

　ここまで、「マルコ福音書」が成立したことの意義を検討してきた。この
福音書が文書化され次第に権威あるものとして認められ、キリスト教世界に
普及していくプロセスを通して、ここにキリスト教文化圏内に存した異なる
二つの立場を見ることができる。いわゆるヘブライズムとヘレニズムの2大
潮流である。新約聖書の「使徒言行録」6:1には、「ギリシア語を話すユダヤ
人（ヘレニスト）」と「ヘブライ語を話すユダヤ人（ヘブライスト）」が登場

する。これらユダヤ人キリスト者たちの二つのグループは、最初は一つの教会に属していた[474]。初期のキリスト教徒は基本的にすべてユダヤ人であったが、前者に属するのは、エルサレム（およびパレスチナ）出身のユダヤ人で、セム語系の言語であるアラム語を母語とする集団である。イエスや十二使徒（彼の直接の弟子たち）がこのグループである。この集団とは違う後者のグループ（ヘレニスト：ギリシア語を話す人）とは、パレスチナ以外のさまざまな地域に移り住んだユダヤ人のことである。彼らは当時の国際語であったギリシア語を使っていた。こうしたユダヤ教のヘレニストの中から、キリスト教の伝道活動に触れキリスト教徒になる者が出てきた[475]（キリスト教のヘレニスト）[476]。

　十二使徒を中心とするパレスチナ出身のユダヤ人たちは、ユダヤ戦争に続く70年代の混乱の中で権威が失墜してしまうことになる。それまでキリスト教世界で正統的な権威を体現していた組織が消滅するのである。このアラム語圏のユダヤ人グループに代わって指導的な立場に立つことになったのがヘレニストたちである。この際、「マルコ福音書」が果たす役割は決定的である。「マルコ福音書」以外の福音書も執筆され、共に権威あるものとして認められるようになり、これらが『新約聖書』を構成する文書となり、『新約聖書』の権威が「正典」として制度的に確立することとなる[477]。

　『聖書』に収められている諸文書は古代のものであり、おのおのの文書をめぐる状況は必ずしも自明とは言えない。また古代の時代状況について理解を得ることは、かなりの努力を要する作業である。歴史的背景に関する知識を獲得するには、キリスト教が成立した当時の経緯を記した専門書によるしかない。こうした言わば外側の問題もさることながら、根本的な問題点は『聖書』の各文書そのものの難解さ・複雑さである。それぞれの文書はお互いにかなり異なった状況において成立しており、文書間の関連付けも決して容易ではない。この点、いわゆる古典と同じようにはいかないであろう。個別の

作者が一つの論理の展開を示すような他の古典作品と違い、『聖書』の場合、諸文書ごとの著者が個別の思いを述べ、それらの文書群が集められ全体をなしているのが『聖書』であるのだからである。複雑さは必然的に避けられない[478]。

正典としての『聖書』

どの文書を『聖書』に含めるのか、あるいは、除外するのかをめぐる問題は相当大きなものである。新約「外典」とは、新約「正典」が紀元後 2 世紀以降、編集されていくプロセスにおいて、その中から除外され採用されなかった文書群のことである[479]。『新約聖書』の場合、「正典」と「偽典」の区別は、正典を編集した、当時、成立しつつあった正統教会側の判断によっている。その基準は、時代的に古く、内容的に見て「使徒的」であることであった。実際、「外典」の多くは大部分の「正典」の後（2 世紀中盤以降）に著わされており、形式もほとんどが「正典」に依っている。内容に関しても、中にはキリスト教史上最大の異端と言われるグノーシス[480]的な要素も認められる。

ただし、そもそも「正典」とは、ある一時代に政治的・宗教的な意味で優勢な集団の立場を代表するものとも考えられる。「正典」には入れられなかった「外典」[481] が成立した初期キリスト教の事情を知ることは「正典」の位置付けを相対的に改めて見直す契機にもなるはずである。もちろん、教会が長い経過を経て「正典」を編集してきたことの神学的意義は正当であり揺るがない[482]。しかしながら、今日の教会が「正典」としている文書以外に、数多くのテクストがキリスト教団の歴史の中で成立し、また伝えられているという事実は、「正典」を狭い形式的な教義としてのみ捉えるのが不十分であることを示すことになろう。また、「外典」が主として依拠したのは、2 世紀後半にもなお口伝伝承として流布していたイエスのことばに関する史料

なのである。少なくとも、伝承様式として「外典」も高く評価されていいであろう。さらに、『聖書』の外典・偽典が『新約聖書』の成立の背景を知るのに重要な史料となるのである★483。

　このように『聖書』の関係文書の社会的背景を理解するためにも「外典」という史料は不可欠であるが、ただ、数も多く（原語も多岐にわたり）内容面でも多方面に及んでいる。『新約聖書』の「正典」の選択は、古代教会の規定の確立と連動する形で確定していった。一般的に「正典」の基準として以下の四つが挙げられる。

　　1.　使徒に由来するものであること
　　2.　ある地方にとどまらず、広く教会全体で受け入れられていること
　　3.　典礼において用いられてきたものであること
　　4.　内容が正統信仰と整合性を保っていること

　伝統的に「外典」は、ギリシア語で（「隠されたもの」を意味する）アポクリファ apocrypha と呼ばれていることからもわかる通り、『新約聖書』の「正典」が編集されていく過程において、そこから除外された諸文書のことを指す★484。『新約聖書』の「正典」の成立に大きく貢献したアタナシオス（アレクサンドリア★485）は「正典」のことを「霊感による書」・「まことの書」と呼び、いわゆる「外典」を「異端の虚構」・「汚れなき者を欺くもの」と扱っている★486。歴史的には教会内でのさまざまな議論を経て、367年にアタナシオス（295-372年）の書簡において、初めて27文書が選択されることになり、この基準は397年のカルタゴ会議において正式に承認されることになった★487。ただ「正典」の範囲が確定していない時期にあっては線引きが流動的であり、初期キリスト教の文書の中には一時的に「正典」と同等の取り扱いを受けていたものもあるようである（「パウロ行伝」・「ペトロの黙

示録」・「バルナバの手紙」など）。一方で、比較的早い時期から「異端の書」として排斥されていたものもある[★488]。後者の中には、確かに「正典」と同一の価値が認められるように見受けられる文書もあるが、基本的に「正典」を補足する傾向を有すると言っていいであろう。すなわち「正典」の中に動機はあるけれどもその当該記事が欠けていて[★489]、これを補おうとする趣旨の文書のことである。例えば「トマスによるイエスの幼時物語」[★490]は、イエスの幼年時代を想像力によって補足しようとしている。ヨルダン川でヨハネから洗礼を受けて始まるイエスの公生活に先立つ時期のイエスについて知りたくなるのは誰しも同じであろう[★491]。一例を「トマスによるイエスの幼時物語」（第4章1-2節）から引けば次のようである[★492]。

　　［イエスが］村を通って歩いていると、子どもが駆けて来て［イエスの］肩に突き当たった。するとイエスは怒って言った。「お前はもう道を歩けない」。すると子どもは忽ち倒れて死んでしまった。ある人たちがこのできごとを見て言った。「この子は一体どういう生まれなのだろう。言うことがみな成就してしまう」。それで死んだ子の両親はヨセフのところへ来て咎めて言った。「あなたにこんな子がいるからには、私たちと村で一緒に暮らすわけにはいかない。［それが嫌なら］あの子に祝福して呪

「トマスによる福音書」

わないように教えてほしい。私たちの子どもを殺すのだから」。

　この引用の個所は、「ローマ書」12:14 の「あなたがたを迫害する者を祝福しなさい。祝福すべきであって呪ってはいけません」を思い起こさせるのではないだろうか。

　ここに見るように、多くの場合、「外典」は「正典」の文学形式に依り、これを拡充しようとする傾向が見られる。ただし、年代史的には「正典」よりも遅め（2 世紀中葉以降）に著わされたせいか、「外典」はヘレニズム文学に特徴的な、神的英雄を主題とする伝記小説風の形式をとる場合が多い。確かに通俗的ではあるが、当時のキリスト者大衆に近いものであったであろう。このように、「外典」には、当時のヘレニズム世界に生きていた一般の人々の宗教的要求を満たす役割もあったのであろうと思われる[★493]。「トマスによるイエスの幼時物語」（5 歳から 12 歳までのイエスを描く）にしても、その背景には、イエスの誕生や幼時に関する伝説の源流[★494]が「ルカによる福音書」が書かれた時代以前まで遡れるという事実があるのである。神童としてのイエスの奇蹟物語として、公生涯でイエスが行ったとされるさまざまな奇跡を暗示しており[★495]、2 世紀終わり頃の大衆レベルでのイエス像の一端が垣間見える史料として価値があると言える。

第3節　『聖書』の伝播・普及

Wisst ihr nicht, dass euer Leib ein Tempel des Heiligen Geistes ist, der in euch ist und den ihr von Gott habt, und dass ihr nicht euch selbst gehört? Denn ihr seid teuer erkauft; darum preist Gott mit eurem Leibe. [★496]（1. Korinther 6:19-20）

あなたがたの体は、神からいただいた聖霊が宿ってくださる神殿であり、あなたがたはもはや自分自身のものではないのです。あなたがたは、代価を払って買い取られたのです。だから、自分の体で神の栄光を現しなさい[497]。(「コリント第一」6:19-20)

『聖書』の翻訳

　オランダの人文学者エラスムス（Desiderius Erasmus、ロッテルダム、1469-1536 年）がギリシア語の『新約聖書』を世に出したのは 1516 年のことである。1514 年 8 月に彼がバーゼルを訪ねた時、当時、著名な出版家ヨーハン・フローベンと既に打ち合わせをしていたと言われる[498]。けだし、この時期に至ってようやく『新約聖書』のギリシア語本文が印刷されたのである。一方、ヒエロニムスのラテン語『ヴルガータ聖書』は名声を博していた[499]。しかしながら、ギリシア語『新約聖書』が出版されれば、ギリシア語・ラテン語をともにできる学者から、教会が公認するラテン語の『聖書』を批判・修正するきっかけを与えることにはなる。

　1515 年 7 月、エラスムスはバーゼルで、しっかりしたギリシア語写本を手に入れようと努めた。彼はその写本を原稿としてそのまま印刷者に回し、これに自らのラテン語訳を付けようと考えたのである。ところが、その時、手に入った写本はと言えば、1443 年にラグサのヨーハン・ストイコヴィチがバーゼルのドミニコ修道院に遺贈した写本コレクションからのもので[500]、印刷所へ送る原稿としては、かなり修正を要するものであった。さらに、例えば「黙示録」の写本[501]などは、最後の部分に欠損があり、エラスムス自身がラテン語の『ヴルガータ聖書』を用いて、その本文をギリシア語に訳して間に合わせたくらいであった。後に彼自身が語っているように「編集というより大急ぎでこしらえたもの」(praecipitatum verius quam editum) である[502]。エラスムスの版はギリシア語の『新約聖書』として最

初の印刷本で★503、その第2版（1519年）は、ルターのドイツ語訳の底本となった★504。

ルターと『聖書』

　ルターは、プロテスタントの立場から『聖書』を総合的に理解しようとする立場に貫かれており、ドイツ語という民衆の言語が教会の礼拝・典礼の言語として用いられ始めたということで影響力が大きい★505。信徒と司祭という対立がもはや存在しないのなら、司祭や聖職者用の特別なことばというのももはや必要がない。宗教改革の時代の言語神学（Sprachtheologie）にとって、ルターのドイツ語聖書は極めて大きな影響を与えたできごとであった★506。なお、この時、ルターが『聖書』翻訳の元にしたのは、ヘブライ語で書かれた「マソラ本文」（Masoretic Text）★507である。長らく、ヘブライ語と並んで、ギリシア語・ラテン語だけが学問の世界で認められていた言語であった★508。「ヨハネによる福音書」19:19-20にも次のような記述がある。この記述が、これら3言語を聖なる言語とみなす契機となったのである。

「ヨハネ」19:19-20★509

Pilatus hatte auch eine Aufschrift schreiben und auf das Kreuz setzen lassen; darauf stand geschrieben: „Jesus, der Nazoräer, der König der Juden." Diese Aufschrift lasen viele von den Juden, weil der Platz, an dem Jesus gekreuzigt wurde, nahe bei der Stadt lag; es war geschrieben auf hebräisch, lateinisch und griechisch.★510

　ピラトは罪状書きも書いて、十字架の上に掲げた。それには「ユダヤ人の王ナザレ人イエス」と書いてあった。それで、大勢のユダヤ人がこの罪状書きを読んだ。イエスが十字架に付けられた場所は都に近かったか

らである。またそれはヘブライ語・ラテン語・ギリシア語で書いてあった。

　さて、現代に生きる私たちが、テクストが伝承されることが稀であった中世という時代の、写本を制作する仕事とはどんなだったかを想像するのはいかにも難しいことである[511]。まず書記者（写字生）はページに罫線を入れ、一文字一文字を手で書き入れ、1 冊ずつ綴じていく[512]。15 世紀以前、あらゆる写本は 1 冊ずつ筆写する必要があったのである[513]。元となる貴重な写本をインク・羽ペンを使って丁寧に書き写さなくてはならなかった[514]。それでも書写の仕事は「書記とは手による説教」（カルトゥジオ会規則）と言われるくらい評価される作業であった。と言うのも、書かれたことばが話されたことばと同じくらいキリストの教えを伝え広めるからである。しかも、目の前の人たちにだけ語りかける口頭の説教と違って、写字生は（死後も本の中で）未来の人間に説教するわけである[515]。書写をすると、聖書のテクスト・教父による注解・教会暦の流れが自ずと頭に刻まれていくという意味でも知的な活動なのである[516]。

　手書きで複写するケースではほとんどの場合、どうしても多かれ少なかれオリジナルの版下とずれが出てしまう[517]。また、テクストを書き写す・挿絵を入れる・装飾頭文字を描く・見出しを付けて分類する・綴じて製本するという工程を経ての作業では[518]、読み物への需要が高まりつつあったこの時代にあって必要な部数を用意するのが間に合わなかった[519]。そして何よりも、ある一つのテクストと完全に同じものを複製することができる印刷術という技術開発は 14 世紀に始ま

『ルター聖書』の扉ページ

るのである★520。

『聖書』と印刷術

　印刷された本にはタイトルページを付けることになる。というのも、活版印刷が書物を市場のために大量生産し、その生産量が市場における販売数によって決まってくるのであるから、とりわけタイトルページなどによって読者の購買意欲をそそる必要があったからである★521。この印刷術という新しいメディアを使えば★522、現実のできごとに素早く対応することができるということに同時代人も早くから気がついていた。当時、印刷術に対する評価はさまざまであり、支持者と反対者の両方がいて、それぞれに言い分があった。ただ、現実問題としては、新しく時代をリードするこのメディアに適うような新しいテクスト種、例えばビラやパンフレットそして新聞の先駆けのようなテクストが現われ、こられのメディアが大衆に素早く情報を行き渡らせる役目を果たし、印刷術が広まる素地ができた★523。グリムも言語学の立場から、印刷術の果たした役割について述べている★524。

Wissenschaftliche wortforschung überhaupt konnte weder bei Griechen und Römern, geschweige in unserm mittelalter, sondern dann erst gedeihen, als seit erfindung der druckerei die wortvorräte nicht nur der beiden classischen, sondern allmählich auch der vulgarsprachen in unerläszlicher fülle der untersuchung zu gebot standen.★525（Grimm ²1879:307）

　学問としての語彙研究が活発に行われるようになったのは、ギリシア人・ローマ人の時代でもなく、もちろんドイツの中世文学においてでもない。印刷術の発明以来、二つの古典語だけではなく、いわゆる平俗語に現われる多量の語彙が研究のために自由に使えるようになってからのことで

ある。

　確かに、活版印刷がなかったとすれば、宗教改革も実際に行なわれたよう
な形ではありえなかったであろう。もっとも、宗教改革の前の時代から少な
からず『聖書』の翻訳が出されてはいたことは事実である。ただし、中世
においては『聖書』を翻訳するというのは特別なことであった。『聖書』を
民衆のことばに訳すことは完全に禁止されていたというわけではなかったけ
れども、異端視されることへの不安が大きく、司教たちはかなり慎重な態
度をとっていた。実際、『聖書』が正式の順序で全訳され出版されたという
ケースはごく僅かであった。これに対して、『聖書』の注釈、あるいは、知
識文学（Wissensliteratur,『聖書』を中世風に理解しておのおののコンセプト
に従って仕上げた書物のこと）という性格をもつテクストは大量に出回って
いた[★526]。このように、中世の『聖書』関連の文献は民衆にはそれほど近く
ない形態で編纂されており、およそ俗ラテン語（Vulgata）『聖書』を理解す
るために役立つ解説書といったところである。

　さて、1454 年に、ラテン語で書かれた『42 行聖書』[★527] をグーテンベルク
がマインツ（ドイツ）で刷り上げたのが[★528]、写本から印刷体へのメディア
の交替を決定づける重要な契
機となった。ただ、活字・装
飾文字を用いたグラフィック
デザインは明らかに写本を模
範としている。印刷本はあく
まで手で書かれたように見え
るのがよいとされていた[★529]。

　時代と共に本の機能も変化
してくる。ある程度の購買力

『グーテンベルク聖書』

をもった社会層をターゲットにして市場に出され、大衆のニーズが発行部数や内容を決定するようになる[530]。併せて、宗教改革者（とりわけルター）、そしてこれを受けて立つカトリックの側も、印刷という新しいメディアのもつ扇動的な宣伝効果に気づき、論争・誹謗中傷の場として大いにこのメディアを活用した。宗教改革がまたたく間に広がり、成果を上げたのは、情報を広範囲に行き渡らせる印刷というメディア（この場合、ビラ・パンフレットの類)[531] のおかげと言っていい[532]。

　現代の視点からすると、印刷技術の発明以降もなお写本が生き永らえていたことは驚きに値するかもしれない。古き物語がまず写本に書き下ろされ、その後、印刷術というメディアが出現する[533]。今日の私たちは、写本と印刷本をつい分けて捉え、全く別々のカテゴリーに属するものとみなしがちであるが、当時の現実は決してそうではなかった。すなわち、書物の所有者としては、自分の望むテクストさえ手に入れば、それが写本であろうと印刷本であろうと気にとめてはいない[534]。実際、15世紀の書籍では、写本と印刷テクストが入り混じったものが少なくない。写本と印刷本の間に私たちが思うような価値の序列がはっきりあったわけではないのである[535]。写本の製造が15世紀に入っても相当な規模で行なわれており、例えば写本取引の中心地であった低地諸国では、15世紀を通じて写本の生産量はうなぎのぼりに上昇し1490年から1500年にかけてピークに達している。時は印刷術の時代に入っているにもかかわらずである。こ

イスラエル博物館にある死海写本館。著作者：Suicasmo https://commons.wikimedia.org/wiki/File:Shrine_of_the_Book_20180705.jpg

のように、手書きの写本は依然として魅力を放ち続けていた。しかしながら、
ヨーロッパの人々は新たに登場した印刷術の技術的驚異にも同様の関心を示
すことになっていく★536。

別章
ボンヘッファーの名言

Die Frucht des Geistes ist Liebe, Freude, Friede, Geduld, Freundlichkeit, Güte, Treue, Sanftmut, Keuschheit; gegen all dies steht kein Gesetz.

御霊の実は、愛・喜び・平安・寛容・親切・善意・誠実・柔和・自制です。このようなものを禁ずる律法はありません。(「ガラテヤ人への手紙」5:22-23)[537]

ボンヘッファーとは

　20世紀の神学者・牧師・思想家ディートリッヒ・ボンヘッファー（Dietrich Bonhoeffer, 1906年生まれ）は、当時ドイツの多くの教会がナチスに協力していたのに対して、ヒトラーへの激しい抵抗運動を展開した反ナチスの闘士であった[538]。彼は「汝殺すなかれ」を戒めとするキリスト者であり、反ナチス運動のかどで逮捕されながらも獄中から多くの書簡を書き[539]、そのことばの数々は現代の私たちに、良心に生きるとはいかなることかを問い続けている[540]。ボンヘッファーは当初からヒトラーの危険性を見抜き、そのユダヤ人政策を批判し、最終的には文字通り命を賭してナチスの暴走を止めようとしたのである[541]。そんな彼は、1945年4月9日独裁者ヒトラーの暗殺計画に加担した容疑でナチスによりフロッセンビュルク（Flossenbürg, チェコとの国境沿い）強制収容所で処刑されることになったのであるが、ナチス（もしくはホロコースト）以降のドイツで、ボンヘッファーがキリスト者として生きる一つのモデルとなっているのも何ら不思議なことではない[542]。ボンヘッファーの文章はキリスト教の知識と深い教養に裏打ちされ

ながらも、現代的課題に真剣に向き合う緊張感あふれる名文で、ドイツ語テクストとして切実なまでの完成度を誇る至上のテクストであり、今日の私たちに迫ってくる文章と言える。彼のテクストは、ときに命がけで、遺書にもなる可能性を予感しながら書かれた「いのちのテクスト」でもあるのである[543]。

ボンヘッファーとナチス

　反ナチ運動の担い手は実に多彩である。無名の小市民から各層各界の人々が反ナチ運動に関わっている。既成の組織に加わらず後ろ盾もない人々がいかに考え、どう行動したのか。人間性を失わず臆することなく信念を貫いた勇士たちの姿の裏にはナチズムに対する倫理的闘いがあった[544]。自らの責任で決断し事を引き受ける彼らを支えたのは「市民的勇気」（Zivilcourage, 理不尽な事柄に対し自己の信念を主張する勇気）である。ヒトラーに命がけで抵抗した人々のことを、ヒトラー独裁の崩壊後、ナチス・ドイツに対比させて「もう一つのドイツ」と呼ぶ。当時のドイツに「もう一つのドイツ」は確かに実在していたのである[545]。ヒトラーのドイツとは異なる「もう一つのドイツ」の中心的人物の一人がボンヘッファーであったと言える。彼は、ナチズムに従順であるのではなく、異議を唱える勇気を提起した[546]。ボンヘッファーはナチの時代に生きた人々に市民的勇気を切望した[547]。実際、反ナチ活動

シオン教会（ベルリン）正面入口の右側の壁に「この教会で1932年、抵抗運動の闘士ディートリヒ・ボンヘッファー牧師が説教し、堅信礼教育に携わった」と記した記念銘板がある。

は報いの期待できない現実に身を投じることであった。それにもかかわら
ず、彼は「もう一つのドイツ」のため勇敢に決断し行動したのである[548]。
　市民的勇気（Zivilcourage）こそは、ボンヘッファーの基本姿勢と言って
いい。彼のおいたちからして、これを裏付けている。ボンヘッファーは牧師
になりたいという願いを子どもの頃から抱いていたようで、まっすぐにその
夢を叶えた。

Den Wunsch, Pfarrer und Theologe zu werden, hat Bonhoeffer bereits als Kind
gefaßt und ihn vermutlich ohne wesentlichen Bruch durchgehalten, bis er
verwirklicht wurde.[549]

牧師になりたいというという願いをボンヘッファーはすでに子どもの時
から口にしていた。そして、彼はその願望を、やがてそれが実現される
時まで、本質的には挫折することなく保ち続けた。

　若き日（1928 年）、ボンヘッファーはバルセロナのドイツ語教会で牧師補
に就くため列車に乗り込み、その途中パリで数日を過ごした。モンマルトル
（Montmartre）のサクレクール（Sacré-Coeur）聖堂で体験したミサが彼の心
を捉えたらしい。日記にこう記している。

Fast ausschließlich Montmartreleute in der Kirche, Dirnen und die
dazugehörenden Männer gingen zur Messe, beugten sich allen Zeremonien ...
man sah ... wie nah im Grunde gerade diese durch Schicksal und Schuld am
schwersten Belasteten der Sache des Evangeliums stehen.[550]

　教会の中にいたのは、ほとんど例外なくモンマルトルの人々だった。娼

婦たちや、そのヒモとして暮らしている男たちが、ミサに行ってどんな儀式にも膝を屈める。[…]根本的に言えば、運命や罪によって最も大きな重荷を背負わされた人々は、実は福音の事柄に一番近いところにいる。

この彼の印象というのは、いわば必然とも言える。なぜなら、ボンヘッファーの考え方として、本来語られるべきことばは教会に神から与えられており、そのことばを世に向かって語る（説教）のが教会の最も重要な使命であるとみなしていたからである[★551]。

　バルセロナでボンヘッファーを魅了したのが実に闘牛であった。ボンヘッファーと闘牛という意外な組み合わせに関し、ボンヘッファー研究家であるフェルディナント・シュリンゲンジーペン（Ferdinand Schlingensiepen）は国際ボンヘッファー会議（1984年、東独のヒルシュルッフにて）の席上、次のように述べた。「闘牛士はいつか生死を分ける危機的瞬間[★552]が自分の身にも襲いかかることを予感しており、この感覚がボンヘッファーを惹きつけたのではないか」と。一つの解釈であろうが、確かに興味深い見解ではある[★553]。

　1930年、アメリカのユニオン神学校（Union Theological Seminary）に留学するためボンヘッファーは渡米するのであるが、この時の彼の心情を『ボンヘッファー伝』の著者ベートゲ（Bethge [7]1989:183）は次のように記している。

第1回「告白会議」（ヒトラーを支持するキリスト者に反対の意を表明）が開かれたゲマルケ教会（Gemarker Kirche Wuppertal-Barmen）[★554]

Dietrich Bonhoeffer fuhr in sein letztes Jahr ungebundenen Lernens. Den Forderungen für eine berufliche Laufbahn sowohl auf akademischem wie auf kirchlichem Gebiet war mit glänzenden Resultaten Genüge getan. Weder dem Katheder noch der Kanzel hatte er sich endgültig verpflichtet. Nie vorher und nie nachher ist er so frei gewesen: das Nötige war geleistet, und alle Wege standen offen.

ディートリッヒ・ボンヘッファーは、何の束縛もなく勉強できる最後の年へと旅立った。大学の領域でも教会の領域でも、職務上の経歴のために要求されるさまざまな条件はすでに輝かしい成績をもって満たされていた。［大学の］教壇に対しても［教会の］説教壇に対しても彼は今いかなる義務も負っていなかった。こんなに自由であったことは、これまで一度もなかったし、この後もなかった。必要なことは済ませてしまっていたし、すべての道は開けていた[555]。

　この渡米は初めての時のこと（1930 年 9 月 5 日）で、戦況が厳しくなってきていた 2 回目の渡米の折の思いは 1 回目の時とは大きく異なっている[556]。本当に母国のことを想うなら、決してドイツを離れてはいけないはずだという気持ちが日増しに強まってくるのだ。ボンヘッファーはいったんはニューヨークに来たものの 1 カ月ほどで帰国の決断をすることになる。この時の模様を、先に挙げた F・シュリンゲンジーペン（F. Schlingensiepen）の子息ヘルムート・シュリンゲンジーペン（Hellmut Schlingensiepen, 2019 年に来日）は映画化し、臨場感あふれる描き方で注目を集めた。DVD のタイトルは Wer glaubt, der flieht nicht.（2012 年、IDEE und BILD 社）といい、ボンヘッファーの生涯を伝記仕立てで映像化している。

このDVDタイトル（Wer glaubt, der flieht nicht.「信仰のある者は逃げることはない」）の言い回しの元になった個所が『聖書』にあり、それは「イザヤ書」28:16である（「信ずる者はあわてることはない」）。

　当時のボンヘッファーの生の声を、アメリカの神学者ニーバーは、1939年にボンヘッファーから受け取った手紙を引用し、次のようであったと紹介している[557]。すなわち、ボンヘッファーのその時の心情は、「アメリカに来たことは間違いであったという結論に達しました。私は、故国の歴史のこの困難な時期を、ドイツのキリスト者と共に生き抜かねばなりません。もし、この時代の試練を同胞と分かち合うことをしなければ、私は戦後のドイツにおけるキリスト教的生活の再建に参加する権利を失うことになるでしょう」であったのである。

　さて、ボンヘッファーの生涯全体を見渡してみて、決定的な役割を果たした街はベルリンである。

　　„Alle anderen Orte, die in seinem Leben wichtig wurden: Breslau, Tübingen, Barcelona, New York, London, Finkenwalde – sie haben ihn wohl beeinflußt, aber bestimmend blieb Berlin in seiner komplexen Vielfalt: das kaiserliche, das republikanische und das zögernd nationalsozialistisch gewordene Berlin; das liberale und das kirchliche, das konservative und das weltoffene Berlin, mit seinen akademischen und proletarischen Bezirken, seinen Konzerthäusern und Museen; das Berlin der Straßenkämpfe und der Konspiration."

　ボンヘッファーの生涯において重要になった他の場所、すなわち、ブレスラウ・チュービンゲン・バルセロナ・ニューヨーク・ロンドン・フィンケンヴァルデなども確かに彼に影響を与えた。だが、彼の複雑な多様性の中で常に決定的だったのはベルリンである。皇帝のベルリン、共和

国のベルリン、そして、おずおずと国家社会主義になっていったベルリン。リベラルなベルリン。教会的なベルリン。保守的でありながら世界に向かって開けていたベルリン。アカデミックな地域と無産階級の地域。コンサートホールや美術館がいくつもあるベルリン。デモ隊の衝突や陰謀が行なわれるベルリン[★558]。

あるいは更に、ボンヘッファーにとってベルリンの占める位置付けをベートゲは次のように記している。

　　„Dietrich Bonhoeffer ist in Berlin weder geboren noch gestorben. Aber es ist die Stadt, in der er alle wichtigen Wendungen seines Denkens und Handelns vollzog."[★559]

　　ディートリヒ・ボンヘッファーはベルリンで生まれたのでも死んだのでもない。しかし、ベルリンは、そこで彼が自らの思想・行動の重要な転換をすべて成し遂げた都市である。

隣人愛・愛敵

　『聖書』の中の有名なメッセージとして次の個所が挙げられることがよくある。

　　イエスに尋ねた。「すべての命令の中で、どれが一番、大切ですか」。イエスは答えられた。「一番、大切なのはこれです。「イスラエルよ。聞け。我らの神である主は唯一の主である。心を尽くし、思いを尽くし、知性を尽くし、力を尽くして、あなたの神である主を愛せよ」。次にこれです。「あなたの隣人をあなた自身のように愛せよ」。この二つより大事な命令

は他にありません」。(「マルコ」12:28-31)

　ここでイエスが説いているのは隣人愛であるが、さらに、この隣人愛の本当
の意味、つまり、人を愛するのに敵とか仲間とか区別することがあってはな
らないという点がキリスト教ではポイントになる。神の愛は、善人にも悪人
にも区別なく注がれる。「父は悪人にも善人にも太陽を昇らせ、正しい者に
も正しくない者にも雨を降らせてくださる」(「マタイ」5:45)。この神の愛
と同じように、私たちの愛の対象である相手が誰 (味方・敵) であるかによっ
て左右されないような、そんな愛のあり方が理想とされる。条件の付かない
愛の形である。
　ボンヘッファーも祈りを通して、深い煩悩と検討の果てに苦渋の決断をし
たのである。決して彼は拙速にヒトラーの暗殺を支持したわけではない。ボ
ンヘッファーの文脈には愛敵の思想が関わっていたことは間違いない。さ
て、敵を愛するためには、まずその敵を赦すことから始めなければならない。
愛に先だって赦しが来るのである。相手の罪を赦すわけである。ここからし
か敵への愛は生まれない[560]。
　今日、ボンヘッファーはナチスへの抵抗者として記憶されているが、彼の
その行動を支えたのは敵への憎しみではなく「愛」であった。当時、罪もな
い人々が日々、大量に殺害される時に、彼はキリスト者としての実践を決断
している。つまり、状況に応じて (例えば、ユダヤ人問題を目の当たりにし
て)、危機に曝されている者や抑圧されている者を救い出すことこそが愛の
行為であるという考え方である。大殺戮が展開する時代の中にあって、迎合
も沈黙も拒否し、キリスト者として生きることを選んだボンヘッファーの思
想は私たちにとって永遠の倫理的課題である[561]。
　一般に、自分の敵は憎むものだという世間の常識に対して、イエスは、自
分を愛してくれる人を愛することは誰にでもできる。悪意をもって自分を迫

害する者にこそ、慈愛をもって接しなければならないと戒めている。すなわち、愛敵の思想「敵を愛し、自分を迫害する者のために祈りなさい」（「マタイ」5:44）★562 である。「自分を愛してくれる人を愛したところで、あなたがたにどんな報いがあろうか」（「マタイ」5:46）。

　ヒトラー暗殺のためらいを見せなかったと伝えられるボンヘッファーの思想を理解するためには、彼が敵を憎むことを重視したのではなく、敵を愛することを真剣に考え抜いた上での行動であるということを知るのが大切である。この苦悩と煩悩こそが、彼に特有である。これだけ徹底した博愛主義的な考えは、他の人に見られないであろう。ボンヘッファーは、イエスの愛敵の戒めが、政治上の敵であれ宗教上の敵であれ、及ぶものであることを示唆し、また、異なる種類の敵の間に何らの相違も認めるものではないということを指摘している★563。

　愛敵の思想とは、「敵を愛し、自分を迫害する者のために祈りなさい」（「マタイ」5:44）という考え方、すなわち、悪意をもって自分を迫害する者にこそ、慈愛をもって接しなければならないという戒めのことである。「ルカ」6:31-36にもあるように、「人々にしてほしいと、あなたがたの望むことを、人々にもそのとおりにせよ。自分を愛してくれる者を愛したからとて、どれほどの手柄になろうか。罪人でさえ、自分を愛してくれる者を愛している。自分によくしてくれる者によくしたとて、どれほどの手柄になろうか。罪人でさえ、それくらいの事はしている。また返してもらうつもりで貸したとて、どれほどの手柄になろうか。罪人でも、同じだけのものを返してもらおうとして、仲間に貸すのである。しかし、あなたがたは、敵を愛し、人によくしてやり、また何も当てにしないで貸してやれ。そうすれば受ける報いは大きく、あなたがたはいと高き者の子となるであろう。いと高き者は、恩を知らぬ者にも悪人にも、なさけ深いからである。あなたがたの父なる神が慈悲深いように、あなたがたも慈悲深い者となれ」という教えである★564。

ここまで上で見てきたように、ボンヘッファーは愛敵の考え方を基盤にしており、彼は説教や著作を通して数々の名言を残している。次のように「人間は希望と共に成長する」Der Mensch wächst mit seiner Hoffnung. と題し、例えば以下のようなメッセージを語っている[★565]。

Ein Glaube, der sich an das Unsichtbare hält und von ihm lebt, als wäre es schon, hofft zugleich auf die Zeit der Erfüllung, des Schauens und Habens. Er hofft darauf so gewiß, wie das hungrige Kind, dem der Vater Brot versprochen hat, wohl eine Zeitlang warten kann, weil es glaubt, aber doch endlich das Brot empfangen will.

　見えない者を頼みとし、あたかも既にあるかのように、その見えないものによって生きる信仰は、同時に、成就の時、すなわち実際に見えるようになる時と実際にもつようになる時を、待ち望むものである。信仰がその時を待ち望むのは、ちょうど父親からパンを約束された空腹の子どもが、父親を信じるからこそ、しかもなお最後にはパンを手にしたいと望むからこそ、しばらくの間、待つことができるのによく似ている。

ボンヘッファーの名句

　これ以外にも今日の私たちに残したボンヘッファーの名句・名言は数多くある。本書の第3章になぞらえて、以下、この別章でも彼の珠玉のことばの数々を列挙したい[★566]。

地の塩

Salz der Erde [★567]

Die Jünger warden mit dem Sinnbild des auf Erden unentbehrlichsten Gutes Bezeichnet. Sie sind das Salz der Erde. Sie sind das edelste Gut, der höchste Wert, den die Erde besitzt. Ohne sie kann die Erde nicht länger leben. Durch das Salz wird die Erde erhalten, um eben dieser Armen, Unedlen, Schwachen willen, die die Welt verwirft, lebt die Erde.

弟子たちは、イエスによって、地上で最も必要なものに喩えられている。彼らは「地の塩」である。彼らは、地が所有している最も高貴な宝であり、最高に価値あるものなのである。彼らなしに「地」は生きることができない。「塩」によって「地」は保たれる。この世がさげすむこの「貧しい者」・「卑賤な者」・「弱い者」によって「地」は生きるのである。

新しい生命と救いがもたらされた朝
Über jedem neuen Tag steht der Herr.

Die Frühe des Morgens gehört der Gemeinde des auferstandenen Christus. Beim Anbruch des Lichtes gedenkt sie des Morgens, an dem Tod, Teufel und Sünde bezwungen darniederlagen und neues Leben und Heil den Menschen geschenkt ward.

朝の早い時間は、何よりも復活のキリストの共同体のものである。朝、あたりが明るくなる時、この共同体は、死と悪魔と罪とが克服され、新しい生命と救いとが人間にもたらされたあの復活の朝を思い起こす。

日々の糧以上のもの

Mehr als ›Brot für den Tag‹

„Halte an mit lesen" (1. Tim. 4,13). Wir sind fast alle mit der Meinung groß Geworden, es handle sich in der Schriftlesung allein darum, das Gotteswort für den heutigen Tag zu hören. Darum besteht die Schriftlesung bei vielen nur aus einigen kurzen, ausgewählten Versen, die das Leitwort des Tages ausmachen sollen. Es ist nun kein Zweifel, daß etwa auf den Losungen der Brüdergemeinde für alle, die sie gebrauchen, bis zur Stunde ein wirklicher Segen liegt. Aber es kann ebensowenig ein Zweifel darüber bestehen, daß kurze Leit- und Losungsworte nicht an die Stelle der Schriftlesung überhaupt treten können und dürfen. Die Heilige Schrift ist mehr als Losung. Sie ist auch mehr als „Brot für den Tag".

「聖書を朗読することに専心しなさい」(「テモテ第一」4:13)。私たちは皆、〈『聖書』を読む場合に「今日」というこの日のための神のことばを聞くことこそが大切である〉という考え方をもって育ってきた。それゆえ、『聖書』を読む場合に多くの者は、1日の標語となるような僅かの、短い、選ばれた聖句のみを読むようになった。「聖書日課」について言えば、これを用いるすべての者が今日に至るまで実際にここから祝福を得ているということを疑うことはできない。しかし、これと同じように疑い得ないことは、短い「標語」のような、あるいは「合言葉」のような表現が、『聖書』を読むということそのものの代わりをするものではないし、また代わることは許されないということである。『聖書』は「合言葉」以上のものである。それはまた「日ごとの糧」以上のものである。

本当の人間となること

Wirklicher Mensch werden.

Der Mensch soll und darf Mensch sein. Alles Übermenschentum, alles Bemühen, über den Menschen in sich hinauszuwachsen, alles Heldentum, alles halbgöttliche Wesen fällt für den Menschen ab; denn es ist unwahr. Der wirkliche Mensch ist weder ein Gegenstand der Verachtung noch der Vergötterung, sondern ein Gegenstand der Liebe Gottes.

人間は人間であるべきであるし、ただ人間であることが許されているだけである。人間であることを超越しようとするあらゆる努力、あらゆる超人主義、あらゆる英雄主義、人間を半神とするあらゆる試みは、人間にとって何の魅力ともなり得ない。なぜなら、それらはすべて不真実であるからである。本当の人間は、軽蔑の対象でも神格化の対象でもなく、神の愛の対象である。

どの道の上にいるか

Auf welchem Weg sind wir? ★568

Der Weg der Nachfolgenden ist schmal. Leicht geht man an ihm vorüber, leicht Verfehlt man ihn, leicht verliert man ihn, selbst wenn man ihn schon beschritten hat. Er ist schwer zu finden. Der Weg ist wahrhaftig schmal, der Absturz nach beiden Seiten bedrohlich. Die Wahrheit Jesu bezeugen und bekennen und doch den Feind dieser Wahrheit, seinen und unseren Feind, lieben mit der bedingungslosen Liebe Jesu Christi – das ist ein schmaler Weg.

服従する者たちの道は細い。すでに歩いている者であっても、その道から外れてしまうことはよくあるし、道を見誤ったり見失ったりすることもよくある。それを見出すことは難しい。その道は誠に細く、常に道の両側に転落する危険に脅かされる。イエスの真理を証し、告白すること、しかもこの真理の敵、イエスと私たちの敵を、イエス・キリストの無条件の愛をもって愛すること──これこそが細い道である。

「祈ること」と「働くこと」とは別々の二つのことである

Beten und Arbeiten ist zweierlei.

Das Gebet soll nicht durch die Arbeit, aber auch die Arbeit nicht durch das Gebet verhindert werden.

祈りは労働によって妨げられてはならないし、労働も祈りによって妨げられてはならない。

私たちにとって他者のことはどうでもいいことなのではない

Wie gleichgültig sind uns die anderen? [★569]

Wir wollen uns fragen, ob wir einen Menschen wissen aus unserem Umkreis, dem wir Unrecht nicht vergeben haben, das er uns angetan hat, einen Menschen, von dem wir uns im Zorn getrennt haben, vielleicht nicht im offenen Zorn, sondern in stiller Bitterkeit mit dem Gedanken: das kann ich nicht mehr ertragen, mit diesem Menschen kann ich keine Gemeinschaft mehr haben.

私たちは自分自身に問いかけてみよう。私たちの周囲にいる者の中に、その者が犯した不正を私たちが許さなかった者がいないかどうか。怒って交わりを絶った人、──公然と怒りを表わしたわけではなくても、少なくとも心の中で苦々しく思い、〈もう我慢がならない、この人とはもう二度と交わりをもてない〉と思って、交わりを絶ってしまった人がいないかどうか、自らに問いかけてみよう。

生のただ中で神を信じる

Gott in der Mitte des Lebens glauben.

Ich lese z. Zt. das ganze ausgezeichnete Buch des Altphilologen W.F. Otto (Königsberg) über „Die Götter Griechenlands", über diese „Glaubenswelt, die dem Reichtum und der Tiefe des Daseins, nicht seinen Sorgen und Sehnsüchten entstiegen ist", wie es am Schluß heißt. Verstehst Du, daß diese Formulierung und die entsprechende Darstellung für mich etwas sehr Reizvolles hat und daß ich – horribile dictu! – an den so dargestellten Göttern weniger Anstoß nehme als an bestimmten Formen des Christentums, ja, daß ich fast glaube, diese Götter für Christus in Anspruch nehmen zu können?

私は今、古代言語学者Ｗ・Ｆ・オットー（ケーニヒスベルク）の「ギリシアの神々」に関する実にすぐれた書物を読んでいる。これは結びで述べられていることばを引用するなら、「人間存在の不安やあこがれからではなく、むしろその豊かさと深さから出てくる信仰の世界」に関する

書物である。このような表現の仕方や、それに対応した叙述が、私にとっ
てどんなに魅力に満ちたものであるかということ、また私は——恐るべ
きことばだが——キリスト教信仰のきまりきった形式的な叙述よりも、
このように表現された神々の方がもっとよく理解できるということを、
君はわかってくれるであろうか。そのような神々をキリストの代わりに
要求することができるに違いないと私が信じかねないまでに。

諸国民は待っている

Die Völker warten darauf.

Wie wird Friede? Durch ein System von politischen Verträgen? Oder durch eine
allseitige friedliche Aufrüstung zum Zweck der Sicherstellung des Friedens?
Nein, durch dieses alles aus dem einen Grunde nicht, weil hier überall Friede
und Sicherheit verwechselt wird. Es gibt keinen Weg zum Frieden auf dem Weg
der Sicherheit. Denn Friede muß gewagt werden. Friede ist das Gegenteil von
Sicherung. Sicherheiten fordern heißt Mißtrauen haben, und dieses Mißtrauen
gebiert wiederum Krieg. ★[570]

平和はいかにして達成されるのか。政治的な条約の積み重ねによってか。
いろいろな国に国際資本を投資することによってか。あるいは、平和の
確保のために、あらゆる方面で平和的な再軍備をすることによってか。
そうではない。これらのことによっては平和は来ない。なぜなら、ここ
では「平和」と「安全」とが混同されているからである。「安全」に至
る道を通って「平和」に至ることはできない。なぜなら、「平和」は、
そのために敢えて行動しなければならないものだからである。「平和」

は「安全」の反対なのである。「安全」を求めるということは相手に対する不信感をもつということである。そして、この不信感が再び戦争を引き起こすのである。

この世から教会への贈り物か

Geschenk der Welt an die Kirche?

Amerika nennt sich das Land der Freiheit. Es versteht darunter das Recht des Individuums auf unabhängiges Denken, Reden und Handeln. In diesem Rahmen ist die religiöse Freiheit für den Amerikaner ein selbstverständlicher Besitz. Auf den Kanzeln ist das Lob dieser Freiheit allerorts zu hören.

アメリカは自らを自由の国と呼ぶ。それは、何にも束縛されない思想・表現・行動についての個人の権利が確立しているということである。アメリカ人にとっては、宗教的な自由というものも、この枠の中で当然の権利として考えられている。至るところで講壇の上から、この自由の讃美が聞かれる。

生のもつ多くの次元の中で生きる

in viele Dimensionen gleichzeitig gestellt.

Es gibt kaum ein beglückenderes Gefühl, als zu spüren, daß man für andere Menschen etwas sein kann. Dabei kommt es gar nicht auf die Zahl, sondern auf die Intensität an. Schließlich sind eben die menschlichen Beziehungen doch einfach das Wichtigste im Leben. Gott selbst läßt sich von uns im Menschlichen dienen. Alles andere ist der Hybris sehr nahe.

自分が生きていることが他者のためになっていると感じること以上の幸福感はないであろう。その際、人数は全く問題にならない。問題なのは、自分が他者のためになっているということを感じる強さの度合いである。結局のところ、人生において最も重要なものは人間関係であると言える。そもそも神は、人間のさまざまなことがらの中で、私たちを神自身に仕えさせようとしているのである。神に仕えようとしないことはすべて神に対する尊大な態度に他ならない。

他者のために自分自身から自由になる

frei werden von sich selbst für den anderen.★571

Es ist gegenwärtig nicht schwer, von der Freiheit zu reden. Es mag im heutigen Deutschland manche geben, die von nichts anderem träumen als von der Freiheit, die in großen Visionen ihr Bild sehen und nach ihm greifen, bis sie erwachen und das Bild zerrinnt.

自由について語るのは現代では決して難しいことではない。今日のドイツには、自由以外の何も夢見ず、巨大な幻の形で自由の像を見て、幻から目覚めてその自由の像が消滅するまで、その像を追い求めるのに躍起になっている人々が何人もいるからである。

聞くことのできない者は語ることもできない

Wer nicht zuhören kann, redet am anderen vorbei.

Der erste Dienst, den einer dem andern schuldet, besteht darin, daß er ihn anhört. Wie die Liebe zu Gott damit beginnt, daß wir sein Wort hören, so ist es der Anfang der Liebe zum Bruder, daß wir lernen, auf ihn zu hören. Es ist Gottes Liebe zu uns, daß er uns nicht nur sein Wort gibt, sondern uns auch sein Ohr leiht. So ist es sein Werk, das wir an unserem Bruder tun, wenn wir lernen, ihm zuzuhören.

交わりの中で、ある人が他者に対して負っている第一の奉仕は、その他者のことばに耳を傾けることである。神への愛が神のことばを聞くことによって始まるように、兄弟への愛は兄弟のことばを聞くということを学ぶことによって始まる。神は私たちに対する愛のゆえにことばを与えてくれるが、それだけではなく私たちに耳をも貸してくれる。それゆえ、私たちが兄弟のことばに耳を傾けるということを学ぶ時、私たちが兄弟に対して実際にしていることは神がなす業なのである。

時代の課題への奉仕としての参加

Dienend teilnehmen an den Aufgaben der Zeit.

Die Kirche ist nur Kirche, wenn sie für andere da ist. Um einen Anfang zu Machen, muß sie alles Eigentum den Notleidenden schenken. Die Pfarrer müssen ausschließlich von den freiwilligen Gaben der Gemeinde leben, evtl. einen weltlichen Beruf ausüben. Sie muß an den weltlichen Aufgaben des menschlichen Gemeinschaftslebens teilnehmen, nicht herrschend, sondern helfend und dienend. Sie muß den Menschen aller Berufe sagen, was ein Leben mit Christus ist, was es heißt, „für andere dazusein".

教会は他者のために存在している時にのみ教会である。新しい出発をするために教会は窮乏している人々に全財産を差し出さなければならない。牧師は教会員の自由な献金によってのみ、場合によっては世俗の職業によって生活すべきである。教会は支配者のように振舞うことによってではなく、まさに助け奉仕することによって、人間の社会生活のこの世的な課題に参加しなければならない。教会はあらゆる職業をもつ人々に、キリストと共に生きる生活が何であり、他者のために存在するということがどういうことであるかを語らなければならない。

キリストに属しつつ、この世に生きる

Ganz Christus angehörend, stehen wir ganz zur Welt.

Es gibt kein wirkliches Christsein außerhalb der Wirklichkeit der Welt und keine wirkliche Weltlichkeit außerhalb der Wirklichkeit Jesu Christi. Es gibt keinen Rückzugsort des Christen von der Welt, weder äußerlich noch in der Sphäre der Innerlichkeit. Jeder Versuch, der Welt auszuweichen, muß früher oder später mit einem sündigen Verfall an die Welt bezahlt werden.

この世の現実から離れては、いかなるキリスト教的なものの現実も存在しない。また、イエス・キリストの現実から離れては、いかなるこの世的なものの現実も存在しない。外面的・内面的な領域においてキリスト

者がこの世界から退くことのできるような場所は存在しないのである。この世界から逃避しようとする試みは早かれ遅かれ、いずれはこの世の罪深い堕落に陥るに違いない。

共同の罪責から目をそらすことをしない

Ohne Seitenblick auf die Mitschuldigen.

Die Kirche bekennt, ihre Verkündigung von dem einen Gott nicht offen und deutlich genug ausgerichtet zu haben. Sie bekennt ihre Furchtsamkeit, ihr Abweichen, ihre gefährlichen Zugeständnisse. Sie hat dadurch den Ausgestoßenen und Verachteten die schuldige Barmherzigkeit oftmals verweigert. Sie war stumm, wo sie hätte schreien müssen, weil das Blut der Unschuldigen zum Himmel schrie. Sie hat das rechte Wort in rechter Weise zu rechter Zeit nicht gefunden. Sie hat dem Abfall des Glaubens nicht bis aufs Blut widerstanden und hat die Gottlosigkeit der Massen verschuldet.

教会は告白する。――教会は唯一の神について公然と明確に宣べ伝えなかった。教会は臆病・逃避・誤った妥協という罪を犯した。教会はそうすることによって、しばしば、迫害され軽蔑された人たちに責任をもって憐れみの手を差し伸べることを拒絶した。教会は、罪のない人たちの血が天に向かって泣き叫んでいるのを見て叫ばなければならなかった時に沈黙していた。教会は、正しいことばを正しい時に正しい仕方で見出すべきなのに、そうしなかった。教会は、信仰からの背反に対して血を流すまで抵抗せず、その結果、大衆が無神経に陥ったということに対して責任がある。

神と共に歩む時、人間は立ち止まらない

Mit Gott tritt man nicht auf der Stelle. ★572

Gottes Wege sind die Wege, die er selbst gegangen ist und die wir nun mit ihm gehen sollen. Keinen Weg läßt uns Gott gehen, den er nicht selbst gegangen wäre und auf dem er uns nicht voranginge. Es ist der von Gott gebahnte und von Gott geschützte Weg, auf den er uns ruft. So ist es wirklich sein Weg.

神の道は、神みずからが通って行った道であり、今や私たちが神と共に歩んで行くべき道である。神が通って行かない道、神が私たちの先に立って行かない道を行くのを神は私たちに許さない。神が私たちを招いている道は、神によって切り開かれ、神によって守られた道である。このような道こそがまことに神の道なのである。

服従の用意のある心だけが感謝することができる

Nur das zum gehorsam bezwungene Herz vermag zu danken. ★573

Nun erst kann das Danken anheben, wenn die Gabe des göttlichen Wortes erkannt ist. Wie könnte auch einer Gott danken, der sich sein Wort nicht angelegen sein läßt? Was wäre es für ein Dank, der die Gaben empfängt, aber dem Geber den schuldigen Gehorsam verweigert? Das ist aber kein Dank an Gott, den Herrn, sondern an ein freundliches, unpersönliches Schicksal oder an mein Glück, dem ich nicht verpflichtet bin. Ein Dank an Gott, der nicht aus gehorsamem Herzen kommt, ist Heuchelei und Vermessenheit.

神のことばの賜物が認められた今こそ、初めて感謝が捧げられる。神のことばに心を留めない者がどうして神に感謝することができるであろうか。神の賜物を受けておきながら、その賜物を与えてくれた方に負うべき服従を拒否しつつ感謝を捧げるとしたら、その感謝とはそもそもいかなるものであろうか。それは神に対する、主に対する感謝ではなく、自分に都合のいい運命、あるいは、私が何も義務を負う必要のない幸運というものに対する感謝である。神への感謝は、それがもし服従する心から出て来るのでないならば、虚偽であり不遜である。

自分で作り出した重荷は負わない

nicht mehr unter selbstgemachten Lasten.

Das Leiden muß getragen werden, damit es vorübergeht. Entweder die Welt muß es tragen und daran zugrundegehen, oder es fällt auf Christus und wird in ihm überwunden. So leidet Christus stellvertretend für die Welt. Allein sein Leiden ist erlösendes Leiden.

苦しみは、それが負われることなしには過ぎ去らない。ところで、苦しみを負うことができるのは、この世か、あるいは、キリストかのどちらかである。もしこの世が苦しみを負うなら、この苦しみはさらに増し、人間を破滅へと追いやることになるであろう。しかし、もしこの苦しみがキリストに襲いかかるなら、この苦しみは克服されるであろう。それゆえに、キリストは、この世に代わって苦しみを負った。このキリストの苦しみだけが、救いをもたらす苦しみなのである。

私たちのぼろぼろの服は神に対する褒め称えとなる

Die Fetzen unserer Kleider sind Lobpreis auf ihn.

Von Gott nicht mehr loskommen können, das ist die beklemmende Beunruhigung jedes christlichen Lebens. Wer sich einmal auf ihn einließ, der kommt nicht mehr los; wie ein Kind nicht loskommt von seiner Mutter, wie ein Mann nicht mehr loskommt von der Frau, die er liebt. Zu wem er einmal geredet hat, der kann ihn nicht mehr ganz vergessen, den begleitet er immerfort im Guten und im Bösen, den verfolgt er wie der Schatten den Menschen.

神からもはや離れることができないということ、——これはあらゆるキリスト者の生活を息苦しくさせることなのかもしれない。一度、神と関わりをもった者は、神のもとから逃れることができない。それはちょうど、子どもが母親から離れられないのと、あるいは夫が彼が愛する妻から逃れられないのと似ている。そしてまた、神に一度でも声をかけられた者は、神を決して忘れることができない。神は、良い時にも悪い時にも常に彼と共にいて、その人間にいわば影のようになって付きまとうのである。

自分を捧げることによって清くなる

rein durch Hingabe. ★574

Wer ist reinen Herzens? Allein der, der sein Herz Jesus ganz hingegeben hat, daß er allein darin herrsche; der sein Herz nicht befleckt durch eigenes Böses, aber auch nicht durch eigenes Gutes. Das reine Herz ist das einfältige Herz des

Kindes, das nicht weiß um Gut und Böse, das Herz Adams vor dem Fall, das Herz, in dem nicht das Gewissen, sondern Jesu Wille herrscht. We rim Verzicht steht auf das eigene Gute und Böse, auf das eigene Herz, wer so in der Buße steht, und allein Jesus hängt, dessen Herz ist rein durch das Wort Jesu.

心の清い人とはどのような人であろうか。自分の心をすべてイエスに捧げ、イエスこそが自分の心の支配者であるような人、その心を決して自分自身の悪によって、あるいは、自分自身の善によっても汚さないような人だけである。清い心とは、善悪を知らない幼児の無邪気な心であり、堕落以前のアダムの心、——人間の良心ではなくイエスのみこころが支配している心である。自分の善と悪とを、つまり自分自身の心を放棄している人の心、悔改めをなし、イエスのみに固着する人の心が、イエスのことばによって清くされた心なのである。

完全な「この世性」の中で神を信じる

in der vollen Diesseitigkeit glauben.

Ich habe in den letzten Jahren mehr und mehr die tiefe Diesseitigkeit des Christentums kennen und verstehen gelernt. Nicht ein homo religiosus, sondern ein Mensch schlechthin ist der Christ, wie Jesus Mensch war. Nicht die platte und banale Diesseitigkeit der Aufgeklärten, der Betriebsamen, der Bequemen oder der Lasziven, sondern die tiefe Diesseitigkeit, die voller Zucht ist, und in der die Erkenntnis des Todes und der Auferstehung immer gegenwärtig ist, meine ich. Ich glaube, daß Luther in dieser Diesseitigkeit gelebt hat.

私はここ数年の間に、キリスト教の深い「この世性」というものを知り
かつ理解することを学んだ。ちょうどイエスが人間であったように、キ
リスト者は宗教的人間ではなく、単純に人間なのである。私の言うこの
世性とは、教養人や活動家、無精者あるいは好色家の平凡な浅薄なこの
世性ではない。それは規律に満ちた深いこの世性であり、またそこで死
と復活が常に認識される深いこの世性である。ルターはこのようなこの
世性の中に生きていたのだと私は信じている。

高ぶる者の危機

Gefahr für allen Stolz. [★575]

Gott haßt die Stolzen, die an sich selbst genug haben, nach keinem göttlichen
und Menschkichen Recht fragen, bei denen Barmherzigkeit nichts gilt, die
Verächter des Wortes Gottes und der Gläubigen. Stolz vor Gott ist die Wurzel
alles Ungehorsams, Aller Gewalttat, aller Leichtfertigkeit. Stolz ist der Ursprung
aller Empörung, alles Aufruhrs, aller Zerstörung. Über allem Stolz aber steht
eine fruchtbare Bedrohung, von der die Stolzen selber zwar nichts begreifen,
aber die Gläubigen erkennen sie: das Evangelium.

自己に満足し、神の正当性も人間の正当性も問題にせず、神の憐れみが
何の役にも立たない「高ぶる者」を神は憎む。神のことばを軽蔑する者
と、神のことばを信じる人々を軽蔑する者とを神は憎むのである。神の
前で高ぶることは、あらゆる不従順、あらゆる暴力行為、あらゆる軽薄
さの根となる。高慢は、あらゆる反乱、あらゆる暴動、あらゆる破壊の
源泉となる。しかしながら、あらゆる高慢にも、高ぶる者自身は決して

認めないかもしれないが、信仰者が認識する一つの恐るべき脅威がある。
それは福音である。

用いよ、しかし蓄えるな

Gebrauchen, nicht sammeln! ★ 576

Es sind die Güter der Welt, die das Herz des Jüngers Jesu abwenden wollen.
Wohin steht das Herz des Jüngers? — das ist die Frage. Steht es zu den Gütern
der Welt, steht es auch nur zu Christus und den Gütern?　　— oder steht es zu
Christus ganz allein? Nicht den Gebrauch der Güter versagt ihnen Jesus. Jesus
war Mensch, aß und trank wie seine Jünger. Es hat dadurch den Gebrauch der
Güter der Erde gereinigt. Die Güter, die sich unter der Hand verzehren, die
zur täglichen Notdurft und Nahrung des leiblichen Lebens dienen, soll der
Nachfolgende dankbar gebrauchen.

イエスの弟子の心を他にそらそうとするのが、この世の財貨である。弟
子の心は何に向かっているのであろうか。これが問題である。この世の
財貨に向かっているのであろうか、あるいは、キリストと財貨の両方に
向かっているのであろうか、あるいは、全くキリストにだけ向かってい
るのであろうか。イエスは、この世の財貨を用いてはならないと弟子た
ちに命じたのではない。イエスは弟子たちと同じような人間であり、食
べたり飲んだりもした。そうすることによってイエスは、地上の財貨を
用いるということを清めたのである。使われることによってなくなり、
日々の生活に必要なものを手に入れ、しかも肉体的な生命を維持させる
ために役立つ財貨を、服従する者は感謝をもって用いなければならない。

共同体の共通の経験ではなく、信仰が私たちを結びつける

Nicht Gemeinschaftserlebnis – Glaube hält zusammen.

Es gibt wohl keinen Christen, dem Gott nicht einmal in seinem Leben die beseligende Erfahrung echter christlicher Gemeinschaft schenkt. Aber solche Erfahrung bleibt in dieser Welt nichts als gnädige Zugabe über das tägliche Brot christlichen Gemeinschaftslebens hinaus. Wir haben keinen Anspruch auf solche Erfahrungen und wir leben nicht mit andern Christen zusammen um solcher Erfahrungen willen. Nicht die Erfahrung der christlichen Bruderschaft, sondern der feste und gewisse Glaube an die Bruderschaft hält uns zusammen.

自分の生涯の中で、本当のキリスト教的な交わりというものを、すなわち、神によって与えられる祝福された交わりというものを、一度も経験したことがないキリスト者は、おそらくいないであろう。しかし、このような経験は、この世においては、日ごとのパンと同じように、キリスト者の交わりの生活に対して、恵みとして与えられるものである。私たちは、このような経験を神に対して要求する権利もないし、そもそも、このような経験を得るために、他のキリスト者たちと共に生活しているのでもない。私たちを共に結び付けるのは、キリスト教的な兄弟関係の経験ではなく、神によって与えられる兄弟関係というものに対する固い確かな信仰なのである。

愛とその虚像

Liebe und ihr Zerrbild.[★577]

Wenn ein Leben ohne Liebe nichts ist, dann stellt sich uns die Frage: Was ist denn diese Liebe, auf die schlechterdings alles ankommt? Es ist wahr, es gibt keinen Menschen, der ohne Liebe lebt. Jeder Mensch hat Liebe, er weiß um ihre Macht und um ihre Leidenschaft. Er weiß sogar, daß diese Liebe den ganzen Sinn seines Lebens ausmacht und daß er ohne diese Liebe sein ganzes Leben wegwerfen könnte. Diese Liebe aber, um deren Macht, Leidenschaft und Sinn jeder Mensch weiß, ist die Liebe des Menschen zu sich selbst. Sie ist es, die ihn erfüllt, die ihn tatendurstit, erfinderisch macht, ohne die sich sein Leben nicht mehr lohnen würde.

愛なしに生きることが無に等しいとするならば、私たちには次のような問いが起こってくる。すなわち、〈一切がかかっている愛とは一体、何であろうか〉という問いである。愛なしに生きる人間がいないということは確かである。そして、いかなる人間といえども、愛をいだき、愛の力とその熱情を知っている。しかも、この愛が自分の人生の意味全体をも決定するということ、また、この愛がないために、自分の全生涯を放棄してしまうこともあり得るということを知っている。このように、誰もが愛というものの力と、その熱情と、その意義とを知っているのである。この愛は、人間の自分自身に対する愛であり、人間を充実させ、人間に活動の意欲を与え、独創性に富んだものとし、また自分の人生に生きがいをもたらす愛である。

人に見せびらかす行為を自分の部屋の中ですること

Ansehnliche Demonstration im Kämmerlein. [578]

Das Gebet ist das schlechthin Verborgene. Wer betet, kennt sich selbst nicht mehr, sondern nur noch Gott, den er anruft. Weil das Gebet allein auf Gott gerichtet ist, ist es das undemonstrativste Handeln schlechthin.

祈りは全く隠れたところでなされるべきものである。本当に祈る者は、自分を忘れ、ただ自分が呼び求める神のみを知ろうとする。祈りは、ただ神にのみ向かうものであるから、人に見せようとしてなされる行為とは根本的に異なるのである。

近くにいる神

der unbegreiflich nahe Gott.

Die Welt ist gegen dieses Geheimnis Gottes blind. Sie will einen Gott, den sie verrechnen und ausnutzen kann oder sie will gar keinen Gott. Das Geheimnis Gottes bleibt ihr verborgen. Sie will es nicht. Sie macht sich Götter nach ihrem Wunsch, aber den nahen, heimlichen, verborgenen Gott erkennt sie nicht. „Welche keiner von den Obersten dieser Welt erkannt hat ...". Die Obersten dieser Welt leben vom Rechnen und vom Ausnutzen. Dadurch werden sie groß in der Welt – aber das Geheimnis begreifen sie nicht.

この世は神の秘密を知ることができない。この世は、自分が計算することのできる神、利用しつくすことのできる神を求めるか、あるいは、全

く神を求めないかのどちらかである。神の秘密というものは、この世には隠されたままなのである。この世は、神の秘密を望まない。この世は自分の望み通りの神々は造るが、近くにいる、秘密の、隠れた神を知らない。「この世の支配者たちのうちで、知っていた者は一人もいなかった」。この世の支配者は、計算と搾取によって生きている。それゆえにこそ、彼らはこの世で大きくなっているのであるが、しかし彼らは神の秘密を理解しない。

律法の成就者

der Erfüller des Gesetzes. [579]

Jesus gibt seine völlige Einheit mit dem Willen Gottes im Alten Testament, in Gesetz und Propheten zu erkennen. Er hat den Geboten Gottes in der Tat nichts hinzuzufügen, er hält sie – das ist das einzige, was er hinzufügt. Er erfüllt das Gesetz, das sagt er von sich selbst. Indem er es aber erfüllt, ist alles geschehen, was zur Erfüllung des Gesetzes zu geschehen hat. Jesus wird tun, was das Gesetz fordert.

イエスは、〈自分は、聖書、すなわち律法と預言における神の意志と完全に一致している〉と表明した。イエスは、実際に神の戒めに何も付け加えなかった。もし、付け加えることが一つだけあったとするなら、それはイエスがこの神の戒めを本当の意味で守ったということだけである。すなわち、イエスは律法を成就したのである。このことは、イエス自らが語っていることである。そして、イエスが律法を成就したことによって、律法のために達成されるべきことは、ことごとく達成されたの

である。イエスは、律法が本当に求めていることをすべて行った。

その時々に正しいことばを語る

das jeweils rechte Wort.

„Die Wahrheit sagen" bedeutet je nach dem Ort, an dem man sich befindet, etwas Verschiedenes. Wie das Wort zwischen Eltern und Kindern deren Wesen gemäß ein anderes ist als das zwischen Mann und Frau, zwischen Freund und Freund, zwischen Lehrer und Schüler, zwischen Obrigkeit und Untertan, zwischen Freund und Feind, ebenso ist die in diesen Worten enthaltene Wahrheit eine verschiedene.

「真実を語る」ということが何を意味するのかは、その人が立っている場所に応じて異なる。両親と子どもたちとの間のことばは、その本質において、夫と妻との間、友と友の間、教師と生徒との間、官僚と一般人との間、友と敵との間のことばとは別のものである。そして、それらのことばの中に含まれている「真実」もそれぞれに異なったものである。

貧しさ、しかしこの上もない豊かさ

arm, aber unermesslich reich. [★580]

Mangel haben die Jünger an allen Stücken. Sie sind schlechthin „arm". Keine Sicherheit, kein Besitz, den sie ihr eigen nennen könnten, kein Stück Erde, das sie ihre Heimat nennen dürften, keine irdische Gemeinschaft, der sie ganz gehören dürften. Aber auch keine eigene geistliche Kraft, Erfahrung, Erkenntnis, auf die sie sich berufen, deren sie sich getrösten könnten. Um seinetwillen haben sie das alles veloren. Als sie ihm nachfolgten, da verloren sie ja sich selbst und damit auch alles, was ske noch reich Machen konnte. Nun sind sie arm.

弟子たちのもっている困窮はあらゆるものに及ぶ。彼らは本当に「貧しい」。安定はなく、自分のものだと言えるような財産はなく、自分の故郷と呼んでもいいような土地は一辺もなく、自分が所属することを許されているような交わりはこの地上にない。その上、自らの頼みとなり、慰めとなるような、精神的な力、経験、知識といったものもない。彼らはイエスのために、あらゆるものを失ってしまったのだ。彼らはイエスに従った時に、自分自身を失い、それと共にまた、自分たちを富ませることのできる、すべてのものを失ったのである。今や彼らは貧しい。

世界のただ中でのキリスト者の生活

Wo bekommen wir Antwort?

Es ist ganz gut, wenn man immer wieder daran erinnert wird, daß der Pfarrer es dem rechten „Laien" niemals recht machen kann. Predige ich den Glauben und die Gnade allein, so fragst Du: wo bleibt das christliche Leben? Rede ich von der Bergpredigt, so fragst Du: wo bleibt das wirkliche Leben? Lege ich ein sehr wirkliches und sündiges Leben eines Mannes der Bibel aus, so fragst Du: wo bleiben die ewigen Wahrheiten? Und aus alledem soll ja wohl nur das eine Anliegen hörbar warden: wie lebe ich in dieser wirklichen Welt ein christliches

Leben, und wo sind die letzten Autoritäten eines solchen Lebens, das sich allein lohnt zu leben?

牧師が信徒に対して、満足させる答えを与えることは決してできないということを、いつも念頭に置いておくことは、大変いいことだと思う。もし私が信仰や恩寵のみを説教するのであれば、あなたは「どこにキリストの教えに適う生活があるのか」と問うであろう。もし私が山上の説教を語るなら、あなたは「どこに現実の生活があるのか」と問うであろう。もし私が聖書の中にある人物の本当の罪人としての姿について語るなら、あなたは「どこに永遠の真理があるのか」と問うであろう。そして、このようなさまざまな問いから、やがて一つの重要な問いが聞こえるようになるであろう。すなわち、「私はこの現実の世界のただ中でキリスト者としてどのように生きたらよいのか。そして一体、何が人間に本当の生き甲斐のある人生を可能にさせるのか」という問いである。

神はあなたに一体そのようなことをしたのであろうか
Hat Gott dir je so vergolten?

Da ist ein Nachbar oder ein anderer, der fortgesetzt böse Dinge von mir sagt, der mich schmäht, der mir offenes Unrecht tut, der mich quält und plagt, wo er nur kann. Wenn wir ihn nur sehen, steigt uns das Blut in den Kopf, ein furchtbar drohender Zorn. Das ist der Feind, der so etwas bei uns bewirkt. Aber nun gilt es, auf der Hut zu sein. Nun gilt es, schnell sich zu erinnern: Mir ist Erbarmung widerfahren, nicht von Menschen, nein, von Gott selbst, und für ihn starb Jesus Christus – und auf einmal wird alles anders. Wir hören nun: Vergeltet nicht

Böses mit Bösem. Erhebe deine Hand nicht zum Schlag, öffne deinen Mund nicht im Zorn, sondern sei still.

絶えず私の悪口を言い、私を侮辱し、私に対して公然と不正を行い、折さえあれば私を苦しめ悩ます隣人が――あるいは他人が――ここにいる。その人を見るだけで、頭に血がのぼり、恐ろしく激しい怒りがこみあげてくる。「敵」というものは、私たちにそうしたことを引き起こさせるものである。しかし、その時にこそ、私たちはよくよく注意すべきである。その時にこそ、すぐに「私は人間によってよってではなく、神自身によって憐れみを受けたのだ。そして、イエス・キリストは憐れみを与えてくれるこの神のために死をも引き受けたのだ」ということを思い起こすべきである。――そうすれば、突然すべてのことが変わってくるであろう。私たちは今は『聖書』が「悪をもって悪に報いるな」と語っているのを聞く。他人を打つために手を上げてはいけない。怒ったまま口を開くのではなく、むしろ静かに黙っているべきである。

従順な者だけが信じる
Nur der Gehorsame glaubt.

Du beklagst dich darüber, daß du nicht glauben kannst? Es darf sich keiner wundern, wenn er nicht zum Glauben kommt, solange er sich an iegendeiner Stelle in wissentlichem Ungehorsam dem Gebot Jesu widersetzt oder entzieht. Du willst irgendeine sündige Leidenschaft, eine Feindschaft, eine Hoffnung, deine Lebenspläne, deine Vernunft nicht dem Gebot Jesu unterwerfen?

あなたは信じられないと言って嘆くのか。どこかで意識的な不従順をはたらいてイエスの戒めに逆らったり遠ざかったりしている限り、信じられなくて当然である。それを不思議がってはならない。あなたは、罪ある情熱、敵意、希望というようなもの、あるいは、あなたの生活設計とか理性をイエスの戒めに従わせないことを望んでいるのではないか。

自分の唇で神のことばを言い表わすことの難しさ

der schwere Weg über die Lippen. ★581

Aus Gottes Mund gehen seine Forderungen und wollen auf meine Lippen kommen. Leicht ist es oft, Gottes Wort im Herzen zu tragen, aber wie schwer geht es manchmal über die Lippen! Es ist ja hier nicht an leeren Lippendienst gedacht, sondern an das Lautwerden dessen, von dem das Herz voll ist. Ist uns nicht angesichts großen Leides oftmals der Mund wie zugeschlossen, weil wir fürchten, eine fromme Formel an die Stelle des göttlichen Wortes zu setzen? Gibt es nicht eine Atmosphäre der Leichtfertigkeit und Gottlosigkeit, in der wir das rechte Wort einfach nicht mehr finden und schweigen? Verschließt uns nicht oft genug falsche Scheu und Menschenfurcht den Mund?

神の「要求」は神の「口」から出て、私の「唇」に至ろうとする。神のことばを心にしまっておくだけならたやすい。しかし、それを唇に載せることはいかに困難なことであろうか。ここでは空しい唇の業が褒めたたえられているのではない。そうではなく、心に満ち溢れているものが唇によって大きな声で言い表わされることが求められているのだ。大きな苦悩に直面する時、神のことばの代わりに敬虔な決まり文句を並べる

ことを恐れ、私たちはしばしば口を堅く閉ざしてしまう。正しいことば
を見出さずに沈黙してしまう軽率で不信仰な場合がある。あまりにしば
しば私たちは、必要もないのに恥ずかしがったり他者を恐れたりして口
をつぐんでしまう。

母なる大地との結びつき

Zugehörig der mütterlichen Erde. [★582]

Der Mensch, den Gott nach seinem Ebenbilde geschaffen hat, ist aus Erde
genommen. Stärker konnten selbst Darwin und Feuerbach nicht reden. Aus
einem Stück Erde stammt der Mensch. Seine Verbundenheit mit der Erde gehört
zu seinem Wesen. Die „Erde ist seine Mutter", aus ihrem Schoß kommt er. Aus
ihr hat seinen Leib. Sein Leib gehört zu seinem Wesen. Sein Leib ist nicht sein
Kerker, seine Hülle, sein Äußeres, sondern sein Leib ist er selbst.

神が自分にかたどって創造した人間は、土から取られた人間である。ダー
ウィンやフォイエルバッハでさえ、ここで語られている以上に思い切っ
たことは言えなかった。人間は一塊の土からできたのである。土との結
びつきは人間の本性の一部である。「大地は人間の母」であり、その胎
から人間は生まれた。したがって、人間の肉体は地に由来する。人間の
肉体は、人間の本性であって、人間の牢獄、覆い、外形ではない。人間
の肉体は、人間自身である。

この世のあらゆる困窮が負わされた肩

Alle Not der Welt auf diese Schultern geladen. [★583]

Auf den schwachen Schultern dieses neugeborenen Kindes soll die Herrschaft über die Welt liegen! Eines wissen wir: Diese Schultern werden jedenfalls die ganze Last der Welt zu tragen bekommen. Mit dem Kreuz wird alle Sünde und Not dieser Welt auf diese Schultern geladen warden.

新しく生まれた子どもの弱々しい肩の上に、この世の支配がかかっている。私たちは一つのことを知っている。それは、この肩の上にいずれ、この世のあらゆる重荷が負わされるようになるということである。すなわち、十字架によってこの世のあらゆる罪と困窮とがこの肩の上に負わされることとなるのである。

究極以前の事柄を軽視してはならない

Geringschätzung des >Vorletzten< ist selbstbetrug.

Christliches Leben ist der Anbruch des Letzten, das Leben Jesu Christi in mir. Es ist aber immer auch Leben im Vorletzten, das auf das Letzte wartet. Der Ernst des christlichen Lebens liegt allein im Letzten, aber auch das Vorletzte hat seinen Ernst, der freilich gerade darin besteht, das Vorletzte niemals mit dem Letzten zu verwechseln, das Vorletzte gegenüber dem Letzten für Scherz zu halten, damit das Letzte und das Vorletzte seinen Ernst behält.

キリストへの信仰をもって生きるということは、究極のことが私のうち

で始まるということであり、イエス・キリストが私のうちで生きるということである。しかし、それは常に、究極のことを待ち望みつつ、究極以前の事柄と関わりをもちながら生きるということでもある。キリストへの信仰をもって生きる生は、究極のことを待ち望むことにまさに真剣になるが、しかし究極以前の事柄に対しても、やはり真剣になるのである。

　この章では、20世紀の神学者・牧師・思想家そして反ナチスの闘士であったディートリッヒ・ボンヘッファーが残したことばを原典であるドイツ語で辿った。では、なぜ彼のことばを翻訳ではなく、ドイツ語原文で伝える必要があるのだろうか？　この疑問はある意味もっともなことである。日本のボンヘッファー研究は先人たちの優れた業績があり、さまざまな翻訳もすでにある。日本語翻訳だけでも十分にボンヘッファーのことを学ぶことはできるようになっている。

　しかしながら逆に、ドイツ語原文でボンヘッファーとその同時代人の想いを辿ることには深い意義がある。彼の文章はキリスト教の知識と深い教養に裏打ちされながらも、現代的課題に真剣に向き合う、緊張感あふれる名文で、ドイツ語テクストとして切実なまでの完成度を誇る至上のテクストでもあるからである。時代や状況の差異を超えて今日もなお私たちに迫ってくる文章と言えるであろう。もちろん、彼の思想と行動について詳らかにするには、日本とドイツとでは、宗教的状況は大きく異なる。それゆえ、ボンヘッファーの思想をそのままの形で日本に当てはめることはできない。ただ、わずかな教会だが、戦争の「罪責告白」を行ったキリスト教会が日本にあった。少なくとも背景として、日本とドイツには第二次世界大戦での罪責を反省すべき存在としての共通性がある。この問題を考えていくきっかけにもなればという思いも込めて、ボンヘッファーの珠玉のことばの一つ一つに真摯に立

ち向かってみた★584。

　人は果たしてどこまで良心的に生きることができるのか？　そして倫理的に生きるとはどういうことなのか？　これらの永遠の命題について命懸けで答えを出そうとしたボンヘッファーのことばをいっしょに読んだわけである。彼のことばの数々は現代の私たちにも、良心に生きるとはいかなることかを問い続けている。ボンヘッファーは、単にナチスへの抵抗者としてのみ限定して考えるべき人物ではない。特別な時代の、例外的な問題に向き合った人物という限定的な問題意識でのみ捉えるべき人物ではなく、現代的意味でもその存在が注目されているドイツの宗教者・神学者なのである。彼を殉教者のように扱うのも頷けることである。ボンヘッファーのことばに記されている精神は、困難な課題に戸惑う混濁した知性の澱みではない。残酷な殺戮の時代にありながらも、神の教えに従う決意であり、そのためにも目の前の問題から逃げないというキリスト者としての覚悟を表現したものなのである。

まとめ

『聖書』のことわざと言語文化

　紀元後70年前後に『聖書』の「福音書」中の最初の文書「マルコ福音書」が書かれたと推定されている。この文書は「イエス伝承」という形式での最初のものであり極めて重要な記録である★585。『新約聖書』の「マタイによる福音書」5-18にイエスのことば「まことに、あなたがたに告げます。天地が滅びうせない限り、律法の中の一点一画でも決してすたれることはありません。全部が成就されます」がある。この個所はイエスが読んだ『旧約聖書』の文字（方形ヘブライ文字＝現在のヘブライ語印刷文字の原型）に関係している。その「一点」とは最小文字ヨードのことで、また「一画」とは文字によっては左上にある角状飾りのことである。ここに典型的に表わされているように、ことばによる表現の重要性が示されている。

　キリスト教とは異なる異教を信仰していたゲルマン人が、異教の神々を捨てて改宗してキリスト教を受け容れるとはどういう事態なのか。徐々にゲルマン伝来の慣習が廃れ、改宗しやすい環境が整ったのであろうか。しかしながら、ゲルマン民族に独自の宗教・慣例から抜け出し、全く新しい、ローマ帝国のキリスト教へ移るとは、言語文化の改宗と言っていいくらいである。言い換えれば、ローマ帝国で育まれた新しい言語体がゲルマン人の文化の中に定着し、新たな言語表現を生んでいく歴史的プロセスを追う作業である。本書では、このようにヨーロッパ史において、キリスト教の普及の経緯を読み解き、ゲルマン人の言語文化に対して及ぼしてきた影響を軸に、中世初期から今日に至るまでのヨーロッパの文化誌を考察した。

さて、『聖書』には欧米文化圏の表現や思想が凝縮して書かれていると言っても過言ではないであろう。昔から伝わることわざの実に多くが『聖書』を起源としている。『聖書』は欧米人にとって身近な存在で、そこから採られていることわざは皆に馴染みのあるものである。キリスト教を深く信仰していない場合であっても、『聖書』から引用されることわざは西洋の文化に深く根差しているわけで、意識的であれ無意識的であれ本質的に心の中に染み渡っているものである。例えば、「蒔いた種は刈らねばならない」[★586]・「木を見て森を見ず」や「便りのないのはよい知らせ」は西洋のものであり、「馬を水辺に連れて行くことはできても水を飲ませることはできない」はイギリス伝承のものである。われわれ日本人にもよく知られている「早起きは三文の徳」・「継続は力なり」・「去る者は日々に疎し」・「鉄は熱いうちに打て」・「郷に入っては郷に従え」・「火のない所に煙は立たぬ」・「千里の道も一歩から」などは、どの文化圏にも普遍的に見出される着想かもしれない。

　ことば遣いが、ある個人の人格的背景を背負っているように、ある言語もまた同様に、その言語圏の文化背景を背負って成り立っていると言える。ある言語圏におけるある言い回しが、その言語圏の人たちにとってしっくりいく表現である時、ことわざに関して言うと、他の言語圏の人々にもわかり合えるという場合が少なくないように思われる。これがことわざ研究の醍醐味ではないだろうか。現実問題としては、『聖書』にまつわる比喩や格言・ことわざが、その本来のニュアンスで伝わるのではないかもしれない。それであっても、言語文化圏を超えて共有し合える何かがことわざの中にはあるのだろう。本文で触れたような「豚に真珠」などが、この好例に当たると言ってもいいと考えられる[★587]。他の例で言えば、「目から鱗が落ちる」という表現である。本来の出典は「使徒言行録」9:18-19であり、テクストの解釈としては「見えていなかったものが見えるようになる」が真意である[★588]。日本語でもかなり定着し、割と頻度の高いことわざではないだろうか。

註

はじめに ——————————————————————————————

★1　ベーコン（Francis Becon）は「民族の天分、機知と精神は、そのことわざ
　　　の中に見出される」（The genius, wit and spirit of a nation are discovered in its
　　　proverbs.）と述べており、また、ヘルダー（Herder, J.G.）は「ことわざは民
　　　族の考え方を映す鏡である」（Sprichwörter sind der Spiegel der Denkart einer
　　　Nation.）という捉え方をしている。

★2　山川（1975:11）：「ことわざの発生した源は二つに大別される。すなわち、
　　　文献に由来するものと、一般民衆の間に自然発生し伝承されてきたものと
　　　である」。後者の民衆的なことわざ（Volkssprichwort）の例としては、„Die
　　　schwarzen Kühe geben auch weiße Milch.“「黒い雌牛も白い乳を出す」（＞何
　　　事もうわべだけではわからない、内容と外見は一致しないことが多い）な
　　　どである。ただし、森田（1994:142）：「現在の日本語では意外と［…］こ
　　　とわざや慣用句が使われていないということに気が付く［…］。慣用句はと
　　　もかく、ことわざにお目にかかることは滅多にない」の指摘のように、特
　　　に書き言葉でことわざ・慣用句が使われることはあまり多くない。

★3　例えば宗教の本質をえぐったとされるマルクスの有名な名句がある。「宗教
　　　は民衆の麻薬である（Die Religion ist das Opium des Volks.）」。

★4　森田（1994:142）：「日本語には、いわゆる故事成語やことわざ・慣用句の
　　　たぐいが多い」。

★5　日本のことわざ。

★6　『新約聖書』の「マタイ」第7章に由来する。

★7　『聖書』そのものではないが、いかにもキリスト教圏ならではの思想と言え
　　　るボンヘッファー（ドイツの牧師・神学者）の名句を敢えてまとめて1つ
　　　の章とした（補章）。

★8 　市村（2002:31-34）

★9 　そもそも、『聖書』の神聖なことばを卑俗な土着のことばに変えることは冒
　　　瀆的であり、また、『聖書』の翻訳がたやすく一般信徒の手に入れば、人々
　　　が勝手な解釈をしたり、教会での務めをおろそかにしたりするのではない
　　　かという考えがあったからである。

★10 　中世期（9世紀頃）では、ターティアン（Tatian）の福音書の翻訳や、オッ
　　　トフリート（Otfrid）の福音書（Evangelienbuch）がある。

★11 　『ラテン語訳聖書』（ヴルガータ Vulgata）からの訳出である。このシュトラー
　　　スブルクにおける出版が（ルターに先立ち）ドイツ語圏で最初のものであっ
　　　た。

★12 　「宗教改革の明けの明星」と言われる（寺沢 1969:11）。ヨークシャーに生まれ、
　　　オックスフォード大学で学び、同大学のバリオール学寮長に選ばれ、ラター
　　　ワス（Lutterworth）で牧師になった。彼は、純粋な宗教的情熱に燃え、教
　　　会の腐敗、中でも高位聖書者の富裕な生活を攻撃し、社会を騒然とさせた。
　　　さらに教皇を批判したことによって、一切の公職から追放された。ウィク
　　　リフは、教会を本来の姿に戻すためには先ず『聖書』の理解から始めるべ
　　　きだと考え、権威主義的な教会への反抗、および、無知な大衆の啓蒙を意
　　　図して、『ラテン語ヴルガータ聖書』の翻訳に着手した。

★13 　11世紀から14世紀半ばまでは（「詩篇」を除いて）『聖書』を翻訳する動き
　　　は見られなかった。

★14 　当時はヨーロッパ各国の教会で公認されていたラテン語訳『聖書』（ヴルガー
　　　タ）に基づき、これを逐語訳ないし意訳・翻案することが近代各国語訳と
　　　称されていたものであった。

★15 　堀川（2018:104）：「ルター訳は原典がもつヘブライズムのゲルマニズム化（ド
　　　イツ文化）」。

★16 　寺沢（1969:280-281）

★17 　ツヴィングリはルターと共に改革を行おうとしたが、教義の違い（エラス
　　　ムスの影響を受け合理的に考える傾向）からルターの協力を得られず、旧

教派（カトリック）と戦って戦死する運命となった。

★18 なお、ツヴィングリのあと、フランソワ1世の弾圧から逃れるためにスイスにやってきたのが、フランス人宗教家のカルヴァン（Calvin）である。後世、ドイツの思想家マックス・ウェーバー（Max Weber）は、『プロテスタンティズムの倫理と資本主義の精神』を著し、カルヴァン派と資本主義成立の関連性を説いている。

★19 私訳として注目されるべきものに、ブーバーの翻訳がある（Buber-Rosenzweig：„Die Schrift", 4巻本）。

★20 カトリック教会が公認している聖書が『統一聖書』（Einheitsübersetzung）である。

★21 イギリスでは「ウィクリフ訳」が最初の完訳『聖書』であり、写本ながら発行部数・普及度において、最初に出版された『聖書』と言える。

★22 『ルター訳聖書』（1534年）を嚆矢とする。

★23 代表的なものが『ティンダル訳新約聖書』（1526年）である。これは、エラスムスのギリシア語『新約聖書』を用い、ルターのドイツ語訳を参照している（寺沢 1969:18）。

★24 近代に入ってルター訳に強い影響を受けて種々の翻訳が試みられた。プロテスタントでは、「改革派教会訳」（1537年）が「議会制定聖書」（Statenbijbel）として19世紀末まで用いられた。カトリックでは『ルーヴァン聖書』（1548年・改訳1599年）が挙げられる。現代語訳としては、「プロテスタント公認新訳」（1951年）と、フランスの『エルサレム聖書』に範をとった「カトリック新訳」（新約1961年）が広く用いられている。

★25 イタリア語に関しては、13世紀以来、数多くの『聖書』翻訳があるが、古典的なものとしてはマルティーニ訳（1782-1792年）が最も広く用いられた。

★26 シェークスピアの英語と並んで近代英語の性格を決定したと評される。

★27 『欽定訳聖書』は、書き下ろしの訳ではなく、ティンダルの英訳に遡る16世紀プロテスタント訳の改訳であり、特に『新約聖書』に関してはその80-90%がティンダル訳を踏襲している（寺沢 1969:81）。

★28 ヘブライ語・ギリシア語の原典から直接、訳して、フランスのプロテスタ

ント最初の『聖書』訳を完成させたのは、カルヴァンの甥オリヴェタンである。

★ 29 　テクストは、British & Foreign Bible Society "The Gospel in Many Tongues"（1954）に基づく。

第 1 章 —————————————————————————————

★ 30 　このギリシア語訳『聖書』は一般に『七十人訳聖書』（羅：Septuaginta「セプテュアギンタ」、「70」の意）と呼ばれている。

★ 31 　ハーレイ（2003³:107）。「旧約聖書のギリシア語訳はエジプトでなされた」。

★ 32 　ことわざは「言語学や民俗学のみならず、社会学や文化人類学、歴史学、法学、心理学、文学、さらには気象学や医学、衛生学に至る広範な分野にとって、きわめて豊饒な資料の宝庫である」（ことわざ研究会 1997「はじめに」）。文献記録に頼るだけでは解明できない民俗伝承などの分析も必要になってこよう。ことわざ学はいかにも学際的な領域であると言える。

★ 33 　「時は金なり。しかし暇のたくさんある人はお金もたくさん必要だ」（Zeit ist Geld, aber wer viel Zeit hat, braucht viel Geld）など、ことわざ・名句をもじったものをウェレリズム Wellerismus という。あるいは、Der Mensch lebt nicht vom Brot allein.「人はパンのみにて生きるにあらず」に対して、「スープも

クノールの広告

必要だ」（クノールの広告）という類。

ウェレリズムの定義としては „Ein Wellerismus ist eine Abart des Sprichwortes, auch apologisches Sprichwort, Beispielsprichwort oder Sagwort genannt. Er besteht im Normalfall aus drei Teilen: einem sprichwortartigen Ausspruch, dem Miteelteil, in dem der Sprecher genannt wird, und einem Schlußteil, der die Situation kennzeichnet, in der dieser Ausspruch ›gesagt‹ wird." (Mieder 1979:157) がある。

★34 この個所に先行する部分は以下の通りである。「マタイ」4:1-4：4:1 さて、イエスは悪魔から誘惑を受けるため、"霊"に導かれて荒れ野に行かれた。4:2 そして 40 日間、昼も夜も断食した後、空腹を覚えられた。4:3 すると、誘惑する者が来て、イエスに言った。「神の子なら、これらの石がパンになるように命じたらどうだ」。4:4 イエスはお答えになった。「人はパンだけで生きるものではない。神の口から出る一つ一つのことばで生きる」と書いてある。（SBL Greek New Testament : Τότε ὁ Ἰησοῦς ἀνήχθη εἰς τὴν ἔρημον ὑπὸ τοῦ πνεύματος, πειρασθῆναι ὑπὸ τοῦ διαβόλου. [2] καὶ νηστεύσας ἡμέρας τεσσεράκοντα καὶ νύκτας τεσσεράκοντα ὕστερον ἐπείνασεν. [3] καὶ προσελθὼν ὁ πειράζων εἶπεν αὐτῷ· Εἰ υἱὸς εἶ τοῦ θεοῦ, εἰπὲ ἵνα οἱ λίθοι οὗτοι ἄρτοι γένωνται. [4] ὁ δὲ ἀποκριθεὶς εἶπεν· Γέγραπται· Οὐκ ἐπ' ἄρτῳ μόνῳ ζήσεται ὁ ἄνθρωπος, ἀλλ' ἐπὶ παντὶ ῥήματι ἐκπορευομένῳ διὰ στόματος θεοῦ.）

★35 犠牲の肉を思い起こさせる。

★36 新改訳『新約聖書』

★37 SBL Greek New Testament

★38 新改訳『新約聖書』

★39 先述の通り、ことわざのうち最古のものは『聖書』の「箴言」に始まると見てよい。

★40 「犬」のイメージは野犬であり、共同体の周辺にいて、共同体から廃棄されたものを餌にして生きている動物が犬とされていた。『聖書』では、例えば「出エジプト記」22:30 に「野外でかみ殺された肉を食べてはならない。それは犬に投げ与えるべきである」（Darum sollt ihr kein Fleisch essen, das auf dem Felde von Tieren zerrissen ist, sondern es vor die Hunde werfen.）と

あり、また「列王記 上」21:23-24 に「イゼベルはイズレエルの塁壁の中で犬の群れの餌食になる。アハブに属する者は、町で死ねば犬に食われ、野で死ねば空の鳥の餌食になる」(Die Hunde sollen Isebel fressen an der Mauer Jesreels. Wer von Ahab stirbt in der Stadt, den sollen die Hunde fressen, und wer auf dem Felde stirbt, den sollen die Vögel unter dem Himmel fressen.) と記されている。

★41　「マタイ」の中で他に動物が出てくる場面には以下のものがある。「マタイ」7:15：「偽預言者を警戒しなさい。彼らは羊の皮を身にまとってあなたがたのところに来るが、その内側は貪欲な狼である」(Seht euch vor vor den falschen Propheten, die in Schafskleidern zu euch kommen, inwendig aber sind sie reißende Wölfe.) や「マタイ」23:33：「蛇よ、蝮の子らよ、どうしてあなたたちは地獄の罰を免れることができようか」(Ihr Schlangen, ihr Otterngezücht! Wie wollt ihr der höllischen Verdammnis entrinnen?) などである。

★42　「豚」も「犬」と同様ネガティヴな意味を担わされることが多く、『聖書』では例えば「ルカ」15:16 に「豚の食べるいなご豆を食べてでも腹を満たしたかった」(Er begehrte, seinen Bauch zu füllen mit den Schoten, die die Säue fraßen.) と表わされたり、特に『旧約聖書』では穢れた動物とみなされたりした（「レビ」11:7：「いのししはひづめが分かれ、完全に割れているが、全く反すうしないから、汚れたものである」das Schwein, denn es hat wohl durchgespaltene Klauen, ist aber kein Wiederkäuer; darum soll es euch unrein sein.)。

★43　豚は当てが外れ激怒し、自分たちに真珠を投げた人に対して怒りが向けられる。

★44　『NTD 新約聖書注解』別巻「マタイによる福音書」(1980:200) のように、「異邦人のことが考えられているのではない」という見解もある。

★45　高橋（2020:62-66)

★46　「真珠」は貴重な宝飾品であり、その価値は疑い得ない。「マタイ」13：45-46 では「商人が良い真珠を探している。高価な真珠を一つ見つけると、出かけて行って持ち物をすっかり売り払い、それを買う」(Wiederum gleicht das Himmelreich einem Kaufmann, der gute Perlen suchte, und da er eine kostbare Perle fand, ging er hin und verkaufte alles, was er hatte, und kaufte sie.）と記されており、天の国を表わすものとして表現されている。

★47　「貴重なもの［…］を、その価値のわからぬ者（犬や豚）に与えるのは意味がない。福音を伝えるときは、その福音を受け入れてくれる相手を選ぶことが肝心なのだ」（高橋 2020:66）。

★48　私たちの胸に突き刺さることばである（高橋 2020:60-61）。

★49　この点を論じるには、実は『聖書』が「正典」として成立してきたプロセスを史的に踏まえておく作業が必須である（本書の第3章を参照のこと）。

★50　高橋（2020:61）

★51　新共同訳『新約聖書』

★52　新共同訳『新約聖書』

★53　「犬」は当時、外国人を意味する蔑称であった。

★54　『新約聖書注解 I』（²1992:200）:「ユダヤ人は異教徒を犬と呼んだが、ここでは指小辞［子犬］——子どもと同じように家の中で食物をもらうペット——が使われ、軽蔑的な意味あいはそれほど感じられない」。

★55　カーギル（2018:38）

★56　イエスは、エルサレムを起点としてユダヤの各地を回ったが、大半の時間を費やしたのはガリラヤで、その全域で集中的に証を行った。戦況のため、ティルスやシドン地方の人々のところへ、またデカポリスの至るところやペレアへも行った。「マルコ」3:7-8:「ガリラヤから来たおびただしい群衆が従った。また、ユダヤ、エルサレム、イドマヤ、ヨルダンの向こう側、ティルスやシドンのあたりからもおびただしい群衆が、イエスのしておられることを残らず聞いて、そばに集まって来た」（新共同訳）も参照のこと。

★57　カーギル（2018:25）

★58　カーギル（2018:34-35）

★59　「エゼキエル書」28:22-23：Ich, Gott, der HERR, sage: Sidon, jetzt bekommst du es mit mir zu tun! Wenn ich Gericht über dich halte, werden alle sehen, dass ich ein heiliger Gott bin. Ja, ich werde mein Urteil an dir vollstrecken und dadurch meine

Macht und Herrlichkeit zeigen. Jeder soll erkennen, dass ich der HERR bin. In deinen Häusern wird die Pest ausbrechen, und in deinen Straßen wird Blut fließen. Von allen Seiten bedrängen dich deine Feinde, und viele deiner Einwohner werden dem Schwert zum Opfer fallen. Dann erkennst du, dass ich der HERR bin.（Hoffnung für Alle 版の『聖書』）Herr「主」（強調してすべての文字を大書することもある）, es mit jm. zu tun bekommen「関わり合い（けんか）になる」, über jn. Gericht halten「裁く（雅語）」, ein Urteil an jm. voll|strecken「刑を執行する」, aus|brechen「突発する」。

　　主なる神はこう言われる。シドンよ、私はお前に立ち向かう。私が裁きを行えば、私が聖なる神であることが皆にわかることであろう。私はお前に対して刑を執行し、私の力・栄光を示そう。誰もが私が主であることを知るようになる。私は、町の中に疫病を送り、また、通りに血を流れさせる。四方から敵が迫り、住人の多くが剣の犠牲になる［シドンも反バビロン運動に加わったため、シドンの王もバビロンに捕囚となった。疫病・剣は「エゼキエル書」によく出る典型的な裁きの手段である。エルサレムに対しては更に獣・飢えが加えられ裁きの完全性が意味されている（『旧約聖書注解Ⅱ』（1994:560））］。そのとき彼らは私が主であることを知るようになる。

★60　預言者イザヤは、「タルシシュの船よ、お前たちの砦は破壊されてしまった」「イザヤ書」23:13-14 と述べ、フェニキアの没落に言及している。タルシシュとは、交易のため地中海を行き来していたフェニキアの船を示している。

★61　次の引用の直前の個所でも「力あるわざが、もしもシドンで行なわれたのだったら彼らは［…］悔い改めていたことだろう」（「マタイ」11:21）と述べられている。

★62　歴史の結果として、フェニキアは、『聖書』の成り立ちに欠かせない3要素（アルファベット・紙・エルサレム神殿）を提供したことになる（ティルスから原料や名工の力を得てダビデ王・ソロモン王の宮殿が建設された）。特に神殿に関して、イスラエルとフェニキアの協同作業であったことは歴史的事実として間違いない。なぜなら、もし事実でないなら、『聖書』の執筆者・編集者が（異教の神々を崇拝する）他民族との互恵関係を敢えて強調

するはずがないからである（カーギル 2018:33）。

★ 63　er|gehen「境遇にある」, etwa「〜とでも言うのか」, zu Fuß「徒歩で」, Reich der Toten「死者の国（＝ハデス）」

★ 64　Hamp（1979）

★ 65　とりわけカペナウムは、弟子ペテロの家があり、イエスのガリラヤでの宣教の拠点であった。

★ 66　驕り・高ぶりがはびこる異教徒の街の典型と見られていた。

★ 67　auf|brechen「出 発 す る」, Jünger「弟 子」, sich ziehen「お も む く」, sich herum|sprechen「（噂などが）あちこちに広まる」

★ 68　Hamp（1979）

★ 69　versorgen「（食事などの）面倒を見る」, Krümel「パンくず」, friedlich「平穏な、温和な」

★ 70　Hamp（1979）

★ 71　ユダヤの共同体に生を受け成長し社会化したイエスが、自らの民族に固有の価値観を身に付けていないとは言えないという考え方もある（高橋 2020:24-26）。

★ 72　高橋（2020:30-33）。高橋（2020:30-31）:「深く憐れんでと訳されているのは、もともと内臓が傷つくという意味をもっていた言葉である」。

★ 73　ボンヘッファーも祈りを通して、深い煩悩と検討の果てに苦渋の決断をしたのである。決して彼は拙速にヒトラーの暗殺を支持したわけではない。ボンヘッファーの文脈には愛敵の思想が関わっていたことは間違いない。敵を愛するためには、まずその敵を赦すことから始めなければならない。愛に先だって赦しが来るのである。相手の罪を赦すわけである。ここからしか敵への愛は生まれない。

★ 74　神からの罪の赦しの恩寵・恵みに由来するものである。ナチスの時代に愛敵の思想は成り立ち得るのか、あるいは妥当なのか、妥当だとしても、ボンヘッファーの行動原理に合致するのかという疑問が生じる。根本的に、そもそも戦争は人間のしわざであり、神の御心であるはずがなく、生命を破壊する戦争を人間が止めなければならないという発想のもと、緊急の事

態に立ち向かおうとしたのだと考えられる。ヒトラー暗殺のためらいを見せなかったと伝えられる彼の思想を理解するためには、彼が敵を憎むことを重視したのではなく、敵を愛することを真剣に考え抜いた人物であるということを知るのが大切である。この苦悩と煩悩こそが、彼に特有である。これだけ徹底した博愛主義的な考えは他に見られないであろう。

★75　山﨑（2003:20）も「敵を愛せというのです。ボンヘッファーの行動倫理は、例外を許さない徹底した絶対的・究極的な倫理と言えます。非暴力的であり平和主義的である「愛敵の思想」に則った行動倫理です」と述べている。

★76　新共同訳『新約聖書』

★77　「創世記」11:1 に「全地は同じ発音、同じことばであった（Es hatte aber alle Welt einerlei Zunge und Sprache.）」という個所がある。これは、ノアの大洪水の後、人間がバビロンの地に天に達するほどの高い塔（バベルの塔）を建てようとしたのを神が怒り、その時まで一つであった人間の言語を混乱させて互いに通じないようにしたというエピソードの元になる部分である。人間の傲慢に対する戒めを表わしている。

★78　モーゼは紀元前 13 世紀頃のイスラエル民族の指導者で、神の啓示によりイスラエル民族を率いてエジプトを脱出する。神ヤーウェとの契約で「十戒」を授けられ、40 年間アラビアの荒野をさまよった後、約束の地（カナン）に到達する。

★79　「出エジプト記」21:24 に出てくる言い回しに「目には目を、歯には歯を（Auge um Auge, Zahn um Zahn.）」がある。

★80　「モーゼの十戒」の中で同じく重要だとされているのが、「あなたは、あなたの神、主の名を、みだりに唱えてはならない。主は、み名をみだりに唱えるものを、罰しないではおかないであろう（Du sollst den Namen des HERRN, deines Gottes, nicht missbrauchen; denn der HERR wird den nicht ungestraft lassen, der seinen Namen missbraucht.）」（「出エジプト記」20:7）である。

★81　その他、「あなたの父と母を敬え（Du sollst deinen Vater und deine Mutter ehren.）」・「安息日を覚えて、これを聖なる日とせよ（Gedenke des

Sabbattags, daß Du ihn heiligest.）」などである。

★82 古く紀元前6世紀の「バビロン捕囚」頃からユダヤ民族が東方への離散を余儀なくされ（＝ディアスポラ διασπορά）、あるいはその他のさまざまな機会に強制的であれ自発的であれパレスチナの外にユダヤ人が移り住むようになった。ヘブライ語を読めないギリシア語圏のユダヤ人、あるいは、改宗ユダヤ人が増えた。いわゆる「ディアスポラ」のユダヤ人はヘレニズムに先行するが、ギリシア語話者ユダヤ人（ヘレニスト）は、アレキサンダー王の遠征以降、一層増加したと思われる。各民族語で書かれた文書が多数、ギリシア語へ翻訳される中で、『旧約聖書』もギリシア語に翻訳されたのである。

★83 加藤（1999:280）

★84 11世紀頃のものと思われる、北欧の本来的な自然信仰の墓地と並んで、キリスト教の墓地の跡が発掘されている。この頃が、昔からの信仰とキリスト教の共存した時代なのだろう。

★85 森田（1994:142）：「日本語には、いわゆる故事成語やことわざ・慣用句のたぐいが多い」。

★86 ことわざの内容と形式について考察することを課題とする学問分野をことわざ学（Sprichwörterkunde）と称する。

★87 田辺（1976:6）。佐竹（2009:36）：「異文化間におけることわざの比較がおもしろい研究テーマとなる。具体的には、異なる言語におけることわざの対照的研究である」。

★88 鄭（2008:433）：「異なる文化のことわざの比較研究はことわざ研究の一分野として成立している」。

★89 通言語的な考究の難しさを、例えば南（2009:63-64）は「日本語の〈火に油を注ぐ〉のニュアンスを、英語で "throw oil on the flame" と言って伝えることはできるであろうか。同様に、英語で "You cannot see the forest for the trees." と言えば、日本語で〈木を見て森を見ず〉と同じニュアンスを伝えられるのだろうか」と説いている。

★90 鄭（2008:433-434）。鄭（2008:436）：「比較ことわざ学の中心的課題は、異

なる文化のことわざの総体的比較である」。

★91 藤井（1978:20）：「いまだに完全なる学術的定義を下し得たる者なし、これ
畢竟ことわざそのものの性格の然らしむる所にして、また如何ともすべか
らざるなり」。柳田國男をはじめとする民俗学の分野では、ことわざを「言
技」とみなし、口承文芸としてのことわざの機能を捉えている。

★92 ことわざ・慣用句・格言・故事・成句、これらいずれにも教訓が含まれて
いる点が共通している。

★93 鄭（2009:157）：「ことわざ比較の主たる目標は、それぞれの文化のことわ
ざの特徴を明らかにすることである」。

★94 ことわざの定義に関し、例えば伝統性は日本語圏では重視される観点であ
るが、英語圏では真理が重要な要素となる。

★95 松村（2009:180-181）

★96 ことわざが、これまで研究対象にされることが少なく、その体系的な記述
を目指すことがあまり行なわれなかった経緯について、佐竹（2009:34-35）
は敬語と対照させて次のように記している。「敬語であれば、敬語自体がシ
ステムであり、敬語形式の構造も用い方もかなりシステマティックに整理
できる。それに対して、ことわざや慣用句という概念は、一つの集合体を
意味し、それぞれ無限に近い広がりをもっているような存在で、そこに体
系を見出すことは難しい」。

★97 宮地（1999:215-216）

★98 類型的形式として2文節以上から成る句や文などを指す（宮地 1999:215）。
これは、二つ以上の語が一続きに、または相応して用いられ、その統合が、
全体として、ある固定した意味を表わす（『国語学大辞典』による）という
「慣用句」とほぼ同様の定義である。ただ通常、格言・ことわざは慣用句に
は含まれない。

★99 格言は、教訓（広義教育上の社会的要請）的意味をもつものであり、一方、
ことわざは、事実や事態の一面を簡潔に表現（教訓的事実より叙述的事態
を内容とする）するものである（宮地 1999:216-217）。

★100 ①直喩的慣用句はことわざに近く、②隠喩的慣用句は連語成句に近い。な

お、ことわざは、言語形式の面では、二つ以上の語から成る句や文の形をとるものであり、慣用句とは、その内容に対する歴史的・社会的に安定した価値観（多くの人々に支持され変動しないもの）の有無によって区別されるとは言え、ことわざと慣用句の境界はあいまいなところもあると言わざるを得ない（佐竹 2009:32-33）。

★101 一般の連語句（述語的部分をもつ連語）よりも凝結度が高く、形式が固定的である。

★102 山川（1975:10）:「ヴィルヘルム・グリム［W.Grimm］は、真の民衆的なことわざは何らわざとらしい教訓を含んでいないと述べている」。

★103 例えば、ゲーテの「外国語を知らない者は自国語についても無知である（Wer fremde Sprachen nicht kennt, weiß nichts von seiner eignen.）」などである。

★104 名句を geflügelte Worte（＝翼の生えた言葉）として広めたのはビュヒマン G. Büchmann（1864）である。

★105 下宮（1994:191-194）

★106 しばしば「喜びを人に分かつと、喜びは2倍になり、苦しみを人に分かつと、苦しみは半分になる」という言い回しが『聖書』からだと思われているが、この表現はティートゲの『ウラーニア』が出典である。

★107 他の表現として、man sagt「〜と言われる」や Es heißt「〜という話だ」という言い回しによって、ことわざが導入されることが多い。

★108 外見の立派なものが必ずしも内容がいいとは限らない。

★109 山川（1975:33）

★110 山川（1975:5）

★111 山川（1975:17-20）。なお、フランス語から転来したことわざとして次のようなものがある。ドイツ語の „Das ist Senf nach der Tafel." は、フランス語 „C'est de la moutarde après diner." に由来する。

★112 この節の『ドイツ語聖書』のテクストは、いずれも Lutherbibel が典拠である。

★113 「箴言」の「箴」は本来、医療用語の「鍼（はり）」（もしくは裁縫の「針（はり）」）と同義である（『聖書注解Ⅱ』183）。

★114 主にソロモンが述べたものと考えられている（その他、マサの人ヤケの子

アグル、マサの王レムエルが著者として候補に挙がる)。

★ 115 「主を恐れることは知識の初めである」(「箴言」1-7)は、「箴言」全体のテーマであると言っていいであろう。ヘブライ語の「知識・知恵」を表わす語には、「出発点」(神との正しい関係)・「本質」(中心)の両方の意味がある。

★ 116 生き方の原点、知恵の実践面を示している。教育、道徳的訓練といったものである。

★ 117 ギリシアの医学者ヒポクラテスが病気の診断・治療法を簡潔に述べたものをアフォリズムと呼んだのが最初である。

★ 118 新共同訳では従来「伝道の書」とされてきた書名を「コヘレトの言葉」としている。

★ 119 『聖書注解Ⅱ』(220)

★ 120 『聖書注解Ⅱ』(220)

★ 121 『聖書注解Ⅱ』(221)

★ 122 人が善を行えば幸いになり、悪を行えば不幸になるというモラルの秩序のことである。

★ 123 『聖書注解Ⅱ』(21)。

★ 124 『聖書注解Ⅱ』(22)。「ヨブ記」の成立は紀元前5世紀前半と想定される。

★ 125 カナンの神々の一柱。

★ 126 虚偽一般を指す。

★ 127 紀元後2世紀頃にライン川・モーゼル川流域に住んでいたキリスト者は、いずれもローマ人であった。ゲルマン人のキリスト教への改宗は、498年のクリスマスにフランク王国の創設者クローヴィスが受洗することに始まる。

★ 128 ルーン文字。碑を正しく解釈しようとすれば、アイスランド語の詩(「エッダ詩」・「吟唱詩」)の素養(韻律・比喩)が必須である(ハルベリ1990:26)。

★ 129 『聖書』の大切な術語(キーワード)を以下に解説する。テクストについては、日本語は『新共同訳聖書』を、ドイツ語はLutherbibel(1984年)を用いる。なお、『ルター訳聖書』でHERRと大書される場合、この語は「主」を指す。
アダムとイブ(Adam und Eva)「創世記」Genesis 2:7~3:24

人類最初の男と女であるアダムとイブは神の命令に従わず、結果、楽園から追放されることになる（Da sprach Adam: Die Frau, die du mir zugesellt hast, gab mir von dem Baum, und ich aß. Da sprach Gott der HERR zur Frau: Warum hast du das getan? Die Frau sprach: Die Schlange betrog mich, so daß ich aß.「創世記」3:12-13)。「善悪の知識の木」は、食べるによく、目に慕わしく、賢くするという木であった（「創世記」2:9)。その木から実を取って食べたのは、ヘビのしわざのように表現されているが、『新約聖書』（「コリント第二」11:3）からすると、サタンがヘビを通して行ったということになる。

安息日（Sabbat）
すべての人が休息し、神を礼拝するために、週ごとに取り分けられた日のこと（「安息日を心に留め、これを聖別せよ。6日の間働いて、何であれあなたの仕事をし、7日目は、あなたの神、主の安息日であるから、いかなる仕事もしてはならない。あなたも、息子も、娘も、男女の奴隷も、家畜も、あなたの町の門の中に寄留する人々も同様である。6日の間に主は天と地と海とそこにあるすべてのものを造り、7日目に休まれたから、主は安息日を祝福して聖別されたのである」Gedenke des Sabbattages, daß du ihn heiligest. Sechs Tage sollst du arbeiten und alle deine Werke tun. Aber am siebenten Tage ist der Sabbat des HERRN, deines Gottes. Da sollst du keine Arbeit tun, auch nicht dein Sohn, deine Tochter, dein Knecht, deine Magd, dein Vieh, auch nicht dein Fremdling, der in deiner Stadt lebt. Denn in sechs Tagen hat der HERR Himmel und Erde gemacht und das Meer und alles, was darinnen ist, und ruhte am siebenten Tage. Darum segnete der HERR den Sabbattag und heiligte ihn.「出エジプト記」20:8-11)。イエス・キリストが日曜日に死人の中からよみがえったのでキリスト教徒は日曜日を休息と礼拝の日としている。『聖書』の時代には、週の7番目の日（土曜日）が安息日であり、ユダヤ人の多くは土曜日に安息日を守っている。

カインとアベル（Kain und Abel）「創世記」Genesis 4:1-24
カインはアダムとイブの長子（農夫）であったが、神が弟アベル（羊飼い）
の捧げ物だけを受け取ることを妬んで弟（アベル）を殺害する（Abel wurde
ein Schäfer, Kain aber wurde ein Ackermann. Es begab sich aber nach etlicher Zeit,
daß Kain dem HERRN Opfer brachte von den Früchten des Feldes. Und auch Abel
brachte von den Erstlingen seiner Herde und von ihrem Fett. Und der HERR sah
gnädig an Abel und sein Opfer, aber Kain und sein Opfer sah er nicht gnädig an. Da
ergrimmte Kain sehr.「創世記」4:2-5）。その罪の報いを受けて放浪の旅に出
ることになる。

クリスマス（Weihnachten）
キリストの降誕を記念し教会で守るべき祝日。中世高地ドイツ語の ze wīhen
nahten「聖なる夜に」に由来する。初代教会では1月6日に、200年頃は5
月20日に祝われていたが、4世紀半ばから現在の12月25日に行われるよ
うになった。ローマ神話によれば、暗闇を照らす太陽神として崇められて
いたミトラ神（Mithra）という神がいた。4世紀頃、キリスト教が普及する
にしたがって、このミトラ神に代わって（12月25日は本来ミトラ神の誕
生日）新しくイエス・キリストの誕生日が12月25日とされるようになっ
たのである。このように、暗闇を照らす新しい光の神としての立場にイエ
スは立つに至った。

聖霊（heiliger Geist）
人格的であるが目に見えない、この世での神の力と臨在のこと（「あなたが
たの上に聖霊が降くだると、あなたがたは力を受ける。そして、エルサレ
ムばかりでなく、ユダヤとサマリアの全土で、また、地の果てに至るまで、
私の証人となる」ihr werdet die Kraft des heiligen Geistes empfangen, der auf
euch kommen wird, und werdet meine Zeugen sein in Jerusalem und in ganz Judäa
und Samarien und bis an das Ende der Erde.「使徒言行録」1:8）。

洗礼（Taufe）

ギリシア語で「バプテスマ」という。バプテスマのヨハネが人々に呼びか
けた時、人々は自分たちが犯した悪事を心から悔い、その罪の赦しを神に
願い求めていることを明らかにするために、水を用いて洗礼を行った（「そ
のとき、イエスが、ガリラヤからヨルダン川のヨハネのところへ来られた。
彼から洗礼を受けるためである。ところが、ヨハネは、それを思いとどま
らせようとして言った。「私こそ、あなたから洗礼を受けるべきなのに、あ
なたが、私のところに来られたのですか。」しかし、イエスはお答えになっ
た。「今は、止めないでほしい。正しいことをすべて行うのは、私たちに
ふさわしいことです。そこで、ヨハネはイエスの言われるとおりにした」
Zu der Zeit kam Jesus aus Galiläa an den Jordan zu Johannes, daß er sich von ihm
taufen ließe. Aber Johannes wehrte ihm und sprach: Ich bedarf dessen, daß ich von
dir getauft werde, und du kommst zu mir? Jesus aber antwortete und sprach zu ihm:
Laß es jetzt geschehen! Denn so gebührt es uns, alle Gerechtigkeit zu erfüllen. Da
ließ er's geschehen.「マタイ」3:13-15）。

天使（Engel）

ギリシア語で「（神の）使者」の意。神によって創られた霊で、高位から低
位まで９種に分けられる。天使は必要に応じ神によって使者として人間の
もとに遣わされる（悪魔ももともとは天使であったので「堕天使」と呼ば
れる）。『新約聖書』の中、「受胎告知」（Die Verkündigung Mariä）の場面で
現われる天使の姿は絵画のモチーフとしてよく用いられる（「天使ガブリエ
ルが、ナザレというガリラヤの町に神から遣わされた。ダビデ家のヨセフ
という人のいいなずけであるおとめのところに遣わされたのである。その
おとめの名はマリアといった。天使は、彼女のところに来て言った。「おめ
でとう、恵まれた方。主があなたと共におられる。」マリアはこのことばに
戸惑い、いったいこの挨拶は何のことかと考え込んだ。すると、天使は言っ
た。「マリア、恐れることはない。あなたは身ごもって男の子を産むが、そ
の子をイエスと名付けなさい」Der Engel Gabriel wurde von Gott gesandt in

eine Stadt in Galiläa, die heißt Nazareth, zu einer Jungfrau, die vertraut war einem

Mann mit Namen Josef vom Hause David; und die Jungfrau hieß Maria. Und der

Engel kam zu ihr hinein und sprach: Sei gegrüßt, du Begnadete! Der Herr ist mit

dir! Sie aber erschrak über die Rede und dachte: Welch ein Gruß ist das? Und der

Engel sprach zu ihr: Fürchte dich nicht, Maria, du hast Gnade bei Gott gefunden.

Siehe, du wirst schwanger werden und einen Sohn gebären, und du sollst ihm den

Namen Jesus geben.「ルカ」1:26-31）。

天地創造（die Schöpfung der Welt)「創世記」Genesis 1-2

『聖書』の最初の書物「創世記 Genesis」（＝「始まり」という意）は神以外

のすべてのものの始まりについて語っている（「初めに、神は天地を創造さ

れた」Am Anfang schuf Gott Himmel und Erde.「創世記」1:1）。その第 1 章 1

節 -25 節は、天地万物の始まりについて、第 1 章 26 節 - 第 2 章 25 節は、人

の始まり（この術語解説の「アダムとイブ」の項を参照されたい）につい

て記している。

ノア（Noa(c)h)「創世記」Genesis 6:9-9:28

人々が堕落した時代にあって神に従う人であったゆえ（Noah war ein

frommer Mann und ohne Tadel zu seinen Zeiten.「創世記」6:9）、神の指示に従っ

て「箱舟」を作り（Mache dir einen Kasten von Tannenholz.「創世記」6:14）、

彼の家族とつがいの動物は洪水から救われた（An eben diesem Tage ging

Noah in die Arche mit Sem, Ham und Jafet, seinen Söhnen, und mit seiner Frau

und den drei Frauen seiner Söhne; dazu alles wilde Getier nach seiner Art, alles

Vieh nach seiner Art, alles Gewürm, das auf Erden kriecht, nach seiner Art und alle

Vögel nach ihrer Art, alles, was fliegen konnte, alles, was Fittiche hatte; das ging

alles zu Noah in die Arche paarweise, von allem Fleisch, darin Odem des Lebens

war.「創世記」7:13-15）。

バベルの塔（Der Turm zu Babel）「創世記」Genesis 11:1-9

当時、人々は世界中、同じことばを使って同じように話していた（Es hatte aberalle Welt einerlei Zunge und Sprache.「創世記」11:1）。彼らは高慢になり、天に届くような高い塔を建設し始めた。神は、これでは人々が何かを企んでも防ぐことはできないと考え（Nun wird ihnen nichts mehr verwehrt werden können von allem, was sie sich vorgenommen haben zu tun.「創世記」11:6）、人同士お互いのことばが通じなくなるようにした（Laßt uns herniederfahren und dort ihre Sprache verwirren, daß keiner des andern Sprache verstehe.「創世記」11:7）。結局、人々は塔を完成することができず、世界各地に散らばって行った（Daher heißt ihr Name Babel, weil der HERR daselbst verwirrt hat aller Länder Sprache und sie von dort zerstreut hat in alle Länder.「創世記」11:9）。

復活（Auferstehung）

死んだ後に生き返ること。イエスは死んで葬られ、3日後に死者の中からよみがえった。これは、罪と死に対するイエスの力を示している（「なぜ、生きておられる方を死者の中に捜すのか。あの方は、ここにはおられない。復活なさったのだ。まだガリラヤにおられたころ、お話しになったことを思い出しなさい。人の子は必ず、罪人の手に渡され、十字架につけられ、3日目に復活することになっている、と言われたではないか」Was sucht ihr den Lebenden bei den Toten? Er ist nicht hier, er ist auferstanden. Gedenkt daran, wie er euch gesagt hat, als er noch in Galiläa war: Der Menschensohn muß überantwortet werden in die Hände der Sünder und gekreuzigt werden und am dritten Tage auferstehen.「ルカ」24:5-7）。

メシヤ（Messias）

神が遣わすと約束した救い主のこと。ヘブライ語で「油注がれた者」の意で、ギリシア語で「油注がれた者」を意味する語が「クリストス」であり、キリストは『新約聖書』において、イエスが救い主であることを示す名である（「アブラハムの子ダビデの子、イエス・キリストの系図」Dies ist das

Buch von der Geschichte Jesu Christi, des Sohnes Davids, des Sohnes Abrahams.
「マタイ」1:1）。

預言者（Prophet）

『聖書』あるいは初代教会に現われる、人々にメッセージを語るようにと、神によって選ばれた人のこと。イザヤ・エレミア・エゼキエル・ダニエルのように、神の啓示を受け、神のことばを公けに告げ知らせる者。例えば「イザヤ書」（第52・53章・ヤーウェ〈神〉は救いの意）には、メシヤなる王である神の僕しもべ、すなわちイエス・キリストが訪れることが記されている（「私たちは羊の群れ。道を誤り、それぞれの方角に向かって行った。その私たちの罪をすべて主は彼に負わせられた」Wir gingen alle in die Irre wie Schafe, ein jeder sah auf seinen Weg. Aber der HERR warf unser aller Sünde auf ihn.「イザヤ書」53:6）。

★130 日本聖書協會『新約聖書』改譯、いわゆる『文語訳聖書』に続き、（　）内は『新共同訳聖書』である。ドイツ語訳は『ルター訳聖書』に基づく。

★131 「終わり」に何を定義するかによって解釈は異なってくる。

★132 『聖書』では「創造する」の主語は常に神である。

★133 「安息する」の原義は「止める・休む」である。

★134 例えば、呪術のために用いるというケースである。

★135 「十戒」は、いずれも二人称単数の形である。

★136 母の胎は、ここで文字通り母胎を指すのか、それとも母なる大地のことなのか、明らかではない。

★137 「老いた者」を神の尊称と解釈する説もある。

★138 創造者の目から見れば人間は塵にすぎない。創造者が塵を取り上げ形造り息を吹き込んで人間にした。

★139 「創世記」3:19 に「人は塵（dust）から」という記述がある。もっとも、これは自然科学から見てという学問的な意味ではない。むしろ神話的な意味合いであろうと考えられる。

★140 日本聖書協會『新約聖書』改譯に続き、（　）内は新共同訳である。ドイツ

語訳は『ルター訳聖書』に基づく。

★ 141 ルカにはなくマタイによって付加された「心の」という文言によって、〈貧しい人〉の含意するニュアンスは損なわれ、具体的な貧窮の意味は薄れ精神化あるいは観念化されている（日本語でも「がつがつして貪欲な・他人に寛容でない」という意味合いが感じられる）。ルカのいう〈貧しい人〉とは、単に経済的困窮というのみでなく、自己や所有に依存することなく神を信頼し、ひたすら神により頼む生を貫くという意味である。

★ 142 富んでいるあなたがたは哀れな者であるという趣旨。

★ 143 「ルカ」17:37 に Wo ein Aas ist, da sammeln sich auch die Geier.「死体のある所には禿鷹も集まるものだ」という類似の表現がある。

★ 144 1 タラントは当時の日雇い労働者のほぼ 20 年分の賃金に相当する。

★ 145 黒からしの種は直径 0.95-1.6mm、重さ 1mg、また白からしの種はほぼその倍の大きさと言われている。

★ 146 メシア待望の原型である。

★ 147 「ヨハネ」1:14

★ 148 「ヨハネ」1:18

★ 149 言は被造物ではないので、神に属する存在であり、神が語りかけた時に神と共にあり、神と本質的に等しいと言っている。

★ 150 端的に言えば、積極的にイエスを拒絶することである。

★ 151 「申命記」32:35 の「復讐は私の務め」の引用である。

★ 152 キリストの復活・一般的な死人の復活といった議論ではないとされる。

★ 153 教会の外の世界との交わり一般を指すとみなす考え方もある。

★ 154 コリントの教会の中にパウロとは違う根強い考えがあったことが想定される。

★ 155 異端は病気であり（「テモテ第二」2:17）、ユダヤ教的要素が見られる（「テモテ第一」1:7）とされていた。

★ 156 「信仰をもち疑いないならば」。

★ 157 「少しも疑わず［…］信じるならば」。

★ 158 「誰でも高ぶる者は低くされ、へりくだる者は高められる」。

★ 159 すでに古高ドイツ語の時期から部分訳ならばいくつか見られる。

★ 160 過去形に単数形でのみ用いられる雅語 ward（ich/er ward, du wardest）がある。

★ 161 故意に人を殺すこと。

★ 162 ルターの讃美歌の元になっている。

★ 163 似た文型をもつことわざに、Wer Wind sät, wird Sturm ernten.「風を蒔く者は嵐を穫り入れるだろう（＝因果応報）」がある。

★ 164 ことわざでは形容詞語尾 -es は省かれることがある。Unrecht Gut hilft nicht. とも言う（helfen「役に立つ」）。

★ 165 dass man die Stricke des Todes meide. とも訳され、「死のわなを避けるべく」の意。

★ 166 同じ内容で「ミカ書」4章に繰り返されている。

★ 167 イザヤが預言活動を行っていた時代は、北イスラエル王国滅亡の前後で、南ユダ王国はアッシリアの圧制下に苦しんでいた。イザヤは、試練にあるユダの人々に「終わりの日」の後に来る再臨の光を語っている。人々は絶望の患難の先に希望の光を見ることができたであろう。

★ 168 雅語・詩など格調高い文体では、中性名詞の前の形容詞の -es 語尾はしばしば省略される。

★ 169 直訳すれば「風をまく者は嵐を収穫するだろう」である。

★ 170 「主の祈り」の一節。

★ 171 『聖書』では本来的に、人々が神に出会う時、死人のように地に倒れ、「恐れるな」という呼びかけの奇跡があって神との出会いが許される。

★ 172 「主の祈り」の一節。なお、雅語・詩など格調高い文体では、中性名詞の前の形容詞の -es 語尾はしばしば省略される。

★ 173 蛇は『聖書』の中で悪魔やサタンの象徴として登場する（例：「ヨハネの黙示録」12:9）。

★ 174 一般に、この個所は「素直であるばかりではいけない。機を見て、利口に賢明に立ち回らなくてはならない」と理解されることが多い。

★ 175 この個所は、殉教することを求めることに対する警告でもある（迫害者から逃げることも場合によっては必要。イエスやパウロも危機が迫った時は

逃げている。悪しき者の手から逃れることは恥ずべきことではない）。安易に殉教を選ぶのではなく、神の導きによって撤退することの必要性を説いている。

★ 176　新改訳『新約聖書』

★ 177　「マルコ」10:6-9

★ 178　「申命記」24:1：「人が妻をめとり、その夫となってから、妻に何か恥ずべきことを見いだし、気に入らなくなったときは、離縁状を書いて彼女の手に渡し、家を去らせる」（新共同訳）。なお、イエスは離婚することが正当であると考えるのは姦淫が行われた場合であると述べている。

★ 179　「マルコ」10:5

★ 180　これに続くのが「ラクダが針の穴を通る方がやさしい」（「マタイ」19:24）である。同内容が、「マルコ」10:25・「ルカ」18:25 にある。

★ 181　こうした導入部はセム語の形式である。

★ 182　『新共同訳聖書』

★ 183　イエスはこの世に束縛された人間的な自己追求欲に仕えたいとは思っていなかった。

★ 184　ギリシア語では「風」と「霊」とは同一の語で表わされる。

★ 185　「マタイ」28:18-20

★ 186　「ルカ」6:38：「与えなさい。そうすれば、あなたがたにも与えられる。押し入れ、揺すり入れ、あふれるほどに量りをよくして、ふところに入れてもらえる。あなたがたは自分の量る秤で量り返されるからである」。また、「ヨハネ」12:24-25：「一粒の麦は、地に落ちて死ななければ、一粒のままである。だが、死ねば、多くの実を結ぶ。自分の命を愛する者は、それを失うが、この世で自分の命を憎む人は、それを保って永遠の命に至る」。

★ 187　「マルコ」11:23-24

★ 188　「出エジプト」20:12

★ 189　「ウェストミンスター小教理問答」では、この「あなたの父と母を敬え」を解説して、「［…］目上の人、目下の人、あるいは対等な人として、さまざまな立場と関係にある、あらゆる人の名誉を守り、その人に対する義務を

果たすことを求めている」としている。

★ 190　当時のことわざを援用したものであろう。

★ 191　キリスト教徒のありさまがいかに不十分であるかを素直に告白している。

★ 192　正統派のユダヤ教徒の中には、この聖句を文字通りに捉え、正装では、「十
　　　　戒」の書かれた小さな箱を首の部分に付ける人たちもいる。

★ 193　この時期、いわゆるユダヤ教イエス派が脱皮と独立の時期を迎えたからで
　　　　ある。なお、キリスト教の礎を築いたと言われるパウロ自身、イエス自ら
　　　　と同じように、決してユダヤ教から自分を切り離そうとはしなかった。た
　　　　だ、ユダヤ教の神の新たな啓示に忠実であろうとしただけであった。

★ 194　佐藤研（2003:144f.,152）『聖書時代史──新約篇』岩波書店。

★ 195　「ローマは一日にしてならず」など、ローマは都市の代表例である。

★ 196　初めは何でも難しいという意。

★ 197　参考例：預言者は自分の国では尊ばれない。

★ 198　besser の代わりに lieber を使う言い方もある。

★ 199　Hund「犬」・Katze「猫」の類はことわざによく出てくる。

★ 200　最後の人はそれまでの人たちの行ってきた経緯の責任をとらねばならない
　　　　という意。

★ 201　狩猟の後、狩りの獲物のうち最も弱い動物は犬の群れによって分離される
　　　　というプロセスがある。

★ 202　日本語のことわざに「蛙の子は蛙」・「この親にしてこの子あり」という似
　　　　たような意味のものがある。

★ 203　魚料理は消化されやすいように十分にアルコールを飲むべきであるという
　　　　意。

★ 204　早起きしたら得をするという発想は日本語もドイツ語も同じである。ドイ
　　　　ツ語のことわざには Morgenstund hat Gold im Mund.「朝の時間（Morgenstunde）
　　　　は口の中に金を持つ＞物事が効率よく進む」というのもある。

★ 205　「堪忍袋の緒もいつかは切れる」に相当する。

★ 206　言っている内容よりも言い方が大切という意味。

★ 207　他者が思っていたより過分の成果を得た時に、運は必ずしも知性によると

は限らないという思いを抱くという意。この他にも、Was der Bauer nicht kennt, isst er nicht.「食わず嫌い」など庶民（例：Bauer「農民」）の目線で捉えたものがことわざにはかなり多い。

★208 焼き鳥にされた鳩が口の中に飛び込んで来ることはないという意。

★209「雀、百まで踊り忘れず」に相当する。

★210 芸術（家）はパンを探し求める。

★211「天網恢々、疎にして漏らさず」に相当する。

★212 ずるい人間は危なくなるとさっさと逃げるという意。

★213 Die Zeit fliegt. とも言う。

★214「艱難、汝を玉にす」に相当する。

★215「犬も歩けば棒に当たる」（行動すれば思いがけない幸運に出会うこともある）に相当する。

★216「あつものに懲りて膾（肉を細く刻んだ冷たいあえもの）を吹く」に相当する。

★217「明日の百より今日の五十」に相当する。

★218 不運は重なるという意味。「泣きっ面に蜂」に相当する。また「災いと幸運は代わる代わるやって来る」という意味で「禍福は糾える縄のごとし」とも言う。

★219 世の中は持ちつ持たれつという意味で、「旅は道づれ世は情け」に相当する。

★220 もらいものには文句をつけてはいけないという意。

★221 逆に einmal を使った表現に、Wer einmal lügt, dem glaubt man nicht, und wenn er auch die Wahrheit spricht.「一度、嘘をつくと、たとえ真実を言っていても信用してもらえない」という言い回しもある。

★222 似た構造をもつ言い回しに、Erst denken, dann handeln.「行動に出る前に熟考せよ」がある。

★223 外見の立派なものが必ずしも内容が伴うわけではないという意。

★224 Übung macht den Meister.「名人も練習次第」のように Meister「名人」はことわざによく用いられる。

★225 何ごとも最初からうまくいかないのは当たり前で、何かを成し遂げるには

相応の努力が必要であるいう意。

★ 226 対応するラテン語の言い回しがある。Contra vim mortis non est medicam in hortis.

★ 227 Geteiltes Leid ist halbes Leid. が続くこともある。

★ 228 類例に Gleich und gleich gesellt sich gern.「類は友を呼ぶ」がある。

★ 229「同じ兄弟に同じ帽子」が原意。

★ 230 直訳すれば「手に職を付けていることは黄金の基盤をもっている」。

★ 231「山の向こう側にも人々が住んでいる」の意。

★ 232「吠える犬は噛みつかない」が原意。

★ 233 Wein「ワイン」はことわざによく使われる。「ワインの中に〜がある」という言い回し。

★ 234「悪魔も窮すればハエを食う」が原意。

★ 235「小売り商人は誰でも自らの店の品物を褒める」が原意。

★ 236 破損した鍋にもそれ相応の蓋があることから、どんな鍋にでもそれに合う蓋がある。つまり、「どんな人にも、それにふさわしい伴侶がある」の意。あるいは「両者が似通った者同士である」という意。

★ 237 A person's silence can be very telling. など沈黙に関わることわざは多い。

★ 238 字義通りには「着ているものが人を作る」。

★ 239「小型の家畜も糞は一人前に垂れる」の意。

★ 240 = Zeit bringt Rat.「時がくれば策もやって来る」

★ 241 Liebe「愛」はことわざによく用いられる。ここでの言い回しは「愛は人をして〜にする」。

★ 242 嘘をついてその場を乗り切っても、そのつけはすぐに回ってくるという意味。嘘をついても嘘の脚は短いので速くは逃げられないから。このように身体部位はことわざによく出てくる。

★ 243 字義通りには「忍耐と唾で蚊を捕らえる」の意。mit Geduld und Spucke「根気よく・辛抱強く」

★ 244 短期は損気（忍耐すれば何事も成就する）。

★ 245「窮地にあっては命令も何もない」の意。

★ 246 困った時のみ宗教的な感興になるということ。

★ 247 直訳すれば「苦境が祈ることを教える」。

★ 248 窮すれば通ず。

★ 249 字義通りには「精励なくして褒美なし」の意。「苦は楽の種」ともいう。

★ 250 schweigen「沈黙する」が使われる他の言い回しとして、Wer schweigt, der stimmt zu.「黙っている人は賛成している」がある。

★ 251 字義通りには「旅行は人を教化する」の意。

★ 252 直訳すれば「一歩一歩であっても目標に到達する」。

★ 253 「ふだん（財政面で順調な時）節約しろ、そうすれば困った時（Not = 英 need）に備えがあることになる」の意。

★ 254 「動かぬ水は深い」ということから「表面上おとなしい人には気をつけろ」の意。

★ 255 ことわざでは中性名詞の形容詞語尾 -es はしばしば脱落する。

★ 256 ライ麦パンなどは田舎の健康的な子どもを思い起こさせる。

★ 257 直訳すれば「忘恩は世間の報酬である」。

★ 258 字義通りには「多くの犬はウサギにとっては死である」の意。

★ 259 多くのプロ（の料理人）が集まっても（料理の）結果がうまくいくとは限らないという意味。

★ 260 直訳すれば「料理人が多いと粥をだめにしてしまう」。

★ 261 人が増えれば増えるほど、それだけ多くの意見・見解が出るという意味。

★ 262 最初から気を付けておかないと後で後悔することになるという意味。

★ 263 字義通りには「口に苦いものは内科的には健康的である」の意。

★ 264 dem einen Mann, dem anderen Mann（共に与格）「ある人にとって・別の人にとって」。

★ 265 ある人に与えられるものは他の人にも与えられて然るべきであるという意味。

★ 266 直訳すれば「農夫は自分の知らないものは食べない」。

★ 267 字義通りには「目で見るものを心は信じる」。

★ 268 erfahren の個所が wissen となる言い方もある（100 人の人が（聞き）知る）。

★ 269 字義通りには「私の知らないことは私の関心をかきたてない」の意。「私を heiß（激しい・情熱的な）にする」が直訳。

★ 270 直訳すれば「いま存在しないものでもまだこれから生ずるかもしれない」。

★ 271 字義通りには「水中には支えになる柱がない」の意。

★ 272 直訳すれば「ロバは幸せすぎると氷の上へダンスに出かける」。

★ 273 字義通りには「悪魔に小指を与えるとすぐさま手全体を取ろうとする」の意。

★ 274 字義通りには「二者が互いに争うと第三者が利を得る」の意。

★ 275 何かを始めたら最後までやり遂げなければならないという意味。

★ 276 直訳すれば「A と言った者は B も言わなければならない」。

★ 277 直訳すれば「他人に罠を仕掛ける者は自らがその中に落ちる」。

★ 278 直訳すれば「自らを羊にする者は狼に食われる」。

★ 279 何かに成功しそうな時でも結果が出る前に早めに喜んではいけないという意味。

★ 280 wes, des は wessen, dessen の略形。また、esse, singe も ess, sing となる場合もある。

★ 281 字義通りには「私はパンを食べさせてもらっている人のことを（褒め）歌う」。

★ 282 Wie der Vater, so der Sohn. という類例もある。すなわち、上の者がするところを下の者が見習うという意味。

★ 283 字義通りには「苦難が最大の時、救いの手も一番身近にある」。

★ 284 直訳すれば「何一つないところでは皇帝でさえ権限を失う」の意。

★ 285 字義通りには「身は二つでも思いは一つ」の意。

第2章 ────────────────────────────────────

★ 286 フィリップス（1994:316）

★ 287 中世ドイツの叙事詩人ゴットフリート・フォン・シュトラースブルク（Gottfried von Straßburg, 1170 年頃 - 1210 年頃）こそは、ドイツ語の詩句でフランス精神を歌い上げた詩人（「トリスタン」など）であった。Sittler（1972）:「フランス的な人生観・バランス感覚でもってフランスの文化的素材に新しい形式を与え東方［ドイツなど］諸国に伝えた」。

★ 288 こうした状況の中、フランスの各地方からアルザスへの流入は夥しい数で
あった。フランス語系のプロテスタント（ユグノー）移民が最大となった
都市はストラスブールであった。フィリップス（1994:19）:「彼ら［＝ユグ
ノー］は16世紀中葉にはストラスブールの人口のほぼ1割を占めていた」。

★ 289 内田（2009:viii-ix）

★ 290 Lutherbibel（1912）

★ 291 口語訳。

★ 292 宇京（2009:448-449）:「アルザスは紀元前からラテン民族とゲルマン民族
がぶつかり合う衝突点にあり、西欧世界の生成、とくに近世におけるドイ
ツとフランスという二大国家の形成過程に否応なく、深く関与させられて
きた地である。［…］ストラスブールというライン都市が、ローマ時代の軍
事基地から5世紀までのガロ・ロマン、6世紀からのメロヴィング朝、カ
ロリング朝、10世紀神聖ローマ帝国支配下に入り、やがて近世のドイツ、
フランスの二大国家の争奪点となる歴史過程で、どのように変貌しつつ発
展してきたか、またヨーロッパ大陸を縦横に貫く十字路に位置して、その
文明の生成にいかなる役割を果たしてきたか［…］ストラスブールは、独
仏国境の狭間にあって、歴史の有為転変に翻弄されながらも、ユニークで
豊かな文化を育んできた」。第二次世界大戦後、アルザス駐留米軍兵士に
向け "The inhabitants of our locality are Frenchmen, although many of them are
speaking a German-like dialect." と語られたと言われる（宇京 2009:10）。

★ 293 フィリップス（1994:8）:「アルザスの地はライン河とヴォージュ山脈に挟
まれ、隣り合う二つの列強により、遥かな昔から共に熱狂的に渇望されて
きた」。

★ 294 ストラスブールという地名はフランク方言の Stratisburugo「街道上の要塞」
に由来する（宇京 2009:15）。

★ 295 フィリップス（1994:315）

★ 296　橋のたもとには、独・仏の両国旗が掲げられている。

★ 297　藤井（2011:17）

★ 298　チェチェンは微妙ながら、コソボは EU と関わりが深く地理的にもヨーロッパの事案と考えられる。

★ 299　藤井（2011:18）。ドイツ人ながら、1434 年から 10 年間のストラスブール滞在し、当時この地で先端的であった技術を利用して印刷術を完成させたグーテンベルクの銅像が、ストラスブール大聖堂から道路を隔てた正面の広場中央に建っている（藤井 2011:21）。

★ 300　クメール & デュメジル（2019:156-157）：「ビザンツ帝国の東また北の領域における蛮族たちの襲撃の方が皇帝たちにとっては手を焼いた」。

★ 301　クメール & デュメジル（2019:110-114）。クメール & デュメジル（2019:115）：「フランク人の世界では、当初は単なる王家の管財人だった宮宰が、7 世紀に中央行政の代表者になった。この変化はしばしば、蛮族に国家という観念がないことの象徴と考えられていた」。

★ 302　クメール & デュメジル（2019:125-130）。クメール & デュメジル（2019:130）：「蛮族の新しい国家は 7 世紀からカトリックに改宗することによって、ビザンツ帝国を異端とみなすようになり、蛮族はローマ教皇を新しい交渉相手と考えるようになった」、および、クメール & デュメジル（2019:131-132）：「蛮族たちは、カトリック司教団との関係をきわめて早期から維持した。こ

れはなによりもまず、司教団がその公的機能によってローマの秩序崩壊後も存続した唯一の組織だったからである。他方、領土を保持するためには、結局のところ、概して君主と司教の協力関係が必要だったのである」を参照。

★303 フィリップス（1994:197）

★304 フィリップス（1994:196-199）

★305 8-9世紀、ドイツ語話者はおよそ200万人であったろうと言われている（Stedje ²1994:66）。

★306 10世紀に入るとオットー帝が新たに権力をもつようになり、いわゆる（ドイツ国民の）神聖ローマ帝国の基盤をつくり、これをもとに最初のドイツ国家が建設されたのである。Schmidt（⁸2000:136-137）:「クローヴィスの後継者たちは、531年にザクセン人の助けを借りてテューリンゲン王国を攻略し、続いて532年にはブルグント王国を完全に征服した。そして彼らは746年にはアレマン人を、774年には上部イタリアのランゴバルト王国を、794年にはバイエルン人を、そして804年にはザクセン人を征服した」。東フランク王国の成立ももちろんドイツにとって意義を有するものだが、これをもって最初のドイツ国家の誕生とはみなさない。オットー帝が諸侯勢力を抑圧し教会に土地を寄進するなどしてローマ教皇ヨハネス12世より加冠された962年をもって、ドイツ国家の礎となる神聖ローマ帝国が成立するのである。

★307 高裁判所の役割を果たしていたのは王の宮廷裁判所（Hofgericht）であった。国家行政機構の最高官吏としてHausmeier「宮宰」がその役職を務めた。「主馬頭」Marschall（古高ドイツ語 marahscalc（9世紀）「馬丁」）や「献酌侍従」Schenk（古高ドイツ語 scenko），「侍従長」Kämmerer（古高ドイツ語 kamerâri（8世紀）「財務官」）といった宮内職が作られた。

★308 シュミット（2004:137）

★309 これら二つの王国（東・西フランク王国）の間に位置していた中部王国ロートリンゲンは、1000年ものあいだフランスとドイツの間で繰り広げられた争奪の対象であった（ロートリンゲンに統一された民族集団が存在したわ

けではなかった）。ロートリンゲンと総称される地域には現在の以下の国・地方が含まれる：オランダ・ベルギー・ルクセンブルク、およびドイツのノルトライン・ヴェストファーレン州とラインラント・プファルツ州またザールラント州、さらにフランスのロレーヌ地域圏・アルザス地域圏。

★310 森田（2002:288）：「ローマ・カトリック教会と共存しながら、ローマという古代世界との連続性という象徴を武器に強大化してゆく」。

★311 ドイツ王ルートウィヒ（カール大帝の子ルートウィヒ1世の次子）とフランス王シャルル（カール大帝の子ルートウィヒ1世の末子）の間で結ばれた。これは、カール大帝の子ルートウィヒ1世の長子ロタールに対し軍事的勝利をおさめた後のことである。最終的にカロリング朝の帝国をゲルマン語圏とロマンス語圏とに分割することで合意をしている。森田（2002:289）：「西部のフランク人がローマ化して以来、ゲルマン語圏とフランス語圏の境界線がはっきりと線引きされており、言語圏で帝国の分割を実現したのである」。

★312 Schmidt（⁸2000:174）：「彼らは、同盟を結んだ統率者が述べることばを理解できなければならなかった。つまり双方の軍勢は自分たちのことばで誓約したのである。こうしてフランク王国のどの地域にも当時、お互いにもはや意志疎通できないほどの独自の言語があったことがわかる。西フランク王国、つまり後のフランス国の言語 romana は古代フランス語 altfränkisch であり、東フランク王国、つまり後のドイツ国の言語 theudisca は古高ドイツ語 althochdeutsch のフランケン方言、おそらくライン・フランク語 rheinfränkisch のことを指していたのであろう」。

★313 カール大帝の子ルートウィヒ1世（ルイ1世、敬虔王、778-840年）の死後、帝国は三人の息子に分割された（ヴェルダン条約）。長男ロタールはロートリンゲン・ブルグンド・イタリアと皇帝位を、次男ルイは東フランクを、末子シャルルは西フランクを相続した。さらにロタールの血統の断絶により、ロートリンゲンも東西フランク王国によって分割された（メルセン条約）。中フランクは、具体的な地名で言えば、ネーデルラント地方・ヴェストファーレン・プファルツ地方・アルザス・ロレーヌ地方・ブルゴーニュ

伯領・サヴォイア伯領・プロヴァンス地方・北イタリアという南北縦に長い地域であるが、このうちイタリア以外の諸地域は、東西のどちらの言語圏に属するのか、いわば不明確な地域であった。なお、メルセン条約により、アルザスおよびロレーヌ西部は西フランク領となった（880年のリブモン条約により、ロレーヌ西部は東フランク領に移譲される）。

★314 両国の版図区分に関する宣誓がこのようにそれぞれの言語でおこなわれたということはきわめて象徴的な出来事である。

★315 森田（2002:285-287）

★316 森田（2002:289-290）

★317 古フランス語（ancien français）は9世紀から14世紀にかけて現在のフランス北部を中心に話されていたフランス語のことである。西ローマ帝国の崩壊（476年）以降、俗ラテン語の地域ごとの分化が進み、ガリア（今のフランス）の俗ラテン語はガロ＝ロマンス語と呼ばれる方言群となるのだが、フランス語もこのガロ＝ロマンス語の一つである。

★318 フランク人の歴史家ニタール（Nithard）が残した『ルイ敬虔王の息子たちの歴史』（"Histoire des fils de Louis le Pieux"）によると、両王はラテン語でも自国の言語でもなく、お互いに相手国の言語を用いて兵の前で宣言し、両国の兵はそれぞれ自国の言語で誓いを行ったという。

★319 ルイ（Louis）という名前はもともとゲルマン語のLudovic（Lud-wig ＜ Hlud「名高い」-Wig「戦士」）が簡略化したものである。

★320 本文は、古高ドイツ語・古フランス語で執筆されているが、前文は、これら2言語（古高ドイツ語・古フランス語）のほか、ラテン語でも書かれている。古フランス語のテクストとラテン語のテクストは異なっており、ゆえにこの文書が最古のフランス語の文献と言われている。なお、ルイ・シャルルの部下たちはラテン語をほとんど解せなかったと考えられる。

★321 https://de.wikipedia.org/wiki/Stra%C3%9Fburger_Eide

★322 ロタール（795-855年）は、兄弟のうち長兄であり、末弟（母が異なる）のシャルル（823-877年）とは30歳近い年の差があった。直の弟のピピン（797-838年、兄弟間の領土争いの最中に死去）・ルイ（806-876年）とも争いを繰り

広げていたロタールは、領土の分配の件で、とりわけシャルルに対して嫉妬心が強かった。ルイはただ王国東部領土の拡大を目指していただけだったので、西側の領土を要求していたシャルルとは競合関係にはなかった。そこで、ルイとシャルルの二人は同盟を組み、兄ロタールに立ち向かうことになる。

★ 323 Silva Speculationis —— 思索の森、ストラスブールの誓約書 http://www. medieviste.org/?p=591

★ 324 このテクストを現在のフランス語で言えばおよそ次の通りである。Pour l'amour de Dieu et pour le salut commun du peuple chrétien et le nôtre, à partir de ce jour, pour autant que Dieu m'en donne le savoir et le pouvoir, je soutiendrai mon frère Charles, ici présent, de mon aide matérielle et en toute chose, comme on doit justement soutenir son frère, à condition qu'il m'en fasse autant et je ne prendrai aucun arrangement avec Lothaire qui, à mon escient, soit au détriment de mon frère Charles.

★ 325 フィリップス（1994:25-26）では、ヴェストファーレン条約（1648年）の頃の言語状況のことを「たとえ住民がドイツ民族であっても、国王のことば［＝フランス語］がアルザスのような地方の公用語でもあったということは、この時代の道理に叶っていた」と述べている。また、同書（26頁）には「国王［＝ルイ14世］は言語的統一よりも宗教的統一の方をはるかに懸念していた。［…］ フランス語化するよりはカトリック化することの方にはるかに熱心であった」とある。

★ 326 フィリップス（1994:15-16）

★ 327 三十年戦争がアルザス地方の政治的転換期のみならず、言語的転換期であることは確かである。

★ 328 ルターが『聖書』翻訳で用いたことばは、ストラスブールのカトリック教徒（例：ムルナー）でさえ抵抗できないほどの威厳をもつようになり、ストラスブールでは1524年からミサがドイツ語で執り行われるようになった。

★ 329 フィリップス（1994:21）

★ 330　フィリップス（1994:21-22）

★ 331　Lutherbibel（1912）

★ 332　新改訳『新約聖書』

★ 333　今では死語となっているゴート語にも言及する必要があろう。ゴート人の教父（アリウス派）であったウルフィラ（Wulfila, 311-382 年）による、『聖書』の初のゲルマン語への翻訳である。ウルフィラは、ローマ帝国の行政区モエスィア（現在のブルガリアとセルビアの一部）の西ゴート族キリスト教徒コミュニティーの指導者であった。彼はギリシア語の『七十人訳聖書』をもとに『聖書』をゴート語に翻訳する作業を行った。このうち『新約聖書』の約 4 分の 3 と『旧約聖書』の若干の断片が今日まで残っている。中でも最も保存状態のよい銀文字写本（Codex Argenteus, スウェーデンのウプサラ大学図書館所蔵）には 4 福音書の大部分が含まれている。この『ゴート語訳聖書』はギリシア語からの奴隷訳と言われるくらいに原典に依存した翻訳であり、ギリシア語の借用語や語法が多数含まれており、構文はギリシア語からそのまま転用されたものになっていることがしばしばある。このゴート語聖書は 7 世紀頃まではイベリア半島・イタリアの西ゴート族の人々や、バルカン半島や現在のウクライナにあたる地域の東ゴート族の人々によって使われていたようである。16 世紀以降のクリミア・ゴート語とウルフィラのゴート語との関係は明確にはわかっていない。

★ 334　石川（2002:3）

★ 335　Schmidt（[8]2000:27-28）

★ 336　河崎・クレインス（2002:76）

★ 337　これら諸部族の原住地は、ユトランド半島の森林・湖沼地帯もしくはバルト海沿岸と想定されるが、史料としてはタキトゥスの『ゲルマーニア』（後 1 世紀末）かカエサルの『ガリア戦記』（前 1 世紀半）くらいしかなく詳しいことはわからない。いずれにせよ、源郷から南下して先住民のケルト人（紀元前 10-4 世紀頃までライン川・エルベ川・ドナウ川流域からアルプス以北のヨーロッパにわたる広い地域に居住していた）を駆逐し、紀元前後にローマ帝国との国境（ライン川・ドナウ川）・黒海沿岸に達するように

なっていたのであろう。生活は主として牧畜・狩猟であり、農業（大麦・エンドウなど）はまだあまり発達していなかったようである。キウィタスcivitas と呼ばれる部族集団で組織され、その内部は王または首長のもと、自由民（貴族・平民）と奴隷、戦士団などで構成され、ほぼ定住して小村落を形成していたと考えられている。時代が下るに従い、ゲルマン人はローマの傭兵・奴隷・小作人などとしてローマ社会に同化していった。

★338 このうち、バイエルン・アレマン・テューリンゲン・ランゴバルト・フランク・サクソンその他の諸方言の総体がドイツ語を構成し、フランク・サクソン方言からオランダ語が、アングロ・サクソン方言から英語がのちに成る。

★339 当時、サクソン人はキリスト教を拒否して古ゲルマンの伝統的祭祀を守ろうとしていた。こうしてサクソン人は、キリスト教化を図ろうとするフランク王国の武力に執拗に抵抗していたため、30 数年に及ぶ戦いはサクソン人・フランク人両陣営に多大な損害をもたらした。この戦役が示すように、サクソン人の信仰はまだ極めて古代ゲルマン風であり、ゆえにザクセン戦役はその意味で宗教戦争の色が濃かった。カール大帝は、捕虜を大量虐殺したり、異教復帰や教会攻撃に対しては極刑を科したりするなど厳しい姿勢で反対勢力に臨む一方、友好勢力には有利な地位を与えることによって、ついにサクソン人の改宗およびフランク王国への併合を完成させた（石川2002:4-5）。

★340 出崎（1977:68）

★341 河崎・クレインス（2002:78-80）

★342 Donaldson（1999:141-142）

★343 Donaldson（1999:202）

★344 河崎・クレインス（2002:109）

★345 ヴュルツブルク司教座（Bistum Würzburg）の保護聖人となるアイルランドの修道士キリアン（Kilian, ヴュルツブルクに修道院を建立するが 689 年頃に二人の従者とともに殉死した）も参照のこと。

★346 シュミット（2004:138-139）:「多くの宗教的・哲学的内容を表す抽象語が作

られた［ラテン語の origo に対し bigin「起源」, ラテン語の incorporatio に対
し infleiscnissa「受肉（人間になること）」］。哲学用語（たとえばラテン語の
infinitus に対し unentlich「無限の」）も生み出されたが、それらは聖書のテ
クストに由来する抽象語（gidank「考え・思考・意味」, wîstuom「知恵・理解・
認識・学問」, kunst「知識・知・能力」）と並んで、新しい思考法を可能にした」。

★ 347　シュミット （2004:137-138）

★ 348　抽象的な一般概念を表現する語彙を拡充する必要性の高まりが重要な要因
　　　　となっていた。

★ 349　市村 （2009:1）：「フランク人のクローヴィスによってフランク王国が創建
　　　　され、アルザスはその支配下に置かれる。［…］アルザスはキリスト教化さ
　　　　れ、修道院文化が開花する」。

★ 350　Stedje （²1994:67-68）

★ 351　クメール & デュメジル （2019:155-157）

★ 352　クメール & デュメジル （2019:10）

★ 353　クメール & デュメジル （2019:156）

★ 354　市村 （2009:1-2）：「アルザスに定住していたケルト人の部族連合の指導者ア
　　　　リオウィストゥス （スエビ人＝ゲルマン人の1部族）の専横に苦しんだケ
　　　　ルト系の部族（セクアニ人）がカエサルに庇護を求めたことによって、カ
　　　　エサルのローマ軍は、アリオウィストゥス軍と現在のアルザスのセルネ近
　　　　くのヴィテルサイムで交戦、苦戦しながらも勝利した」。

★ 355　宇京 （2009:33）：「［ケルト人の］原始的な自然状況はローマ人の到来によっ
　　　　て大きく変わる」。

★ 356　フィリップス （1994:11-12）。この結果、大まかに言って、アグノーの森の
　　　　北部ではフランク語（フランク人の言語）が、また、その他のアルザス地
　　　　方ではアレマン語（アレマン人の言語）が話されることになった。

★ 357　さまざまなできごとに通じているグレゴリウスも、フランク人の起源につ
　　　　いてははっきりしたことを述べていない。

★ 358　『フランク史』には、これまで二つの翻訳が行われている。『トゥールのグ
　　　　レゴリウス 歴史十巻（フランク史）』（兼岩正夫・臺幸夫訳注）東海大学出

版会、および、『フランク史 10 巻の歴史』（杉本正俊訳）新評論である。

★ 359 クローヴィスの死について、『フランク史』第 2 巻 43 は以下のとおり述べている。「彼［クローヴィス］はパリで死んだ。そして、彼は王妃クロティルデと共に自ら建てた聖なる使徒の聖堂に葬られた。［…］彼の支配の全期間は 30 年であった［全生涯は 45 年であった］」。

★ 360 もともとラテン語が圧倒的に優位な状況であった。ドイツ語で書かれたテクストの数はそう多くはなかったし、また修道院（など宗教的中心地）が所有している場合が多い。

★ 361 クローヴィスの治世 10 年目のことである。

★ 362 ドナルドソン（1999:142-149）

★ 363 蛮族（フランク人ら）の王たちは、独立を獲得したにもかかわらず、自ら、ローマ帝国（ここではビザンツ帝国のこと）の下僕と称していた。例えば、フランク王国のクローヴィスは 508 年に皇帝アナスタシウス 1 世から、ビザンツ帝国への奉仕に対して、執政官という名誉ある勲章を受け取っていたほどである（クメール & デュメジル 2019:115）。

★ 364 もともとはゲルマン系の連合部族（例：ランゴバルト人）の一派に遡る。

★ 365 271 年にプラセンティアの戦い（伊：ピアチェンツァ）に勝利し同都市を一時占領したものの、皇帝アウレリアヌスが率いるローマ帝国軍にファーノの戦いで敗れて敗走する。

★ 366 367 年にはローマ帝国の属州であった高地ゲルマニアの中心地モングンティアクム（独：マインツ）を占拠したが、皇帝ウァレンティニアヌス 1 世率いるローマ帝国軍に敗れ、その後 374 年にはアレマン王マクリアヌスとウァレンティニアヌス 1 世との間で和平が結ばれた。

★ 367 スエビ人とも混血してアレマン系からシュヴァーベン人が派生する。

★ 368 ローマ軍は 357 年にストラスブール近くでアレマン人の侵入を撃退したけれども、377 年にコルマールの南のオルブールに侵略され、その後の大規模なアレマン人の侵入にはなすすべもなかった（市村 2009:3）。

★ 369 市村（2009:3）

★ 370 この記述とは逆に、アルザスはゲルマンに対するラテン文明の発信地とし

ての機能を早くからもっていた。

★ 371 アルザスの地名がフランス語化したのは 1945 年以降のことである。第二次
　　　世界大戦後、地名の表記・発音のフランス語化が進められた。

★ 372 フィリップス（1994:17）

★ 373 Levy（1929）

★ 374 Sittler（1972）

★ 375 Levy（1929）

★ 376 アルザス公国（640-740 年）。フランク王国が創立されるとアルザスは安定
　　　した時期を迎えアルザス公国として独自の文化を発展させた。

★ 377 アルザスの有力な貴族・商人は子弟の教育をキリスト教機関に委ねた（市
　　　村 2009:5）。

★ 378 市村（2009:5）：「領主・諸侯が土地を寄進したり建築費を負担したりする
　　　ようになった」。

★ 379 修道院は当初アリルランド・スコットランドなどからの布教者によって創
　　　設された。

★ 380 市村（2009:8）

★ 381 大沢（2012:332）：「歴史的事実としての信憑性について、すなわち、その
　　　記録の内容を史実として認めることができるかどうかということについて
　　　は、綿密に検討されなければならない」。

★ 382 原（2010:135）

★ 383 原（2010:139）：「調査を終えた現在では発掘作業が実施された場所も完全
　　　に埋め戻されている」。

★ 384 大沢（2012:10）

★ 385 大沢（2012:332）

★ 386 大沢（2012:11）

★ 387 和田（2016:133-136）

★ 388 和田（2016:128-129）

★ 389 Lutherbibel（1984）

★ 390 口語訳。

★ 391 谷口（2010:426）:「『聖書』は言葉が人間に対して持つパワフルな働きを明確に意識した、最初の、そして最大の書物である」。『聖書』の「光あれ」という神のことばは、ことばがなければ世界は存在しなかったということを示していると言っていいであろう。

★ 392 谷口（2010:424）

★ 393 オリゲネス（185-254 年）キリスト教が迫害されていた時代、アレクサンドリアにキリスト教学校を設立し教鞭をとった。彼は新プラトン主義の影響を強く受けており、言わばギリシア思想による『聖書』解釈を試みた。『聖書』を理解する方法としては、その記述を字義通りに捉えるのではなく、何らかの比喩として解釈する比喩的『聖書』解釈の手法をとった。キリスト論において、父なる神に完全な神性を認める一方で、子なる神の神性を父より少ないと考える。この考え方は、子は一被造物であり神の意志に由来するという見方をするアリウス主義の主張に近いところがある（オリゲネスの学統がアリウス主義の根源になっていると言われ方をされることもある）。

★ 394 エウセビオス（260 年頃 -339 年）初期キリスト教の代表的神学者オリゲネスの学統を受け継ぐパンフィロスを師とし、パンフィロスと共に『聖書』正典の確定に関わる。キリスト教の迫害をパレスチナやエジプトで目撃している。主著『イエス・キリストに始まりコンスタンティヌス帝時代に至るまでの教会とキリスト教徒の歴史』の執筆で名高い。ただし、この著作が西洋精神史において反ユダヤ主義（キリスト教徒によるユダヤ人の迫害・差別）の形成に関わったことは事実である。例えば、『教会史』第二巻（1-1）で「ステファノは主殺したち［ユダヤ人のこと］によって石打ちの刑に処された」と記している（エウセビオス 2004:397）。別の著作『コンスタンティヌスの生涯』でもエウセビオスは、コンスタンティヌス帝という帝国の権力の口に自分の反ユダヤ主義の立場を仮託していると思われる場面がある

（エウセビオス 2004:399）。なお、反ユダヤ主義を唱える常套句として知られている個所が「テサロニケの信徒への手紙一」2:15で、そこには「ユダヤ人たちは、主イエスと預言者たちを殺したばかりでなく、私たちをも激しく迫害し、神に喜ばれることをせず、あらゆる人々に敵対し［…］」とある。

★ 395 Metzger（1966）

★ 396 Metzger（1966:88）：特にオリゲネスのついては次のように言われている：「もし教父が同一個所を1度ならず繰り返して引用する場合、しばしば記憶から引用し、違った形になるであろう。オリゲネスはこの点で悪名高い。というのは、彼は同じ聖書個所を全く同じことばで2度引用することは、ほとんどないからである」（Es geschieht oft, daß ein Kirchenvater nach dem Gedächtnis ein und dieselbe Stelle in voneinander abweichenden Formen zitiert. In dieser Hinsicht ist Origenes berüchtigt, denn er zitiert eine Stelle selten zweimal in genau denselben Worten.）

★ 397 Metzger（1966）

★ 398 『聖書』の読み方は多様である。例えば大貫（2010:10）の提唱する「聖書を共感的に読む」というのは、自己の内に新しい世界観を形作る手立てとして、いわば一種の創造行為として『聖書』を読むということである。これとは別に、『聖書』文学（例：太宰治・田山花袋）などは、現実世界を再解釈する作業である。

★ 399 Lutherbibel（2017）

★ 400 新共同訳。

★ 401 塩野（2005:257-274）

★ 402 クリス・スカー（1999:282-286）

★ 403 塩野（2005:123-224）

★ 404 塩野（2005:211）

★ 405 松本（2009:11）：「イエスが歴史上、実在した人物であったことは疑い得ない」。

★ 406 当時の文化の中心地、まさにこの都市でユダヤ教徒たちが生み出した『聖書』の「七十人訳」テクスト（ギリシア語）が、キリスト教徒たちによって用

いられ、このテクストに基づいて、ガリラヤのイエスが救世主メシアだと宣言されるようになった。(秦 2018:205)

★ 407 2 世紀になっても『七十人訳聖書』の構成文書は確定されていなかった。なお、紀元前 1-2 世紀頃(成立年代不明)の「アリステアスの手紙」に伝えられる伝説によると、『七十人訳聖書』は、紀元前 250 年頃プトレマイオス 2 世フィラデルフォス(紀元前 309-247 年)が国立図書館のために律法書を翻訳しようと思いたち、イスラエルの各支族から 6 人ずつ(エルサレムの祭司長に)選ばれて、アレクサンドリアに送られた 72 人の長老たちが 72 日かかって訳出した作品である。訳者みなが持ち寄り会して確認してみると翻訳のすべての個所が一致していたというエピソードなのである。この話は、霊感による翻訳の不可謬を語るものであろう。ただし、この言い伝えの史的な根拠は薄弱で、実際はおそらく、成立年度を異にする一つ一つの文書の翻訳が集大成されたもの(紀元前 132 年頃)であろうと考えられる。

★ 408 秦(2018:4)

★ 409 このリストは、オリゲネスが著した『詩篇』第一編の注解の中や、エウセビオスの『教会史』(6-25-2)の中に見られるものである。

★ 410 具体的に 22 の文書とは以下のものである。

「出エジプト記」

「レビ記」

「民数記」

「申命記」

「ヨシュア記」

「士師記」

「ルツ記」

「サムエル記(上・下)」

「列王記(上・下)」

「歴代誌(上・下)」

「エズラ記」

「ネヘミア記」

「詩篇」

「ソロモンの箴言」

「伝道の書」

「雅歌」

「イザヤ書」

「エレミア書」

「ダニエル書」

「エゼキエル書」

「ヨブ記」

「エステル記」

★411　ヘレニズム時代（公用語はギリシア語）、ユダヤ人の中にはすでにヘブライ語を解さない人も現われ始める。そこで当時の学問の中心地アレクサンドリアで『聖書』のギリシア語への翻訳が開始された（『七十人訳聖書』）。この『七十人訳聖書』は、紀元前3世紀前後より次々と写本が作られていった（ヘブライ語原典に並ぶ権威をもたせようとする人々の支持基盤があった）。ただし、宗教改革のルターなどが翻訳の元にしたのは、ヘブライ語で書かれた「マソラ本文」（Masoretic Text, ユダヤ教社会に伝承されてきたヘブライ語聖書）であり、現在、手にしている『聖書』の大半はこの「マソラ本文」に基づくものである。同じ『聖書』といっても、『七十人訳聖書』と「マソラ本文」には記述に異なる部分があるわけである。その有名な個所としては、次のものがある。

　　Behold, a virgin shall be with child, and shall bring forth a son.（「マタイ」1:23）
　　「見よ、処女おとめがみごもっている。そして男の子を産む」（『新改訳聖書』）

初期キリスト教会は通常『七十人訳聖書』を用い、『新約聖書』の記者も『聖書』から引用する時、この『七十人訳聖書』によっていた。上の「マタイ」1:23の a virgin はギリシア語の hē parthénos の訳である。本来的には、ヘブライ

語原語の hā'almāh は「(既婚・未婚を問わず) 適齢の女」を意味する語であった。

★ 412　教会著作家が引用している部分も含めての仕事である。

★ 413　秦 (2018:312-314)

★ 414　秦 (2018:367):「私たちは軽々に「オリジナル・テクスト」と口にするが、聖書学のテクスト探求に限って言えば、オリジナル・テクストなど存在しない、と割り切った方が良さそうである」。

★ 415　『聖書』・『新約聖書』のギリシア語写本 (大文字のアンシャル体:丸みを帯びた大文字) である。759 葉からなる羊皮紙によるコーデックス (冊子体) の形をとっている。なお、紀元前 1 世紀頃までは羊皮紙もパピルスのように巻物にされていた。巻物からコーデックスに移るのは 5 世紀と言われている。4 世紀、バチカン図書館、https://digi.vatlib.it/view/MSS_Vat.gr.1209

★ 416　4 世紀、大英図書館ほか、http://www.codexsinaiticus.org/en/

★ 417　5 世紀、大英図書館、https://www.bl.uk/collection-items/codex-alexandrinus

★ 418　秦 (2018:279)

★ 419　Lutherbibel (2017)

★ 420　新共同訳。

★ 421　ギューティング (2012:86-87):「まずカール・ラッハマンと共に〈公認本文〉Textus Receptus の時代、すなわち前近代的な『新約聖書』本文の時代が終わる。続いて第二に、[…] 私たちの時代において『新約聖書』の本文批評の古典的時代——多数の方法論的試みがすべて、元来の本文つまり著者の本文を構成するという一つの目的を目指して発展する時代——が終わりを告げる。したがって、今日および将来における『新約聖書』本文批評の課題が何であるべきかは、これから解明される必要がある」。

★ 422　カーギル (2018:10)

★ 423　カーギル (2018:292):「[[『聖書』とは] カナンの神を信仰する人々が現実の社会経済・地理・政治・軍事情勢と、個人のイデオロギー、アイデンティティ、哲学との折り合いを付けようとした 3000 年の営みの産物であり、あえて神の問題に取り組み、生き残って思索を書き留めた古代の人々の所産

なのだ」。

★ 424 信仰を学識に裏打ちされたものにすることができる。カーギル（2018:293）：「『聖書』が力を発揮するのは、［…］『聖書』を考え、評価し、信者であれば、『聖書』を生活で実践する時だ」。あるいは、カーギル（2018:293）：「［『聖書』とは］神が目下の困難から自分たちを救済すると信じる信者の奮闘の歴史の記録、日常生活を懸命に生きる姿を通じて今日の信者を励ます記録」。

★ 425 加藤（1999:294-295）

★ 426 ブッシュ（2009:43-44）：「バルトによれば、神学は、ピリポがしたのと同じように［…］人はこう問うことができるであろう。信じていることがおわかりになりますか、と。神学は、読まれたこと、信じられたことがわかる〈理解できる〉ように手助けしようとする」。

★ 427 Lutherbibel（2017）

★ 428 エルサレムの外に福音を宣べ伝えた最初の旅（の一つ）をした宣教師。この引用の個所で、イザヤ書の預言に没頭しているその人に、ピリポは、イエスがどのようにしてイザヤ書の預言を成就したかを説明した。

★ 429 2個所ともに Lutherbibel（1984）

★ 430 以下、次のように続く。8:36 道を進んで行くうちに、彼らは水のある所に来た。宦官は言った。「ここに水があります。洗礼を受けるのに、何か妨げがあるでしょうか」。8:37 ピリポが、「真心から信じておられるなら、差し支えありません」と言うと、宦官は、「イエス・キリストは神の子であると信じます」と答えた。8:38 そして、車を止めさせた。ピリポと宦官は二人とも水の中に入って行き、ピリポは宦官に洗礼を授けた。8:39 彼らが水の中から上がると、主の霊がピリポを連れ去った。宦官はもはやピリポの姿を見なかったが、喜びにあふれて旅を続けた。8:40 ピリポはアゾトに姿を現した。そして、すべての町を巡りながら福音を告げ知らせ、カイサリアまで行った。

★ 431 いずれにしても、ピリポが考え及ばなかった神の計画であったという趣旨である。ピリポが考えも計画もしなかったということで、ここには福音の広がりの可能性が示唆されている。後に彼は宣教師になったのである。

★ 432 カーギル（2018:292）：「聖書は、神が歴史に介入し、この世のこの時代に生きる自分たちを導いていると信じる人々の歴史を記述する目的で、長い年月をかけて、追加され、編集・再編され、書き直された年代記である」。

★ 433 第1回ニカイア公会議で採択される。初期教会会議の中では最も有名なものである。

★ 434 カーギル（2018:10）

★ 435 カーギル（2018:11）

★ 436 地中海東部の交易都市ウガリトの主神であるエルは『聖書』のヤハウェのモデルになったという説がある。これが事実ならば、セム的一神教（ユダヤ教・キリスト教・イスラム教）はこの港湾都市で生まれたということになる。

★ 437 法治国家（書きものである権威ある法典を目の前の為政者よりも高く評価する）の誕生・確立と、『聖書』の起源は同じプロセスを経たものと考えられる（カーギル 2018:10）。

★ 438 ギューティング（2012:90-92）。ギューティング（2012:71）：「古代の本文は、写本や、写本のさらに写本という形で『新約聖書』の本文批評の前に立ち現れる。いま手元にある写本と、その根底にある資料との間にどれほどの中間段階があるかは、基本的に知り得ない」。あるいは、ギューティング（2012:75）：「写本の中に手の込んだ修正が見つかるが、その由来は容易に明らかにできない、ということも稀ではない」。

★ 439 現代人から見ると、初期キリスト信者たちが信仰告白をして拷問を耐えたわけである。現代のキリスト教徒はその人たちの重い戦いの上にあるのである。

★ 440 「『七十人訳聖書』の翻訳の原本となったヘブライ語テクストは現存しない。［…］『七十人訳聖書』の最初のテクストと断定できるギリシア語テクストも残っていない」（秦 2018:4）。

★ 441 『聖書』は一般の古典とは「区別されたもの」（ヘブライ語の語源）という意味で聖別され、聖なる書として扱われてきた。

★ 442 カーギル（2018:293）：「『聖書』そのものが神聖なのではなく、人々が神聖

と見なすゆえに神聖なのだ」。

★ 443 『新約聖書』に収められている文書群の中のおのおの一つずつの文書はいずれも『新約聖書』という題名をもつ文書集の一つとなることを意識して書かれたわけではない（加藤 1999:50）。

★ 444 『聖書』には神を巡ってのテクストが集められているということを基本的に認めるにしても、具体的にはさまざまなアプローチがあり、さまざまな関わり方、さまざまな理解の程度がある（加藤 1999:51）。

★ 445 紀元前 1 世紀から紀元後 1 世紀にかけて「神のことば」を作り上げることばは実際にはいくぶん流動的で［…］固定化していなかった（カーギル 2018:256）。

★ 446 加藤（2016:22）：「聖書の長い歴史の中で『七十人訳聖書』だけはそれ自体、権威あるものとして位置づけられる」。なお、第一神殿（ソロモン神殿、紀元前 10 世紀にソロモン王が建設した神殿）の崩壊（紀元前 586 年）を契機に『ヘブライ語聖書』が誕生したように、第二神殿（バビロン捕囚からの解放後の紀元前 515 年にゼルバベルの指揮で再建された神殿）の崩壊（紀元後 70 年）によって『新約聖書』が生まれた（カーギル 2018:272）。

★ 447 『聖書』はもともと口伝による教えを書物化したものである。

★ 448 正典化（今日の『聖書』に含まれることになる文書を選ぶプロセス）はローマで行われた。ユダヤ教徒・キリスト教徒にとって『聖書』は、神が人類に発したメッセージの記録であり、正典化の過程は多くの人が考えるよりずっと煩雑だ。（カーギル 2018:276）：「『聖書』は政治的なプロセスの産物である」。

★ 449 正典化のプロセスの時期には、殉教を生じさせるような、ローマ帝国の禁教政策があったのである。例えば、ネロ帝（54-68 年）やディオクレティアヌス帝（284-305 年）などの迫害は有名である。キリスト教弾圧の当初の目的が徹底したものであったことは皇帝勅令が 4 度も出たことからもわかる。一方、キリスト教を擁護・公認（331 年「ミラノ勅令」）した「コンスタンティヌス帝（272-337 年）を讃美する者は絶えなかった。［…］キリスト教を弾圧した暴君マクセンティウスとリキニウスを征伐し、キリスト教徒に集会

の自由を与え、教会の名誉を回復し、ローマ帝国のいくつかの都市に豪壮な教会堂を建て、異教を禁じ、偶像を破壊し、[…] 司教たちがコンスタンティヌスによって代表される帝国権力に急接近し、キリスト教の著作家や頌辞家が臆面もなく彼を讃美してみせたのは、けだし当然だったのかもしれない」(エウセビオス 2004:336)。この引用個所は、宗教関係者が政治権力に影響を受けることを免れえない事象として興味深い。「ミラノ勅令」に対してもエウセビオスは「神が万事において私たちにいつもの心遣いと慈悲深さを示してくれる」と語っている。また、キリスト教側に、真の宗教を迫害する者は惨めな最期を迎えるが、その擁護者は繁栄するという見方があったことは確かである。ある日、コンスタンティヌス帝が司教たちを食事に招き「汝らは教会の中の司教であるが、予はたぶん神によって任命された教会の外の司教である」と発言したことが知られている(エウセビオス 2004:365)。これは、司教権に対する皇帝権の優位さを表わすものであろう。

　なお、コンスタンティヌス帝は 325 年にニケーア公会議を開催し、当時まだ確立していなかった教義を決定した。この公会議によって、イエスに人性を強く認めるアリウス派が異端となり、イエスの神性を認め三位一体説を唱えるアタナシウス派が正統教義となった(エウセビオスがコンスタンティヌスと接見する機会を得たのはこのニケーア公会議の場である)。

★ 450　ギューティング(2012:65):「ルカ福音書の序文において著者は、自らがキリスト教における書物制作の広がりという文脈に存在すると考えていることを明らかにしており、高貴な身分のパトロンの名を挙げ、その出版補助に全幅の信頼を置いていることを述べている」。

★ 451　蛭沼(1972:1)

★ 452　どの文書を正典とみなすかについて論理的な議論がなされたり、公式の決定が行われたりすることはなかった(加藤 1999:68-69)。

★ 453　加藤(1999:87)

★ 454　特に古い時代の文献は流動性こそがその本質的特徴のように言われることがよくあるが、テクストのジャンルによるところが大きい。聖書の関連の

テクストはその性格上、不変でなければならないし、法律書などは拘束力をもつために改変できない字句内容であることが求められる（ブリンカー・フォン・デア・ハイデ 2017:237-238）。ブリンカー・フォン・デア・ハイデ（2017:244）：「中世の文献テクストは、著作権によって一文字たりとも勝手に変えることのできない現代のテクストとは全く違う」。

★455 『聖書』の本文テクストは初期から頻繁に書き変えられてきた。長年にわたって変化してきたのである（カーギル 2018:234）。「死海文書」を見ると、初期の『聖書』本文が変化している様子を知ることができる。

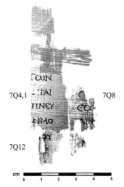

死海文書（ギリシア語、7Q12）「エノク書」

★456 加藤（1999:101）：「聖書は早くからさまざまな言語（ラテン語・シリア語・コプト語など）に翻訳されている。注意すべきは、『新約聖書』に関して、オリジナルから派生したギリシア語写本がまとまって残されているのが4世紀以降であるのに対し、翻訳テクストは場合によってはそれ以前のギリシア語のテクストを底本としていると考えられるケースがあるということである」。

★457 小文字の写本が現われるのは中世になってからで9世紀以降である。

★458 Metzger（1968:13）："Manchmal war dadurch der Sinn eines Satzes zweideutig, weil die Worteinteilung unsicher war. Im Englischen wird man den Text *godisnowhere* entweder lesen: God is now here（Gott ist jetzt hier）oder God is

nowhere（Gott ist nirgends），je nachdem, ob man an Gott glaubt oder nicht." 「語
の区切りがはっきりしないので、時には文の意味も不明瞭になることが
あった。例えば英語で GODISNOWHERE と綴れば、神を信じる者と信じな
い者とでは全く逆の意味に読むだろう。前者は「神は今ここにいる」（God
is now here）と読み、後者は「神はどこにもいない」（God is nowhere）と読
むだろう」。

★ 459 新約の場合、特定の原理ではなく「無原理の原理」（Prinzip der Prinzipien-
losigkeiten）と言われることもある（Aland 1962:10）。

★ 460 蛭沼（1972:143）

★ 461 橋口（2008: 14）：「最初の使徒たちはすべて敬虔なユダヤ人であった。［…］
使徒たちは聖書の表象を究明し、特に啓示による証明（イザヤ書 53 章「主
の僕」・ダニエル書 7 章「人の子」）がその後に続く苦しみを担う者として
イエスを理解した」。

★ 462 一方「使徒的」という用語は使徒（エルサレム教会において指導的な立場
にあった者たち）ということばから派生しているのは確実だが、その用い
方に関し必ずしも客観的な基準が明確に設定されているわけではない（加
藤 1999:65-68）。

★ 463 もともとキリスト教を迫害するファリサイ派（ユダヤ教の一派）に属して
いた。

★ 464 「ヘブライ人への手紙」（パウロ作）は長い間その使徒性が認められなかっ
た（最終的に正典に含まれることになる）。

★ 465 『ルター聖書』（1984）

★ 466 von et.³ zeugen「証する、証拠立てる」, daß = so daß「〜するために（目的）」

★ 467 初期キリスト教の拡張期に、その指針として、信者は権威に裏打ちされた
教義、すなわち、使徒直筆の書物に記されている教えを読めば、それだけ
で正しく導かれるということになるであろうか。初期のキリスト教徒には
知られていたことであるのだが、使徒の多くは文盲で、実際には彼らは文
字を書くことができなかった。つまり、作者とされる人々は多くの場合、
現実にはテクストを執筆できなかった（アーマン 2011:16）。

★ 468 『新約聖書』の誕生は完全にローマ帝国のできごとであり、イエスと初期教会の物語の舞台となるローマという文脈と分かちがたく結びついている。紀元 1 世紀・2 世紀初頭は、ユダヤおよびローマ史の上で『新約聖書』全体の形成に寄与した時代である。「福音書」は、ヘロデ王統治のイエスの誕生（「マタイ」1:2）、あるいは、クイリニウス治下のイエスの誕生（「ルカ」1:2）を描き、ポンティオ・ピラト総督と四分領主ヘロデ・アンティパスの面前でのイエスの裁判と処刑を記している（カーギル 2018:271）。

★ 469 参考までに、「使徒言行録」（8:1-3）より、サウロがとった行動がわかる個所を以下に挙げておく。8:1 サウロは、ステファノの殺害に賛成していた。その日、エルサレムの教会に対して大迫害が起こり、使徒たちのほかは皆、ユダヤとサマリアの地方に散って行った。8:2 しかし、信仰深い人々がステファノを葬り、彼のことを思って大変悲しんだ。8:3 一方、サウロは家から家へと押し入って教会を荒らし、男女を問わず引き出して牢に送っていた。8:1 Saulus aber hatte Gefallen an seinem Tode. Es erhob sich aber an diesem Tag eine große Verfolgung über die Gemeinde in Jerusalem; da zerstreuten sich alle in die Länder Judäa und Samarien, außer den Aposteln. 8:2 Es bestatteten aber den Stephanus gottesfürchtige Männer und hielten eine große Klage über ihn. 8:3 Saulus aber suchte die Gemeinde zu zerstören, ging von Haus zu Haus, schleppte Männer und Frauen fort und warf sie ins Gefängnis. (gottesfürchtig「神を敬う・敬虔な」)

★ 470 加藤（1999:204-205）

★ 471 「ヨハネ福音書」8:6 に「イエスは身をかがめて指で地面に何か書いていた」とある。イエスが書くという行為を行っていたことが記されている唯一の個所である（ただし、文字であるかどうか判明していない）。

★ 472 「ルカ福音書」1:1-2：「最初から目撃して、み言葉に仕える者となった人々が私たちに伝えたとおりに、多くの人が物語を書こうとしている」。ルカ自身も実際「ルカ福音書」を書いた。

★ 473 加藤（1999:208-210）。パウロは、生前のイエスの言行にはむしろ価値を見出さず、十字架のイエスだけが重要であると考えた。

★ 474 「ヘブライズム的キリスト教」はヘブライ語を話すユダヤ人（ヘブライスト）

たちによって、パレスチナ地方、特にエルサレムで成立したのに対し、「ヘレニズム的キリスト教」はギリシア語を話すユダヤ人（ヘレニスト）たちによってエルサレムで成立したが、パレスチナ以外の場所で生まれギリシア語を母国語とするユダヤ人キリスト者たち（ステファノ他）のグループの間に広まっていた。

★ 475 「使徒行伝」6: 8以下には、ヘレニストのグループの指導者格と思われるステファノがエルサレム神殿に対して（つまり十二使徒に関係するユダヤ人）ラディカルな態度を示し殺されてしまうという話が記載されている。

★ 476 加藤（1999:270）

★ 477 加藤（1999:271-276）。マルコ福音書の著者はヘレニストのグループに属していた。したがってギリシア語で書いたのである。［…］マルコ福音書がギリシア語で書かれたことの直接の動機には、当時のギリシア語圏（ヘレニズム世界ないしローマ帝国の世界）全体にとってのキリスト教の意義が意識的に考慮されていたといったことは存在しない（加藤 1999:273）。

★ 478 『聖書』の理解を深めるにはやはり注釈書（テクストを個々の点にわたって検討している参考書のこと）が必要である。先行研究を広く扱っているものが好ましい。

★ 479 秦（2018:198）:「キリスト教会は、二世紀になると、多数の物書きを輩出し、多数の文書を生み出す。そしてまた、この世紀に入ると、「ただ一つの聖書」をつくる動きが盛んになり、［…］現在の新約聖書に組み込まれたものは、最終的には「真正なもの」と見做されたものである」。

★ 480 1世紀に生まれ3世紀から4世紀にかけて地中海世界で勢力を持った宗教・思想。物質と霊の二元論に特徴がある。

★ 481 『新約聖書』「外典」の概念は、『聖書』「外典」の意味内容がそのまま形式的に『新約聖書』の諸文書に当てはめられたものである。

★ 482 「正典」の選別に関しては、パウロの解釈に倣って、使徒伝承を用いて主であるイエスのことばの権威を確かに記しているものというのが選定基準として掲げられている。

★ 483 川村他（1976:6）

★484「外典」とは本来的には『七十人訳聖書』には含まれているが『ヘブライ語聖書』には存在しない諸文書のことを指す用語である。なお、『七十人訳聖書』が作られた動機であるが、ギリシア人に（ユダヤ人の歴史を正しく知ってもらうべく）モーセ五書（トーラー）をきちんと読んでもらうためであるという説もある（秦 2018:34-35）。

ドイツのケルンにあるゴロッケンガッセ・シナゴーグにあるトーラー。
著作者：HOWI https://commons.wikimedia.org/wiki/File:K%C3%B6ln-Tora-und-Innenansicht-Synagoge-Glockengasse-040.JPG

★485 アレクサンドリア（エジプト）は『聖書』にとって重要な町である。この地で、『ヘブライ語聖書』がヘブライ語（とアラム語）からギリシア語に翻訳され、外典（ヘブライ語聖書の正典とは認められない）を構成する多くの書が生み出されたからである（『七十人訳聖書』：前1世紀から紀元後1世紀のユダヤ人にとって実質的な『聖書』）。なお、エルサレムの主教だったキュリロス（在位：350-386 年）は「ヘブライ語聖書のギリシア語への翻訳は、霊感によるものだと訳の分からぬことを言っている」という（秦 2018:217）。

★486 荒井（1997:11-12）

★487「新約外典」のリストは以下の通りである。

「パウロ行伝」

「ペトロ行伝」

「パウロ・テクラ行伝」

「ペトロの黙示録」

「パウロの黙示録」

「ディダケー（十二使徒の教え）」

「バルナバの手紙（バルナバ書）」

「クレメントのコリントの信徒への手紙」

「イエス・キリストとエデッサ王アブガルスの手紙」

「使徒パウロのラオディキアの信徒とセネカへの手紙」

「イグナティオスとポリカルポスの手紙」

「エジプト人による福音」

「ユダヤ人による福音」

「ユダによる福音書」

「ニコデモによる福音書（ピラト行伝）」

「ペトロによる福音書（ペテロ福音書）」

「救い主による福音」

「ヤコブによる原福音（ヤコブ原福音）」

「トマスによるイエスの幼時物語」

「トマスによる福音書」

「マタイによるイエスの幼時福音」

「マルコによるイエスの幼時福音」

「アラビア語によるイエスの幼時福音」

「マリアによる福音書（マグダラのマリア福音書）」

「フィリポによる福音書」

「ヘルマスの牧者」

「イエス・キリストの叡智」

「シビュラの託宣」

　なお、『聖書』に関しては、伝統的に、ヤムニア会議以前に成立したギリ

シア語訳の『七十人訳聖書』ないしその翻訳を聖書の正典とする。『聖書』「外典」の一覧は次の通りである。

「第三エズラ書」

「第四エズラ書」

「トビト記」

「ユディト記」

「エステル記補遺」

「ソロモンの知恵」

「シラ書（集会の書、ベン・シラの知恵）」

「バルク書」

「エレミヤの手紙」

「ダニエル書補遺」

「スザンナ」

「ベルと竜」

「アザルヤの祈りと三人の若者の賛歌」

「マナセの祈り」

「マカバイ記1」

「マカバイ記2」

「マカバイ記3」

「マカバイ記4」

「詩篇151」

「ヨブ記補遺」

「エノク書」

★488 グノーシス派に遡る、もしくは、この派によって用いられた諸文書のことである（荒井 1997:14）。

★489 荒井（1997:18）

★490 1945 年にナグ・ハマディ（エジプト）で農夫によって発見された文書の中にあった、コプト語で書かれたイエス語録である

★491 「ルカ」2:41-51 には 12 歳のイエスが描かれている。

★ 492 別の例をもう一つ引く。「トマスによるイエスの幼時物語」の第9章からである。「イエスは屋根の上の露台で友人と遊んでいると、一人が屋根から落ちて死んだ。他の子どもは逃げてしまうが、死んだ子の親がやってきて、イエスにお前が突き落としたんだろうと怒る。親があまりしつこく言うので、イエスは死んだ子の傍ら立ち「おいゼーノン、起きて言っておくれ、私が君を突き落としたのかい」と呼びかけると、倒れていた子どもが起き上がった。生き返った子どもは「いいえ、主よ、あなたは突き落としたのではなく、生き返らせたのです」と答えたので、両親は感謝してイエスを拝んだ」。この個所は「マルコ」15:3 を思い起こさせる（「マルコ」15:3：「祭司長たちはイエスを厳しく訴えた」）。すなわち、イエスを引き渡されたピラトが「あなたはユダヤ人の王か」と尋ね、イエスが「その通りです」と答える場面である。

★ 493 荒井（1997:19-20）

★ 494 ユダヤ戦争（第一次：66-70 年。ローマ帝国への抵抗）前後から始まったと考えられる。

★ 495 「トマスによるイエスの幼時物語」は当時、人気を博し、シリア語・ラテン語・エチオピア語・古スラヴ語などに訳されたほどである。

★ 496 Lutherbibel（2017）

★ 497 新共同訳。

★ 498 エラスムスの読みが後の公認本文の印刷本の中に生きのびることになる。

★ 499 Metzger（1968:75-76）: "Toward the close of the fourth century the limitations and imperfections of the Old Latin versions became evident to the leaders of the Roman Church. It is not surprising that about A.D. 382 Pope Damasus requested the most capable Biblical scholar then living, Hieronymus, to undertake a revision of the Latin Bible. Within a year or so Hieronymus was able to present Damasus with the first-fruits of his work – a revision of the text of the four Gospels, where the variations had been extreme." 「4 世紀の後期になると、古ラテン語訳の限界や不完全さが西方教会の指導者たちに明らかになってきた。したがって、382 年頃、教皇ダマススが、その当時の最もすぐれた学者ヒエロニムスに命じ

て、ラテン語聖書の改版を企画させたのは当然のことであった。1年ほどの
うちにヒエロニムスは、彼の業績の最初の結実をダマススに提出した。こ
れは異読が最も多かった4福音書の本文を改訂したものである」。このよう
に、ヒエロニムス（Hieronymus, 340年頃-420年）はキリスト教の教父であ
り、古代西方教会の聖書学者である。教皇秘書などを歴任後、ベツレヘム
で修道院の指導に当たる傍ら、『聖書』のラテン語訳（ヴルガータ）や『聖
書注解』などを著した。

★ 500 使用した主な2写本はいずれも12世紀の作であった。

★ 501 友人のロイヒリンから借りたものである。

★ 502 Metzger（1968:96-103）

★ 503 その受け入れられ方はまちまちであった（ヨーロッパ中でよい売れ行きを
示しながらも、強い批判にさらされもした）。

★ 504 Metzger（1968:100）

★ 505 ルターは次のような賛美歌の歌詞でも知られている。「我が神は強固な砦
（Ein' feste Burg ist unser Gott）」。

★ 506 ルターが『聖書』の翻訳を通して標準語の確立に向けて果たした役割は大
きい。ルターが目指したわけでなくとも、彼の功績はこの時期、ドイツ語
の統一文章語の成立の決定的な要因となったことは間違いない。最初のう
ちは、超地域語レベルにおいても、例えば正書法においても、あるいは、
屈折・統語法においても、統一性が見られず、同一テクスト内ですら揺れ
が並存しているくらいであった。

★ 507 ユダヤ教社会に伝承されてきたヘブライ語聖書（9世紀に完成）のテクスト
のこと（紀元前3世紀頃より訳され始めたギリシア語訳の方がかえって古
いと言える）。ユダヤ教の成立以後、時代を経るごとにさまざまな編集が加
えられてきた。近年の「死海写本（Dead Sea Scrolls）」が発見されるまで、
ヘブライ語で書かれたものとしては最古の写本であった。
　　現在、私たちが手にしている『聖書』の大半はこの「マソラ本文」（Masoretic
Text）に基づくものである。『聖書』のギリシア語への翻訳である『七十人
訳聖書』に依るのではない。堀川（2018:104）:「ルター訳は原典がもつヘ

ブライズムのゲルマニズム化（ドイツ文化）」も参照のこと。

マソラ本文（ヘブライ語）

★508 なお、英語の聖書に関して次の指摘がある。堀川（2018:101）：「英訳聖書
は基本的に欽定訳聖書の改訂であるため、オリジナルのヘブライ語聖書の
精神を呼吸することがない。［…］それゆえに英語圏の読者はヘブライ語聖
書が持っている力強さを知る余地がないのである」。

★509 新改訳『聖書』、および、Hamp（1979）による。

★510 Aufschrift「（立て札の）標記」, lassen「〜させる（使役）」, kreuzigen「十字架
にかける」

★511 ブリンカー・フォン・デア・ハイデ（2017:12）

★512 「指3本で書き身体全体を痛める」という嘆きの言い回しが残っている。

★513 中世初期の写本文化がその頂点に達したのは、9世紀から11世紀にか
けてのいわゆるカロリング朝ルネサンスにおいてである（ペティグリー
2017:22）。

★514 ペティグリー（2017:8）

★515 ブリンカー・フォン・デア・ハイデ（2017:57-58）

★516 本を製作するため材料（インクなど）、高度な書記文体、文学などに関心を
もつ社会、財力に富んだパトロン、これら全てが揃ってはじめて、宮廷（詩

人など）のエンターテインメントが成り立ち、その作品をまとめて写本に
書き下ろし後世に伝えるという文芸活動が成立する（ブリンカー・フォン・
デア・ハイデ 2017:124）。

★ 517 印刷術の独創性は、個々の文字を独立した活字として作れば、それらを組
み合わせて文章を無限に作ることができ、また活字も繰り返し再利用でき
るという点に気付いたことである（ペティリー 2017:49）。

★ 518 印刷術が世に現われたのは、ちょうどドイツの木版芸術の黄金時代にあたっ
ていた（ペティグリー 2017:65）。

★ 519 修道院の写字生たちは『聖書』・祈祷書を製作していた。修道院における『聖
書』の生産が頂点に達したのは 12 世紀のことで、この時期までにマーケッ
トの需要は実質的に満たされていた（ペティグリー 2017:23）。

★ 520 11 世紀末までの俗語文学は、口承で伝えられることがほとんどだったし、
またそうされるのがふさわしいのだと考えられていた。詩人は物語を、書
写されたテクストを使うことなく歌い語った（ブリンカー・フォン・デア・
ハイデ 2017:148）。

★ 521 シュミット（2004）

★ 522 東方貿易の拠点であったヴェネツィアが扱う製品の中に紙があり、ヴェネ
ツィアは 14 世紀に製紙業界における主導的地位を占めた。1469 年にヴェ
ネツィアに印刷術が到来した際、ヨーロッパの他のどこよりも急速に発展
した理由はまさにここにある（ペティグリー 2017:90）。

★ 523 活版印刷の技術は、マインツに発して驚くべきスピードでドイツの帝国諸
都市に拡散し、アルプスを越えルネサンスの震源地イタリアに達する。さ
らにフランス・低地諸国・イングランド・ポーランド・ボヘミアにまで至っ
た。1490 年頃には印刷機は 200 を越える都市に設置され、この新たな技術
はヨーロッパ大陸の隅々にまで広まっていた（ペティグリー 2017:1）。

★ 524 グリムは名詞の語頭の文字を大文字書きすることはない。

★ 525 überhaupt「全然（〜ない）」, weder「〜でもない」, geschweige「いわんや〜な
い」, gedeihen「育つ」, druckerei「印刷術」, nicht nur - sondern auch 〜「一だけ
でなく〜も」, vorrat「蓄え」, vulgarsprache「俗語」, unerläszlich = unerläßlich「不

可欠の」, fülle「豊富」, ~ zu gebot(e) stehen「～（与格）の意のままに使うことができる」

★ 526 こうした書物は『聖書』のさまざまな個所・祭式書・奉読テクスト・共観福音書などを対象としている。中世において『聖書』を部分的に翻訳したものは正典化されたラテン語的な模範からは少し離れたものとなることがあった。

★ 527 このラテン語（ヴルガータ Vulgata）による『聖書』の刊本がヨーロッパでの最初の印刷本である。このラテン語ヴルガータ『聖書』は、いわば大衆訳ともいうべきもので、ヒエロニムスらによって、それまでの古ラテン語訳に大改訂を加えた意訳で 405 年に完成した。中世に広く用いられ、1546年のトリエント総会議でカトリック教会の標準訳に決定された。

★ 528 一般には『マザラン聖書』（Mazarin Bible）と呼ばれる。

★ 529 ブリンカー・フォン・デア・ハイデ（2017:86）

★ 530 都市で、十分な支払いをしてくれる注文主と、作品を歓迎する民衆と、本を製作するための材料と書記が必要であった（ブリンカー・フォン・デア・ハイデ 2017:99）。

★ 531 これまであまり知られていなかった印刷時代の初期に刷られた書物に関して世界のどこに所蔵されているかの情報が、大量のデータを処理できる検索エンジンなどのおかげで即座にわかるようになった（ペティグリー2017:13）。

★ 532 ブリンカー・フォン・デア・ハイデ（2017:88）

★ 533 出版社や書籍商は書籍の印刷を積極的に受け入れたが、この印刷本というものが、かつて写本文化を取り巻いていた親密で私的な世界をどれほど変容させてしまったのかを、彼らは理解できていなかった。写字生たちの世界は需要と供給が厳密に一致していた（ペティグリー 2017:82）。

★ 534 印刷本は必ずしも写本よりも正確なテクストを提供しているわけではなかった。初期の印刷本は、かつてイタリアの写本が確立していた品質基準を満たしていなかった（ペティグリー 2017:92）。古典作家の真正テクストが入手可能になることを印刷術に期待した人文主義者たちからは印刷批判

が起こった。

★535 ペティグリー（2017:35-37）

★536 ペティグリー（2017:43）

別章

★537 新改訳『聖書』（独語テクストは Lutherbibel 2017）。

★538 ボンヘッファーはキリスト者・牧師でありながら、暴力や殺人をも許容するヒトラー暗殺・クーデタ計画に乗り出したわけである。

★539 ベートゲ（2004:10）：「その分量とは比較にならないほどの影響力を、現在の宗教思想に対して及ぼしてきた。しかも、彼の思想の多くのものが断片にとどまっていることを考えるとき、この影響力はいよいよもって驚くばかりである」。(Diese Seiten haben einen Einfluß auf das gegenwärtige religiöse Denken ausgeübt, der in keinem Verhältnis zu ihrem Umfang steht und der um so erstaunlicher ist, wenn man bedenkt, wieviel von diesem Denken Fragmentarisch ist.)。ベートゲは、ボンヘッファーのもとで学んだ人物で、後に彼の姪の夫となり、また戦後、キリスト教神学と反ユダヤ主義との関係を考察する作業を推し進めた。

★540 イエスの生き方を模範に人は生きる、このようにキリスト教は教える。ただ、イエスの教えをしっかり守り、これを行動原理とすることが、かえってイエスを否定する行為になり得る場合があるのではないか。

★541 ボンヘッファーが、どのような論理・倫理でもって、キリスト者・牧師でありながら、暴力や殺人をも許容するヒトラー暗殺・クーデタ計画に乗り出しただろうか。この問題を究めるためには、その決定的瞬間にまで至る途中のプロセスをボンヘッファー当人のテクストに則して検討しなければならない。

★542 ボンヘッファーは現代的意味でもその存在が注目されているドイツの宗教者・神学者である。ボンヘッファーの立ち位置を示す典型的な文言は次のことばで、彼の信仰のエッセンスと言える。「僕たちは、この世の中で生きねばならない——たとえ神がいなくても——ということを認識することな

317

しに、誠実であることはできない。しかも、僕たちがこのことを認識するのはまさに、神の前においてである」。端的に言えば、「神の前で、神と共に、僕たちは神なしに生きる」ということである。ボンヘッファーの祈りに関する見方は例えば次の個所にはっきりと見て取ることができる。

„Herr, lehre uns beten!" So sprachen die Jünger zu Jesus. Sie bekannten damit, daß sie von sich aus nicht zu beten vermochten. Sie müssen es lernen. Beten-lernen, das klingt uns widerspruchvoll. Entweder ist das Herz so übervoll, daß es von selbst zu beten anfängt, sagen wir, oder es wird nie beten lernen. Das ist aber ein gefährlicher Irrtum, der heute freilich weit in der Christenheit verbreitet ist, als könne das Herz von Natur aus beten. Wir verwechseln dann Wünschen, Hoffen, Seufzen, Klagen, Jubeln — das alles kann das Herz ja von sich aus — mit Beten. Damit aber verwechseln wir Erde und Himmel, Mensch und Gott. Beten heißt ja nicht einfach das Herz ausschütten, sondern es heißt, mit seinem erfüllten oder auch leeren Herzen den Weg zu Gott finden und mit ihm reden. Das kann kein Mensch von sich aus, dazu braucht er Jesus Christus. (Eberhard Bethge et al. hrsg., *Dietrich Bonhoeffer Werke*, Band 8 : Widerstand und Ergebung, 「ボンヘッファー聖書研究（旧約編）」Chr. Kaiser Verlag 1998:491-492)

　「主よ、われらに祈ることを教えたまえ」（「ルカ」11:1）。こう弟子たちはイエスに言った。そう言うことによって、彼らは、祈りが自分たちからは不可能なことを告白した。彼らはそれを学ばねばならない。祈りを学ぶとは、矛盾した響きを私たちに感じさせる。心が満ち溢れて、おのずから祈り始めるか、さもなければ、祈りなど学びえないか、どちらかだと私たちは言う。しかし、心が自然に祈りうるという考えは、確かに今日広くキリスト教界に普及している危険な誤りである。そこで私たちは、願うこと・望むこと・呻くこと・訴えること・喜ぶこと——すべてそういうことは心がみずからなしうるのだが——を、「祈ること」と混同する。そのことによって私たちは、地と天、人と神とを混同する。「祈る」とは、ただ単に心を注ぎ出すことではない。むしろその満たされたあるいは空虚な心で、神への道を見出すことであり、神と語ることである。だれもこのことを自分から

することはできない。そのために、イエス・キリストが必要とされるのである」。

★ 543 宮田（2019:iv）：「他の人びとが妥協と同調とに流されている時代の只中で──正義と自由と平和のために、あえて生命がけの危険を冒す決意をした」。

★ 544 對馬（³2017:249,257）

★ 545 對馬（³2017:i）

★ 546 宮田（2019:413）。ボンヘッファー像には多様な側面がある（信仰者・殉教者・抵抗者など）。反ナチ抵抗者としての政治的側面から切り離して敬虔な信仰的側面にのみ注目する意見もあれば、また、その逆の意見もある。

★ 547 對馬（³2017:257）

★ 548 對馬（³2017:v）

★ 549 Bethge（⁷1989:61）

★ 550 Bethge（⁷1989:132）

★ 551 神から与えられた、語るべきことばを世に向かって語るのが説教であり、そのことばの内容を学問的に検討するのが神学であるという考え方をボンヘッファーは彼が尊敬する神学者カール・バルトから受け継いでいる（村上 2012:44-45）。

★ 552 村上（2012:56）では「真理の瞬間 Augenblick der Wahrheit」と表現されている。

★ 553 ボンヘッファーは両親宛ての手紙（1928年4月11日）の中で「闘牛」について報告している。

★ 554 ゲマルケ教会の敷地には、ユダヤ教徒のためのシナゴーグ（Synagoge）が建てられている。なお、告白教会が起草した「バルメン宣言」にはナチスの反ユダヤ主義に関する具体的な言及は見られない。

★ 555 村上（2012:58-59）

★ 556 2回目の渡米はいわば亡命と言ってもいいかもしれない。宮田（2019:21）：「何よりも武器を手にする兵役を［…］拒否しなければならないという彼の信仰的確信と結びつくもの」。

★ 557 ニーバーはボンヘッファーの死を悼み「ある殉教者の死」（The Death of

a Martyr) という記事を書いている（「キリスト教と危機」Christianity and Crisis, 1954 年 6 月 23 日）。

★ 558 Bethge（1970:45-46）. ボンヘッファーにとって幼年期を過ごした町ブレスラウ（Breslau）に向けて、彼の父カール・ボンヘッファーが家族を連れて赴任する（精神医学者として）いきさつを「流刑 Verbannung にでもなったような気分」と『ボンヘッファー伝』の著者ベートゲ（Bethge 1970:34）は記している。ブレスラウはドイツの東のはずれ、シュレージエン地方にある。カール・ボンヘッファーは後にベルリン大学に招聘されるまで 20 年近くをここで暮らした（8 人の子どもたちも皆ここで生まれた）。

★ 559 Bethge（1970:46）

★ 560 神からの罪の赦しの恩寵・恵みに由来するものである。ナチスの時代に愛敵の思想は成り立ち得るのか、あるいは妥当なのか、妥当だとしても、ボンヘッファーの行動原理に合致するのかという疑問が生じる。根本的に、そもそも戦争は人間のしわざであり、神の御心であるはずがなく、生命を破壊する戦争を人間が止めなければならないという発想のもと、緊急の事態に立ち向かおうとしたのだと考えられる。

★ 561 Bonhoeffer（1998a:253）:「法 律 で は も は や 制 御 で き な い 異 常 事 態」（„die durch kein Gesetz mehr zu regelnde, außerordentliche Situation letzter Notwendigkeiten.“）

★ 562 『新約聖書』の「マタイによる福音書」第 5 章・「ルカによる福音書」第 6 章にあることば。

★ 563 イエスは、自分自身のように隣人を愛せよという戒めを、心を尽くし力を尽くして主なる神を愛することと一体の戒めとしている。悪に対抗して相手に悪を行うのではなく、忍耐して付き合い、真理をもって説きなさい、すなわち、愛に暴力はないので、相手に合わせ、過ちから出て来るようにしてあげなさい、という教えである。

★ 564 「敵を愛せよ」と言われても私たちの胸の中にはどうしても不安が生まれる。簡単に不安はないなどと言うことはできない。不安はないということばは、私たちが自らに言い聞かせるものではなく、主イエスが私たちに与えた約

束である（村上 2012:92）。

★ 565 「コリント第一」13:13「いつまでも存続するのが希望である」（Nun aber bleibt Hoffnung.）に基づく。

★ 566 基本的に村椿（2010）に基づき、一部改訳した部分もある。

★ 567 「マタイ」5:13：「あなたがたは地の塩である。もし塩の効き目がなくなったら、何によってその味が取り戻されようか。もはや何の役にも立たず、ただ外に捨てられ、人々に踏みつけられるだけである」（Ihr seid das Salz. Wo nun das Salz dumm wird, womit soll man's salzen? Es ist hinfort zu nichts nütze, den daß man es hinausschütte und lasse es die Leute zertreten.）

★ 568 「マタイ」7:13-14「命に至る道は細い。そしてそれを見出す者は少ない」（Der Weg ist schmal, der zum Leben führt; und wenige sind ihrer, die ihn finden.）

★ 569 「マタイ」18:21-35：「その時ペテロがイエスのもとに来て言った、「主よ、兄弟が私に対して罪を犯した場合、何度まで許すべきでしょうか。7 度までですか」。イエスは彼に言われた、「私は 7 度までとは言わない。7 の 70 倍までも許しなさい」」（Da trat Petrus zu ihm und sprach: Herr, wie oft muß ich denn　meinem Bruder, der an mir sündigt, vergeben? Ist's genug siebenmal? Jesus sprach zu ihm: Ich sage dir: nicht siebenmal, sondern siebzigmal siebenmal.）

★ 570 Sicherheiten suchen heißt sich selber schützen wollen. 「安全を求めるということは自分自身を守ろうとすることである」と続く。

★ 571 「ヨハネ」8:32：「真理はあなたがたに自由を得させるであろう」（Die Wahrheit wird euch frei machen.）

★ 572 「詩篇」119:3：「主の道を歩む者たちは悪を行わないからです」（Denn welche auf seinen Wegen wandeln, die tun kein Übles.）

★ 573 「詩篇」119:7：「あなたの義の要求を学ぶ時、私は正しい心をもってあなたに感謝します」（Ich will dir danken von aufrichtigem Herzen, wenn ich lerne die Forderungen deiner Gerechtigkeit.）

★ 574 「マタイ」5:8：「心の清い人たちは幸いである。彼らは神を見るであろう」（Selig sind, die reinen Herzens sind, denn sie sollen Gott schauen.）

★ 575 「詩篇」119:21：「あなたは高ぶる者を責められます。あなたの戒めから迷

い出る者は呪われます」(Du hast den Stolzen gedroht, verflucht sind, die von deinen Geboten abweichen.)

★ 576 「マタイ」6:19-21：「天に宝を蓄えなさい」(Ihr sollt euch nicht Schätze sammeln auf Erden.)

★ 577 「コリント第一」13:4-7：「愛は忍耐強く、情け深い。また妬むことをしない。愛は高ぶらない、誇らない、不作法をしない、自分の利益を求めない、苛立たない。悪事を数え立てない、不義を喜ばないで、真理を喜ぶ。そして、すべてを忍び、すべてを信じ、すべてを望み、すべてを耐える」(Die Liebe ist langmütig und freundlich, die Liebe eifert nicht, die Liebe treibt nicht Mutwillen, sie blähet sich nicht, sie stellet sich nicht ungebärdig, sie suchet nicht das Ihre, sie läßt sich nicht erbittern, sie rechnet das Böse nicht zu, sie freuet sich nicht der Ungerechtigkeit, sie freuet sich aber der Wahrheit; sie verträgt alles, sie glaubt alles, sie hofft alles, sie duldet alles.)

★ 578 「マタイ」6:5-8：「祈る時には、偽善者たちのようにするな。彼らは人に見せようとして会堂や大通りの辻に立って祈ることを好む。よく言っておくが、彼らはその報いを受けてしまっている。あなたは祈る時、自分の部屋に入り戸を閉じて、隠れたところにおいでになるあなたの父に祈りなさい。すると、隠れたことを見ておられる父は、あなたに報いて下さるであろう。また、祈る場合、異邦人のように、くどくどと祈るな。彼らはことばかずが多ければ、聞き入れられるものと思っている。だから、彼らのまねをするな。あなたがたの父なる神は、求める前から、あなたがたに必要なものはご存じなのである」(Wenn du betest, sollst du nicht sein wie die Heuchler, die da gerne stehen und beten in den Schulen und an den Ecken auf den Gassen, auf daß sie von den Leuten gesehen warden. Wahrlich ich sage euch: Sie haben ihren Lohn dahin. Wenn du aber betest, so gehe in dein Kämmerlein und schließe die Tür zu und bete zu deinem Vater im Verborgenen; und dein Vater, der in das Verborgene sieht, wird dir's vergelten öffentlich. Und wenn ihr betet, sollt ihr nicht viel plappern wie die Heiden; denn sie meinen, sie werden erhört, wenn sie viel Worte machen. Darum sollt ihr euch ihnen nicht gleichstellen. Euer Vater weiß, was ihr bedürfet, ehe denn ihr ihn bittet.）

★ 579 「マタイ」5:17:「私が律法や預言者を廃するために来たと思ってはならない。廃するためではなく、成就するために来たのである」（Ihr sollt nicht wähnen, daß ich gekommen bin, das Gesetz oder die Propheten aufzulösen; ich bin nicht gekommen aufzulösen, sondern zu erfüllen.）

★ 580 「マタイ」5:3:「心の貧しい人たちは幸いである。天国は彼らのものである」（Selig sind, die da geistlich arm sind, denn das Himmelreich ist ihr.）

★ 581 「詩篇」119:13:「私はこの唇であなたの口から出るすべての要求を言い表わします」（Ich erzähle mit meinen Lippen alle Forderungen deines Mundes.）

★ 582 「創世記」2:7「主なる神は地のちりで人を造り［…］」（Da bildete Jahwe Gott den Menschen aus Staub vom Ackerboden.）

★ 583 「イザヤ」9:6「まつりごとはその肩にある」（Die Herrschaft ist auf seiner Schulter.）

★ 584 ナチに対する彼の態度をよく示す場面として、「彼［ボンヘッファー］は講義室で祈ることによって受講者たちを驚かせた。彼は聴講生たちを平和というテーマに直面させた。それは、すでに圧倒的多数を占めていたナチ・シンパの神学生たちの感情を逆撫でしてセンセイションを巻き起こした」（ベートゲ 2004:57-58）がある。

まとめ

★ 585 ギリシア語（コイネー）で書かれている。

★ 586 「因果応報」が対応するかもしれない。

★ 587 もちろん「猫に小判」と全くの対応をするという意味ではない。文化的背景が大いに違うことには気を付けるべきである。

★ 588 意味が転じて「誤りを悟る」・「回心する」という用法もある。

あとがき

★ 589 もっとも、これら二つの祝祭が、キリスト教の教義上、共に重要な祭事であることは確かである。

★ 590 物語のプロットは、主人公が精霊たちによって自身の過去・現在・未来の姿を見せられることによって、クリスマスの喜びに目覚め、改心していくというものである。

★ 591 その姿が目に見えないイエスであるが、イエスを探すことが許され、教会という共同体のメンバーと共にイエスを探し続けられることを感謝する祝祭である。日常生活で、イエスならどうするかを常に考え、イエスの栄光を顕わすために生きていくのがクリスチャンである。

★ 592 『聖書』の「イザヤ書」53:4-6 に、史実としては700年先行する形で、イエスの出現が預言されている。

★ 593 復活がなければ、クリスチャンの救いはなく、キリスト教はむなしい信仰となる。

★ 594 「主の過越」から数えて50日目が五句節（ペンテコステ Pentecostes、聖霊降臨祭）という祝祭で、この祭の最中、イエスの復活・昇天後、集まって祈っていた120人の弟子たちの上に聖霊が降ってきたのである。イースター・ペンテコステ・クリスマスがキリスト教の3大祝祭である。

★ 595 当初は、復活の主日とその前日の典礼で行われていた。

★ 596 やがて、復活の主日の前の主日（受難の主日）から1週間全体が「聖週間」として大切にされるようになった。4世紀末のエルサレムで「聖週間」の典礼は特に盛大に行われていたが、次第に他の教会にも広まっていった。

★ 597 もっとも、クリスマスに限らず、こうした炊き出しの光景はごく日常的なものだとも言える。

★ 598 小さな人たち、貧しい人たちに手を差し伸べるクリスチャンの側にイエスはいると通常は思われている。

★ 599 日本の都市部でも、仕事がないために橋の下や公園などで野宿を強いられている人が大勢いる。仲間が集まって、せめて暖かい宿で夜を迎えることができるようにと活動している人も少なくない。屋外で日々を過ごさざるを得ない人には、役所の人とも交渉し（弁当の引換券や銭湯への入場券を配るよう要望することから始めることになる）、少しずつ運動の成果が現われているようには感じられる。しかしながら、残念なことに、仕事をして

自立したいという根本的な願いの実現は現実的にはなかなか難しい。本田哲郎のことばに「日雇い労働者にとって睡眠は死活問題です。二時間でも三時間でも眠ることができれば、激しい仕事でも危険な仕事でも持ちこたえることができます。冬場は一度起こされたら、毛布一枚くらいもらっても寒くて寝つけないので、朝まで歩きつづけることになり、仕事はできないのです。それなのにその人は、著者がおびえていることをすぐに見抜いて、安心させようとねぎらってくれたのです」というのがある。

★600 生きるために、神にすがりつくしかない人を、『聖書』の中では「貧しい人」ということばを使って表現することがある。

★601 隣人愛と並んで、『聖書』の「申命記」の6章5節にある「心を尽くし、魂を尽くし、力を尽くし、あなたの神、主を愛しなさい」という御言葉がある。

あとがき

　科学と神の関係についての一般的な認識は次のようなものであろう。すなわち、科学とは、神の力を借りずに宇宙や物質の始まりなどを説明するはずのものであり、それらを解明する最後の部分で神を持ち出すのは説得的でないというものである。その背景には、人智の及ばない神の領域とされてきた事柄が次々と科学の理論によって説明が可能となり、神の存在に頼らなくても、この世界を創ることができるのではないかという科学者たちの思いがある。こうして、長い間、万物の創造主と考えられてきた神が否定されつつあるわけであるが、実は、高名な科学者の多くが神の存在を信じており、神や信仰について熱い思いを語っている。神を否定するかのような研究をしている人たちが何故、神を信じることができるのであろうか。こんな時代でも、知らず知らずに『聖書』に由来することばを使っていることがある。信じることに安住はできないかもしれないけれども、信じきることが不安の始まりではないであろう。

　本書の最後に、キリスト教に因んだエピソードを記し、筆をおこう。それはクリスマスにまつわるものである。クリスマスの今日の賑わいを見ていると、古くは復活祭（イースター）の方がクリスマスよりも、むしろ盛大に祝われていたというのは想像し難いくらいである[589]。ただ、イギリスの小説家ディケンズ（Charles Dickens）の『クリスマス・キャロル』が出版（1843 年）されて後、クリスマスの祝い方が変わったと言われるのも事実である[590]。実際、この小説は出版された当初から人気を博し、高い評価を得た作品であった。

　復活祭（主の復活の主日）とは「主の過越」を記念する祝祭である[591]。この「主の過越」とは、神の国の訪れを、ことばと行動をもって現わされた

イエス・キリストが受難と死を通して[592] 復活の栄光に移られた[593] という
ことである[594]。したがって『新約聖書』の民、キリスト者にとって、「主
の過越」を祝う祭が年に一度、盛大に祝われるのは当然のことである。この
祝祭は本来、受難・死・復活という主の過越のできごと全体を記念するもの
であるので、それゆえ、できるだけ、できごとの経過を忠実に祝おうとする
ようになった[595]。4 世紀の後半からは主の過越の聖なる三日間（イースター
の前後をも併せて祝う）が重要なものとなった[596]。こうした趣旨で言えば、
復活祭にしてもクリスマスにしても、いずれにせよ、祝祭の主人公はイエ
ス・キリストのはずである。

　さて、次の絵は、画家の F・アイヘンバーグが、ニューヨークのスラム街
の公園でのホームレスの人たちへの炊き出しの様子を描いた宗教画である。
ここでは、教会のシスターやボランティアの人たちが炊き出しをして食事を
配っている。

　ホームレスの人たちは長い行列を作って自分の順番が来るのを待ってい
る、そういう光景である。画家のアイヘンバーグはこの様子を見て、ところ
でイエスはどこにおられるのだろうと考えた。すなわち、彼は、炊き出しを
しているシスターや信徒たちの中なのか、あるいは、並んで食事を待ってい
るホームレスの人たちの中なのか、どちらの側にイエスがいるのかという自
問自答をしながらこの絵を描いたという[597]。

　この絵画の特徴は、イエス・キリストが、サービスをする側ではなく、食
事を受け取るため長い列を作っているホームレスの人たちの中に並んでおら
れるという点である。ちょうど真ん中あたりに後光が差しているように見え
るのがイエスである。アイヘンバーグは炊き出しの風景を眺めているうち
に、サービスを受けなければならないほど弱い立場に立たされた人の側にイ
エスはおられるに違いないと確信したという[598]。このように、ニューヨー
クでは、ホームレスの人たちのために活動するグループが、州政府などから

補助金をもらい、大勢のボランティアに呼びかけて炊き出しをしており、こうしたボランティアの人たちの9割以上がカトリックやプロテスタントのクリスチャンである[599]。この文脈に絡んで思い出されることばがある。かつてマザー・テレサが述べた次の文言である。

　私は一日に二度、イエス様と出会います。一度はミサの中で、もう一度は街中の貧しい人々の中で。[600]

　ここで言われているような隣人愛というテーマは、本書でも扱ったように、すでに古く『聖書』の中で説かれている。例えば「レビ記」の19章18節に「自分自身を大切にするように、隣人を大切にしなさい」と記されている。そして『新約聖書』では「ローマ書」の中に、次のような一節がある。「他人を大切にする者は律法を完全に守っているのです。姦淫するな・殺すな・盗むな・むさぼるなという戒め、また他にどんな戒めがあったとしても、それらは〈あなたの隣人をあなた自身のように大切にしなさい〉ということば

フリッツ・アイヘンバーグ（Fritz Eichenberg）：「炊き出しに並ぶキリスト」（The Christ of the Breadlines）

の中に要約されています」と★[601]。ここで説かれているのは、いずれも愛と
いうテーマであって、「（相手なり対象を）大切にする」という気持ちである。
イエスが説くエッセンスは、この「大切にする」という気持ちなのである。

参考文献

青山晴美（2001）『もっと知りたいアボリジニ　アボリジニ学への招待』明石書店

青山晴美（2008）『アボリジニで読むオーストラリア』明石書店

雨宮栄一 他（2003）『カール・バルト説教選集 17』日本キリスト教団出版局

荒井献 他（1997）『新約聖書外典』講談社

荒井献 他（1998）『使徒教父文書』講談社

朝岡勝（2016）『ニカイア信条を読む』いのちのことば社

ATD・NTD 聖書注解刊行会（1980）『NTD 新約聖書注解』別巻「マタイによる福音書」

Bethge, Eberhard（⁷1989, 1970）*Dietrich Bonhoeffer*. Theologe - Christ - Zeitgenosse.
　　München : Chr. Kaiser Verlag. 村上伸・雨宮栄一・森野善右衛門訳（1973-1974）
　　『ボンヘッファー伝』第 1-4 巻、新教出版社

Bethge, Eberhard（1976）*Dietrich Bonhoeffer in Selbstzeugnissen und Bilddokumenten*.
　　Hamburg : Rowohlt. 宮田光雄・山﨑和明訳（2004）『ディートリッヒ・ボンヘッ
　　ファー』新教出版社

Bonhoeffer, Dietrich（1958-1961）*Gesammelte Schriften*, 4 Bande.（Hg.）E. Bethge,
　　München : Chr. Kaiser Verlag.

Bonhoeffer, Dietrich（1987）*Gemeinsames Leben*, Dietrich Bonhoeffer Werke（5. Band）,
　　Hrsg. von Müller G.L. & Schönherr, A., München : Chr. Kaiser Verlag.

Bonhoeffer, Dietrich（1989a）*Schöpfung und Fall, Dietrich Bonhoeffer Werke*（3. Band）,
　　Hrsg. von Martin Rüter & Ilse Tödt, München : Chr. Kaiser Verlag.

Bonhoeffer, Dietrich（1989b）*Nachfolge, Dietrich Bonhoeffer Werke*（4. Band）, Hrsg. von
　　Martin Kuske & Ilse Tödt, München : Chr. Kaiser Verlag.

Bonhoeffer, Dietrich（1996）*Konspiration und Heft 1940-1945, Dietrich Bonhoeffer Werke*
　　（16. Band）, Hrsg. von Jørgen Glenthøi, Ulrich Kabitz & Wolf Krötke. München :
　　Chr. Kaiser Verlag. 森野善右衛門訳（²1996）「真実を語るとは何を意味するか」
　　『ボンヘッファー』選集 IV、新教出版社

Bonhoeffer, Dietrich（1998a）*Ethik, Dietrich Bonhoeffer Werke*（6. Band）, Hrsg. von

Martin Kuske & Ilse Tödt, München : Chr. Kaiser Verlag.

Bonhoeffer, Dietrich（1998b）*Widerstand und Ergebung*, Dietrich Bonhoeffer Werke（8. Band）, Hrsg. von Christian Gremmels & Ilse Tödt, München : Chr. Kaiser Verlag.

ブランケンベイカー、フランシス／後藤敏夫・渋谷美智子訳（1997）『イラスト早わかり「聖書」ガイドブック』いのちのことば社

ブリンカー・フォン・デア・ハイデ、クラウディア／一條麻美子訳（1997）『写本の文化誌』白水社

Büchmann, Georg（1864,²1966）*Geflügelte Worte*. Berlin-Darmstadt-Wien : Deutsche Buchgemeinschaft.

ブルトマン、ルドルフ／川端純四郎・八木誠一訳（1963）『イエス』未來社

Campenhausen, Hans Freiherr（1968）*Die Entstehung der christlichen Bibel. Lost Scriptures: Books that Did Not Make It into the New Testament*. Oxford : Oxford University Press.

エウセビオス／秦剛平訳（2010）『教会史』上　講談社

ドナルドソン、ブルース／石川光庸・河崎靖訳（1999）『オランダ語誌』現代書館

Drögereit, R.（1949）'Sachsen und Angelsachsen,' In: *Niedersächsisches Jahrbuch für Landesgeschichte* 21, 1-62 頁

フィリップス、E.／右京頼三訳（1994）『アルザスの言語戦争』白水社

藤井乙男（1978）『ことわざの研究』講談社（更正閣、1929 年出版本の復刻版）

藤井ヴァンソン由実（2011）『ストラスブールのまちづくり』学芸出版社

藤代泰三（1989）『キリスト教史』嵯峨野書院

グラーフ、フリードリヒ／片柳榮一監訳（2014）『キリスト教の主要神学者 上』教文館

グラーフ、フリードリヒ／安酸敏眞監訳（2014）:『キリスト教の主要神学者 下』教文館

Grimm, J.（1819-1837; ²1870-1898）*Deutsche Grammatik*. I-IV. Gütersloh.

ギューティング、エバーハルト／前川裕訳（2012）『新約聖書の「本文」とは何か』新教出版社

Hamp, V. et al.（1979）*die ganze heilige schrift*. Prisma Verlag.

ハーレイ、ヘンリー（2003³）『聖書ハンドブック』聖書図書刊行会

Hoffnung für Alle®（Hope for All）Copyright © 1983, 1996, 2002 by *Biblica*, Inc.®

原征明（2005）「ヴァイキングとアングロ・サクソンイングランド再考（1）」『東北学院大学論集』経済学、第 158 号、391-408 頁

原征明（2010）「ヴァイキングとアングロ・サクソンイングランド再考（2）」『東北学院大学論集』歴史と文化、第 46 号、133-144 頁

橋口倫介監修（2008）『キリスト教史』（普及版）朝倉書店

秦剛平（2000）『ヨセフス』筑摩書房

秦剛平（2018）『七十人訳ギリシア語聖書入門』講談社

蛭沼寿雄（1972）『新約正典のプロセス』山本書店

蛭沼寿雄（1976）『ギリシャ、ローマ、ユダヤ、エジプトの史料による原典新約時代史』山本書店

保苅実（2004）『ラディカル・オーラル・ヒストリー　オーストラリア先住民アボリジニの歴史実践』御茶の水書房

本田哲郎（2006）『釜ヶ崎と福音』岩波書店

堀川敏寛（2018）『聖書翻訳者ブーバー』新教出版社

市村卓彦（2002）『アルザス文化史』人文書院

市村卓彦（2009）「ドイツ帝国下のアルザスの中世期」『龍大紀要』第 30 巻第 2 号

石川光庸（2002）『古ザクセン語ヘーリアント（救世主）』大学書林

鄭芝淑（2008）「比較ころわざ学の可能性」名古屋大学『言語文化論集』29-2、433-447 頁

鄭芝淑（2009）「日韓のことわざ比較——比較ことわざ学の試み」『国文学解釈と鑑賞』第 74 巻 12 号、155-165 頁

カーギル、ロバート／真田由美子（2018）『聖書の成り立ちを語る都市　フェニキアからローマまで』白水社

クメール、M. & デュメジル、B. ／大月康弘・小澤雄太郎訳（2019）『ヨーロッパとゲルマン部族国家』白水社

ことわざ研究会（1997）『ことわざ学入門』遊戯社

池内紀 他（1996）『ドイツ名句事典』大修館書店

いのちのことば社（2007）『バイリンガル「聖書」』

梶山健（1979）『世界引用句事典』明治書院

加藤隆（1999）『「新約聖書」はなぜギリシア語で書かれたか』大修館書店

カウフマン、トーマス／宮谷尚実訳（2010）『ルター　異端から改革者へ』教文館

川口洋（1996）『キリスト教用語小辞典』同学社

河崎靖（2015）『ボンヘッファーを読む』現代書館

河崎靖（2017）『ルーン文字の起源』大学書林

河崎靖（2019）『神学と神話』現代書館

クライン R.A. 他／佐々木勝彦他訳（2013）『キリスト教神学の主要著作──オリゲネスからモルトマンまで』教文館

Levy, Paul（1929）*Histoire linguistique d'Alsace et de Lorraine*. Band I & II. Paris : Les Belles Lettres.

ルター , M. ／植田兼義訳（2003）『卓上語録』教文館

前田護郎（¹³1975）『聖書』（世界の名著 12）中央公論社

松本宣郎 他（2009）『キリスト教の歴史 I』山川出版社

松村恒（2009）：「ことわざ研究の歴史」『国文学 解釈と鑑賞』第 74 巻 12 号、175-184 頁

Metzger, Bruce（²1968）*The Text of the New Testament*. Oxford : Oxford University Press. 橋本滋男訳（1973）『新約聖書の本文研究』日本基督教団出版局。なお、Metzger（¹1964）の初版を元にした独語訳„Der Text des Neuen Testaments"（1966, Kohlhammer）がある。

Mieder, Wolfgang（1979）*Deutsche Sprichwörter und Redensarten*. Stuttgart : Philipp Reclam jun.

南雅彦（2009）『言語と文化』くろしお出版

宮地裕（1999）『敬語・慣用句表言論』明治書院

宮田光雄（2019）『ボンヘッファー　反ナチ抵抗者の生涯と思想』岩波書店

村椿嘉信（2010）『主のよき力に守られて──ボンヘッファー 1 日 1 章』新教出版社

森平太（2004）『服従と抵抗への道』新教出版社

森田信也（2002）「『ストラスブールの誓約』の言語学的考察」東洋大学『経済論集』、
　　285-297 頁

森田良行（1994）「ことわざ・慣用句の新旧」『国文学 解釈と鑑賞』第 59 巻 1 号、
　　142-147 頁

村上伸（2003）『ボンヘッファー』清水書院

村上伸（2012）『ボンヘッファー紀行　その足跡をたずねて』新教出版社

鍋谷堯爾（2009）『創世記を味わう I』いのちのことば社

日本聖書協会（2000）『死海写本と聖書の世界』キリスト降誕 2000 年「東京大聖書展」
　　実行委員会

日本基督教団出版局（²1992, ³1992）『新約聖書注解』（全 2 巻）

日本基督教団出版局（1993-1996）『聖書注解』（全 3 巻）

岡崎晋（1999）「ルーン文字とそのメッセージ——スウェーデン、その他の北欧諸
　　国のルーン文字銘文から——」『学習院大学言語共同研究所紀要』第 23 号、
　　3-14 頁

大沢一雄（2012）『アングロ・サクソン年代記』朝日出版社

ページ R.I. ／菅原邦城訳（1996）『ルーン文字』學藝書林（大英博物館双書）

ペティグリー、アンドルー／桑木野幸司訳（2017）『印刷という革命』白水社

Quadro-Bibel（2010）5.0 Vollversion（German Edition）

Rose, D. B.（1996）*Nourishing Terrains : Australian Aboriginal Views of Landscape and*
　　Wilderness. Canberra : Australian Heritage Commission. 保苅実訳（2003）『生命
　　の大地——アボリジニ文化とエコロジー』平凡社

佐竹秀雄（2009）「日本語学とことわざ研究」『国文学 解釈と鑑賞』第 74 巻 12 号、
　　30-38 頁

佐藤研（2003）『「聖書」時代史 新約篇』岩波書店

スカー・クリス／青柳正規・月村澄枝訳（1999）『ローマ皇帝歴代誌』創元社

シュミット、ディートマール／雨宮栄一訳（1959）『マルティン・ニーメラー　そ
　　の戦いの生涯』新教出版社

『聖週間の典礼』（会衆用）オリエンス宗教研究所

シュミット、ヴィルヘルム／西本美彦 他 訳（2004）『ドイツ語の歴史』朝日出版社

下宮忠雄（1994）『ドイツ・西欧ことわざ・名句小辞典』同学社

下宮忠雄（1995）『ドイツ・ゲルマン文献学小事典』同学社

下宮忠雄（1998）『言語学Ⅰ』英語学文献解題　研究社

塩野七生（2005）『ローマ人の物語』XIV　新潮社

塩谷饒（1975）『ルター「聖書」のドイツ語』クロノス

塩谷饒（1983）『ルター「聖書」』大学書林

塩谷饒（1988）『ドイツ語の諸相』大学書林

Sittler, Lucien（1972）*L'Alsace, terre d'histoire*. Colmar : Ed. Alsatia.

シュタインバッハ、ペーター＆トゥヘル・ヨハネス／田村光彰他訳（1998）『ドイ
　　ツにおけるナチスへの抵抗　1933-1945』現代書館

Stedje, Astrid. (²1994) *Deutsche Sprache gestern und heute*. München.

タキトゥス, C.／泉井久之助訳（1979）『ゲルマーニア』岩波書店

タキトゥス, C.／国原吉之助訳（1996）『ゲルマーニア』筑摩書房

高橋由典（2020）『続 社会学者、聖書を読む』教文館

田辺貞之助（1976）『フランス故事ことわざ辞典』白水社

谷口江里也（2010）『ドレの聖書』宝島社

Taylor, Archer（1931）The Proverb. Cambridge : Harvard University Press.

徳善義和（2004）『マルチン・ルター　原典による信仰と思想』リトン

徳善義和（2007）『マルチン・ルター　生涯と信仰』教文館

徳善義和（2012）『マルティン・ルター　ことばに生きた改革者』岩波書店

對馬達雄（³2017）『ヒトラーに抵抗した人々』中央公論新社

宇京頼三（2009）『ストラスブール　ヨーロッパ文明の十字路』未知谷

山川丈平（1975）『ドイツ語ことわざ辞典』白水社

山﨑和明（2003）『ボンヘッファーの政治思想』新教出版社

山﨑和明（2003）「反ナチ抵抗牧師の決断――ヒトラー暗殺・クーデタ計画――」『キ
　　リスト教文化研究所紀要』（金城学院大学）第 8 号、1-48 頁

山谷省吾・高柳伊三郎・小川治郎（³81995）『「新約聖書」略解』日本基督教団出版
　　局

和田忍（2016）「アングロ・サクソン期のイングランドにおける異教信仰の痕跡に

関する一考察──ウェドモアの条約と第クヌート法典における文書を中心に──」中央大学『人文研紀要』第 85 号、125-153 頁

著者略歴

河崎靖（かわさき・やすし）

京都大学大学院文学研究科（修士課程）修了
現在、京都大学大学院人間・環境学研究科教授
著書に『ゲルマン語学への招待——ヨーロッパ言語文化史入門』（現代書館、2006年）、
『アフリカーンス語への招待——その文法、語彙、発音について』（現代書館、2010年）、
『オランダ語学への誘い』（大学書林、2011年）、『ドイツ語学を学ぶ人のための言語学
講義』（現代書館、2013年）、『スイス「ロマンシュ語」入門』（大学書林、2013年）、『ボ
ンヘッファーを読む——ドイツ語原典でたどる、ナチスに抵抗した神学者の軌跡』（現
代書館、2015年）、『ゲルマン語基礎語彙集』（大学書林、2015年）、『ルーン文字の起源』
（大学書林、2017年）、『神学と神話——ドイツ文化誌の視座から』（現代書館、2019年）、
『アボリジニの言語』（大学書林、2020年）、『エトルリア語入門』（金壽堂出版、2021年）
などがある。

ドイツ語のことわざ —— 聖書の名句・格言の世界

2023 年 9 月 30 日初版発行　　　　　　　定価はカバーに表示しています

著　者　河崎　靖
発行者　相坂　一

〒 612-0801 京都市伏見区深草正覚町 1-34

発行所　（株）松籟社
SHORAISHA（しょうらいしゃ）

電話：075-531-2878
FAX：075-532-2309
URL：http://shoraisha.com
振替：01040-3-13030

装幀　安藤紫野（こゆるぎデザイン）
印刷・製本　亜細亜印刷株式会社